DICCIONARIO NÁUTICO

ESPAÑOL - INGLÉS
INGLÉS - ESPAÑOL

LAIA MERCADÉ
MARIA LUCHETTI

DICCIONARIO NÁUTICO

ESPAÑOL - INGLÉS
INGLÉS - ESPAÑOL

EDITORIAL JUVENTUD, S. A.
PROVENÇA, 101 - 08029 BARCELONA

Provença, 101 - 08029 Barcelona
info@editorialjuventud.es
www.editorialjuventud.es

Primera edición, 2007
Depósito legal: B. 5.969-2007
ISBN 978-84-261-3603-9
Núm. de edición de E. J.: 10.929
Printed in Spain
Ediprint, Llobregat, 36 - Ripollet (Barcelona)

PRESENTACIÓN

Cuando nos propusimos emprender la aventura de realizar este diccionario, lo primero que se nos planteó fue que tanto el inglés como el español son idiomas con un dominio geográfico muy extenso, lo cual, evidentemente, añadía una dificultad a la ya ardua labor de realizar un diccionario de este tipo. A menudo, a lo largo de la investigación, nos encontramos con que una misma palabra se usaba con significados distintos en distintos ámbitos geográficos; también constatamos que, frecuentemente, en español, se usan términos ingleses para designar, sobre todo, conceptos modernos de la náutica. Además, al recurrir a los pocos diccionarios y glosarios náuticos existentes (algunos de los cuales son extensísimos y nos han resultado de gran utilidad), nos encontramos con que muchas veces no coincidían en sus equivalencias (en el caso de los diccionarios bilingües) e incluso en sus definiciones (en el caso de los diccionarios monolingües). Hemos procurado recoger en esta obra todas estas divergencias para dar cabida al máximo de posibilidades. Evidentemente, había que poner límites y, en nuestro caso, el criterio que hemos utilizado ha sido el de no recoger ninguna opción que no encontráramos, por lo menos, en dos fuentes distintas. En nuestra investigación no podemos dejar de agradecer la inestimable ayuda que nos han proporcionado algunos profesionales del sector.

En el caso de los conceptos que en español se denominan con el término inglés, hemos señalado este hecho en las entradas pertinentes añadiendo el término en español, cuando lo hemos encontrado, o una breve definición del concepto, cuando no hemos encontrado documentación sobre un equivalente en español.

Hemos intentado también hacer una obra más o menos actualizada, por lo cual hemos desestimado a menudo la entrada de términos arcaicos o en desuso, aunque sí hemos conservado los que nos han parecido más importantes para que la obra tenga también cierto alcance temporal.

Esta obra quiere ser bastante extensa en cuando a los subámbitos contenidos. Hemos recogido términos tanto de construcción, como de mecánica, de navegación, de pesca, de regatas, de meteorología, etc., procurando dar cabida al máximo de conceptos que puedan resultar de interés para cualquier persona relacionada con el mundo de la náutica.

Somos conscientes de que esta es una obra inacabada, que puede ser revisada, ampliada y actualizada constantemente. Pero, para que viera la luz, en algún momento teníamos que detenernos y darla por terminada. Eso sí, consideramos que se trata de un punto y seguido y, en ningún caso, de un punto final.

LAS AUTORAS

ESPAÑOL - INGLÉS

A

¡ah! *interj.* ahoy! | **¡ah del buque!** *interj.* ahoy there!

a barbas de gato *adj.* to moor by the head.

a besar *adv.* bloch on bloch, to touch, to knock against each other, to bump heads.

a ciegas *adv.* bald-headed.

a flor de agua *adj./adv.* awash.

a granel *adv.* in bulk.

a la pendura *adv.* acockbill.

a pique *adv.* a peek. | **a pique largo** sunk, apeak, a short stay.

abacá *m.* manilla hemp.

abajo *adv.* alow.

abalizamiento *m.* marking with buoys, marking with beacons, buoying.

abalizar *vt.* to buoy, to mark with buoys, to mark with beacons. | *vpr.* to find position by bea rings.

aballestar *vt.* to swig.

abanderamiento *m.* registering.

abanderar *vt.* to register.

abandono de buque *m.* abandonment of ship.

abanico *m.* derrick.

abaniqueo *m.* pumping.

abarbetar *vt.* to rack.

abarloar *vt.* to bring alongside. | *vpr.* to lie alongside.

abarrancar *vi.* to run aground, to go aground.

abarrotar *vt.* to stow.

abarrote *m.* bundle.

abastecedor *m.* supplier.

abastecer *vt.* to victual, to afford, to supply, to provide with.

abastecimiento *m.* stock suppy.

abatimiento del rumbo *m.* leeway, drift.

abatir *vi.* to fall off, to deflect, to lower, to haul down, to fall to leeward. | *vt.* to lower, to strike, to bear away. | **abatir el rumbo** to change course.

aberración *f.* aberration. | **aberración diurna** diurnal aberration. | **aberración cromática** chromatic aberration. | **aberración esférica** spherical aberration. | **aberración secular** secular aberration. | **aberración anual** annual aberration.

abertura *f.* opening, inlet, small bay. | **abertura en un toldo para la jarcia** shark's mouth. | **abertura de acceso** access opening. | **abertura de arqueo** tonnage opening. | **abertura de las olas** trough of the sea. | **abertura del centro** hollow of the wave expand center. | **abertura de paso** access opening. | **abertura de reducción de arqueo** tonnage opening.
abierto *adj.* open.
abisal *adj.* abyssal.
abismo *m.* abyss.
abocardado *adj.* flaring, belling.
abocardador *m.* flaring tool.
abocinado *adj.* flared.
abombar *vt.* to make convex, to convex.
abonanzar *vi.* to fair.
abordable *adj.* boardable, accessible.
abordaje *m.* boarding, collision.
abordar *vt.* to come alongsde, to run foul of, to board. | *vpr.* to put in, to dock, to board, to come alongside, to foul of, to touch.
aborregarse *vpr.* to become covered with fleecy clouds.
aboyar *vt.* to buoy, to mark with buoys.
abra *f.* creek, bay, inlet, cove.
abrasión *f.* abrasion, graze.
abrasivo *adj.* abrasive.
abrazadera *f.* clamp, bracket.
ábrego *m.* south wind.
abrigado *adj.* sheltered, protected.
abrigar *vt.* to shelter, to protect.
abrigo *m.* natural harbour. | **al abrigo de** sheltered from (wind), protected from.
abriolar *vt.* to provide with buntlines.
abrir *vt.* to open. | *vi.* to open up, to push off. | **abrirse camino** *vpr.* to make one's way.
abrojo *m.* submerged rocks.
abrollos *mpl.* rocks, sohals.
abromado *adj.* foggy.
abrumarse *vpr.* to get foggy, to get misty, to be worm-eaten.
abscisa *f.* abscissa.
absoluto *adj.* absolute, **estado absoluto** chronometer error.
acal *f.* boat with oars.
acalabrotar *vt.* to braid, to twist (into a cable).
acalefo *m.* acalephan.
acampanado *adj.* flared.
acantilado *m.* cliff, steep slope.
acastillaje *m.* upperworks.
accesible *adj.* accesible.
accesorio *m.* accessory.
accidentado *adj.* rough, uneven.
accidente *m.* accident.
accionamiento *m.* working.
accionar *vt.* to work, to drive, to propel, to operate, to pull, to switch.
aceite *m.* oil.
aceleración *f.* acceleration, hastening, speeding up.

acelerador *m.* accelerator.
acelerar *vt./vi.* to acelerate, to speed up, to hasten.
aceptación *f.* acceptance.
aceptar *vt.* to accept.
acero *m.* steel. | **acero al carbono** carbon steel. | **acero galvanizado** galvanized steel. | **acero inoxidable** stainless steel. | **acero naval** naval steel. | **acero recocido** annealed steel.
acetileno *m.* acetylene.
acetona *f.* acetone.
achaflanar *vt.* to chamfer.
achicador *m.* scoop, bailer.
achicamiento *m.* baling.
achicar *vt.* to bail, to bale, to bale out, to pump out.
achique *m.* bailing.
ácido *m.* acid.
acimut *m.* azimuth.
aclarar *vi.* to clear (weather).
áclino *adj.* aclinic.
acodar *vt.* to prop up, to shore up.
acoderar *vt.* to turn (a ship) broadside on.
acolchar *vt.* to lay, to twist.
acollador *m.* lanyard, turnbockle.
acompañante *m.* proof watch, hack chronometer, comparing watch, hack watch.
acompañar *vt.* to accompany, to go with.
aconchar *vt.* to embay, to run aground, to beach. | *vpr.* to embay, to run aground.
aconsejar *vt.* to advise.
acoplamiento *m.* coupling. | **perno de acoplamiento** coupling bolt. | **tuerca de acoplamiento** coupling nut.
acoplar *vt.* to couple.
acorazado *m.* battleship, capital ship, iron clad, armoured ship.
acortamiento de recorrido course shortering.
acostar *vt.* to bring alongside. | *vi.* to touch land, to reach land. | *vpr.* to come alongside.
acromatopsia *f.* achromatopsy.
acrostilio *m.* ram, beak.
actinia *f.* sea-sunflower, sea anemone, actinia.
acuaplano *m.* aquaplane.
Acuario *m.* Aquarius.
acuartelar *vt.* to flat in, to flatten.
acuático *adj.* aquatic.
acueducto *m.* conduit.
acuerdo *m.* agreement, understanding.
acumulador *m.* storage battery, accumulator, lead-acid battery.
acuñar *vt.* to coin, to wedge.
acusar recibo *vt.* to acknowledge receipt.
acuse de recibo *m.* acknowledgement of receipt.
acústica *f.* acoustics.
adaptador *m.* adapter, adaptor.
adelantar *vt.* to overhaul, to overtake.
adelante *adj.* ahead, forward, further.

adelanto *m.* advance, step forward, improvement.
adenda *f.* addendum.
adherencia *f.* sticking, adhesion, adherence.
adherente *adj.* adherent.
adherir *vt.* to stick on. | *vi./vpr.* to adhere.
adiabático *adj.* adiabatic.
administración marítima *f.* maritime administration. | **administración periférica** *f.* peripheric/peripherial administration.
admisión *f.* admission, acceptance.
adquisición *f.* procuration.
adrizamiento *m.* righting.
adrizar *vt.* to right.
aduana *f.* customs. | **despacho de aduana** customs house, customs clearance.
aduja *f.* coil.
adujar *vt.* to coil, to coil a rope.
advención *f.* advection. | **niebla de advención** advection fog.
adyacente *adj.* adjacent.
aerodeslizador *m.* hovercraft.
aerodinámica *f.* aerodynamics.
aerodinámico *adj.* aerodynamic.
aerofaro *m.* runway beacon, aerial beacon.
aeromarítimo *adj.* aeromarine.
aeronauta *m./f.* aeronaut.
aeronave *f.* airship.
aeropuerto *m.* airport.
aferramiento *m.* mooring, anchoring.
aferrar *vt.* to anchor, to moor, to furl, to take in (the sails). | *vi.* to bite, to grip (the anchor). | *vpr.* to anchor (a ship), to anchor.
afianzar *vt.* to settle, to stregthen, to secure. | *vpr.* to become established, to become strong.
aficionado amateur.
afinamiento *m.* streamline.
afinar (una técnica) to sharpen.
aflojar *vt.* to loosen, to slacken. | *vpr.* to grow slack, to slacken, to loosen, to come loose. | *vi.* to drop, to ease off, to let up.
aforar *vt.* to gauge, to measure the tonnage of.
aforrar un cabo *vt.* to parcel a rope.
aforro *m.* serving.
agarrar *vt.* to bite.
agarrotamiento *m.* seizing up, seizing.
agrietar *vt.* to crack, to make cracks in, to chap, to crack. | *vpr.* to get chapped.
agrupar dos clases to combine two classes.
agua *f.* water, leak, tide | **agua destilada** distilled water. | **agua dulce** fresh water. | **agua salada** salt water. | **agua dura** hard water. | **agua estancada** stagnant water. | **agua de sentina** bilge water. | **agua de pantoque** bilge water. | **agua de rechazo** backwash. | **agua de lastre** ballast water. | **agua tranquila**

still water. | *fpl.* waters. | **aguas fecales** sewage waters. | **aguas grises** grey waters. | **aguas libres** free waters. | **aguas navegables** navegable waters. | **aguas negras** black waters. | **aguas poco profundas** shallow waters. | **aguas de creciente** rising tide. | **aguas de menguante** ebbing tide. | **aguas muertas** neap tide. | **aguas vivas** spring tide. | **hacer aguas** to leak. | **¡hombre al agua!** man overboard! | **agua de alimentación** feed water. | **aguas interiores** inland waters. | **aguas jurisdiccionales** territorial waters. | **aguas salobres** brackish waters. | **en aguas de** *adv.* in the waters of.

aguacero *m.* shower, downpour.

aguada *f.* fresh water supply, flooding, flood.

aguaje *m.* sea current, unusually high tide, spring tide, watering place, fresh water supply.

aguantar *vt.* to weather, to withstand, to carry.

aguante *m.* endurance, stamina.

aguja *f.* needle. | **aguja de marear** compass. | **aguja magnética** magnetic needle. | **aguja azimutal** azimuthal compass. | **aguja de gobierno** steering compass. | **aguja de marcar** bearing compass. | **aguja de velero** sailmaker needle. | **aguja giroscópica** gyrocompass. | **aguja magistral** standard compass. | **aguja náutica** magnetic compass, sea compass. | **aguja compensada** compensated compass. | **aguja de bitácora** binnacle compass. | **aguja de declinación** declination compass. | **aguja de relingar** bolt rope. | **aguja de popa** after compass. | **aguja loca** whirling needle. | **aguja náutica** binnacle compass. | **aguja de inclinación** dipping needle.

ahogar *vt./vpr.* to drown. | **ahogar el remo** to catch a crab.

ahorcaperro doble double blackwall hitch.

ahusar *vt./vpr.* to taper.

aire *m.* air. | **aire ártico** arctic air. | **aire comprimido** compressed aire. | **aire ecuatorial** ecuatorial air. | **aire polar** maritime polar air. | **aire subtropical** subtropical air. | **inyección de aire** aire inlet. | **masa de aire** air mass. | **aire acondicionado** conditioning air. | **aire de alimentación** boost air. | **aire de arranque del motor** starting engine air. | **aire de admisión** inlet air. | **aire de barrido** scavenage aire. | **aire de inyección** injection air. | **aire ocluido** entrapped air. | **aire salino** salt air. | **aire viciado** foul air.

aireación *f.* ventilation.

aislado *adj.* alone.

aislamiento *m.* isolation.

aislante *m.* insulator. | *adj.* insulating.

aislar *vt.* to isolate, to insulate.

ajedrez *m.* grating.

ajustable *adj.* adjustable.
ajustado *adj.* tatched, tight, adjusted, fitting.
ajustar *vt.* to adjust, to fit, to tune, to trim. | *vi.* to fit. | *vpr.* to adjust.
ajuste *m.* adjustment, fitting.
al caer la tarde *adv.* at dusk.
al caer la noche at nightfall.
al costado alongside.
al habla *adv.* within hail.
ala *f.* blade. | **ala plegable** folding wing. | **ala del ángulo** bracket flange. | **ala de cuaderna** frame flange. | **ala de gavia** topmast studding sail. | **ala de juanete** topgallant studding sail. | **ala de sobrejuanete** royal studding sail. | **ala de velacho** fore topmast studding sail. | **ala saliente** standing flange.
álabe *m.* paddle, blade.
alabeo *m.* warping.
almanaque náutico *m.* nautical almanac.
alambique *m.* still.
alambre *m.* wire.
alargador *adj.* lengthening, extend -ing.
alarma *f.* alarm, emergency. | **dar la alarma** to raise the alarm, to give the alarm. | **falsa alarma** false alarm. | **señal de alarma** alarm signal. | **voz de alarma** alarm call.
alba *f.* dawn, daybreak.
albatros *m.* albatross.
albitana *f.* apron.
albufera *f.* lagoon.
alcachofa *f.* strainer, rose. | **alcachofa de sentina** *f.* bilge strum.
alcance *m.* range, scope. | **alcance geométrico** geometric(al) range. | **alcance geográfico** geographical range. | **alcance luminoso** bright range, shinning range.
alcanzar *vt.* to reach, to catch up, to catch up with the leaders.
alcázar *m.* quarterdeck, quarterdeck.
aleación *f.* alloy.
alegrar *vt.* to ease, to slack.
alejar *vt.* to move away. | *vpr.* to go away, to move away, to move off, to go off.
alerón *m.* aileron, skeg.
alerta *f.* alert. | **estar alerta** to be on the alert. | **dar la alerta** to raise the alarm. | **alerta roja** red alarm.
aleta *f.* finn, fashion piece. | **aleta cortahielo** ice-fin. | **aleta del bauprés** bee block, bowsprit bee. | **aleta estabilizadora** stabilizer fin. | **aleta rompehielos** ice knife. | **aletas natatorias** flippers.
alfanje *m.* cutlass.
alfaque *m.* bar, sand bank.
alférez *m.* /*f.* second lieutenant (official), commissioned officer, ensign (US), sub-lieutenant, lieutenant Junior Grade (US).
alga *f.* seaweed alga. | *fpl.* algae.
alicates *mpl.* pliers, pincers.
alidada *f.* alidade, alidad, vane.
aligerar *vt.* to lighten. | *vi.* to hu-

rry, to hurry up. | *vpr.* to lighten, to get lighter.

alijo *m.* unloading.

alimentador *m.* feeder.

alineación *f.* line-up.

alineamiento *m.* alignment. | **alineamiento de unidades** unit alignment. | **alineamiento del eje** shaft alignment.

alistar *vt./vpr.* to prepare, to make ready.

aljibe *m.* tanker, cistern, tank.

alma *f.* strand, core. | **alma de muelle** spring core. | **alma de varenga** floor plate.

almacén *m.* warehouse.

almacenamiento *m.* warehousing, storage, stock.

almadraba *f.* mandrague, tunny net, tunny fishing, tunny-fishing ground.

almanaque náutico *m.* nautical almanac.

almirantazgo *m.* admiralty.

almirante *m.* admiral.

alojamiento *m.* accommodation. | **alojamiento de la tripulación** crew's quarters.

alquilar *vt.* to charter.

alquiler *m.* charter.

altavoz *m.* loudspeaker.

altazimut *m.* altazimuth.

alteración *f.* alteration, change.

alterar *vt.* to change, to alter, to alter course.

alternador *m.* alternator.

alterno *adj.* alternating.

alteroso *adj.* a vessel which has her upper-works too high.

alto *adj.* high. | **en alta mar** on the high sea. | **de alta mar** deepwater.

altura *f.* altitude, height, latitude. | **a la altura de** on the same latitude as. | **estar a la altura de** to be in the same league as, to be on a par with. | **barco de altura** seagoing ship, oceangoing ship. | **navegación de altura** ocean navigation. | **pesca de altura** deep-sea fishing.

aluminio *m.* aluminium.

alunamiento *m.* roach.

alzado *m.* elevation.

amadrinar *vt.* to sponsor.

amainar *vi./vpr.* to drop (wind), to die down, to die down (storm), to lower. | *vt.* to take in.

amaine *m.* lowering, taking in (sails).

amanecer *m.* sunrise.

amante *m.* runner.

amantillo *m.* topping lift. | **amantillo de verga de gavia** main top-sail lift. | **amantillo de verga de juanete** topgallant lift. | **amantillo de verga de juanete de proa** fore topgallant lift. | **amantillo de verga de juanete mayor** main topgallant lift. | **amantillo de verga de perico** mizzen topgallant lift. | **amantillo de verga de sobre de proa** fore royal lift. | **amantillo de verga de sobre mayor** main royal lift. | **amantillo de verga de sobrejuanete de proa**

fore royal lift. | **amantillo de verga de sobrejuanete mayor** main royal lift. | **amantillo de verga de sobremesana** mizzen topsail lift. | **amantillo de verga de sobreperico** mizzen royal lift. | **amantillo de verga de trinquete** forelift. | **amantillo de verga de velacho alto** upper fore topsail lift. | **amantillo de verga de velacho bajo** lower fore topsail lift. | **amantillo de verga mayor** main lift. | **amantillo de verga seca** mizzen lift.

amaraje *m.* touchdown.

amarillo *adj.* yellow.

amarinar *vt.* to man.

amarra *f.* mooring rope, mooring line, martingale. | **soltar las amarras** to let go, to cast off. | **largar amarras** to set sail, to cast off.

amarradero *m.* bollard, mooring ring, mooring, berth.

amarradura *f.* mooring.

amarraje *m.* mooring charge.

amarrar *vt.* to make fast, to tie up, to moor.

amarre *m.* mooring.

ambiente *m.* environment.

amerizaje *m.* touchdown.

aminorar *vt.* to slow down, to reduce, to decrease.

amollar *vt./vi.* to ease, to slacken.

amontonar *vt.* amass.

amordazar *vt.* to gag, to muzzle.

amorrar *vt.* to pitch.

amortiguación *m.* muffling, deadening, cushioning, absorption, dimming, softening, toning down.

amortiguador *m.* shock absorber, damper.

amperaje *m.* amperage.

amperímetro *m.* ammeter.

amperio *m.* ampere, amp.

amplificador *m.* amplifier.

amplitud *f.* width, amplitude. | **amplitud occidua** occiduous amplitude.

ampolleta *f.* hourglass, time taken by sand to pour through an hourglass, bulb.

amura *f.* bow, tack. | **amuras opuestas** on opposite tacks. | **amuras iguales** same tack. | **de distintas amuras** on opposite tacks. | **de la misma amura** on the same tack.

amurada *f.* ceiling, bulwark.

amurado a babor port tack.

amurado a estribor starboard tack.

amurar *vt.* to haul in.

ancla *f.* anchor. | **ancla de salvación** sheet anchor. | **ancla de capa** drift anchor. | **ancla de fondeo** best bower. | **ancla Danforth** Danforth anchor. | **varadero del ancla** anchor bed. | **boyarín del ancla** anchor buoy. | **cabo del ancla** anchor warp. | **molinete del ancla** anchor windlass. | **brazo del ancla** anchor arm. | **caña del ancla** anchor shank. | **uña del ancla** anchor fluke. | **ancla flotante** sea anchor. | **ancla libre del fondo** atrip. | **ancla de estribor** best bower. | **ancla normal** ordinary anchor. | **ancla de leva** bower anchor. | **ancla de proa** bower anchor. | **ancla flotante** drag anchor. | **ancla patente** patent anchor. | **ancla de respuesto** spare anchor. | **ancla de espía** kedge. | **ancla de popa** stern anchor. | **ancla de la esperanza** sheet anchor. | **ancla de servidumbre** bower anchor. | **ancla a pique** underfoot. | **echar anclas** to cast anchor, to anchor. | **levar anclas** to weigh anchor.

ancladero *m.* anchorage.

anclaje *m.* anchorage.

anclar *vt./vi.* to anchor.

anclote *m.* kedge.

áncora *f.* anchor.

andanada *f.* broadside.

andar *m.* walk, gait.

andarivel *m.* lifeline, cable ferry.

anegar *vt.* to lay the land, to loose sight of. | *vpr.* to sink.

anemómetro *m.* anemometer. | **anenómetro de mástil** mast anenometer. | **anemómetro portátil** portable anenometer.

aneroide *m.* aneroid. | **barómetro aneroide** aneroid barometer.

anexo *m.* annex, annexe.

ánfora *m.* amphora.

angosto *adj.* narrow.

ángulo *m.* angle. | **ángulo de ataque** angle of attack, pitch. | **ángulo de escora** heeling angle. | **ángulo de trancanil** gunwale angle. | **ángulo de presa** angle of swing. | **ángulo de intersección de dos líneas de posición** angle of cut. | **ángulo de escora** angle of heel. | **ángulo de torsión** torsion angle. | **ángulo de deriva** drift angle.

anilla *f.* ring.

ánima *f.* bore.

ánodo *m.* anode.

anomalía *f.* anomaly.

anormal *adj.* abnormal, irregular.

anotar *vt.* to log.

antagalla *f.* balance-reef.

antagallar *vi.* to crowd sail.

antártico *adj.* Antarctic.

antecubierta *f.* foredeck.

antena *f.* lateen yard.

antepuerto *m.* outer harbour.

anticiclón *m.* anticyclone.

antideslizante *m.* antiskid device. | *adj.* nonskid, antiskid, antislip.

antiincrustante *m.* anti-fouling. | **pintura antiincrustante** anti-fouling paint.

antimeridiano *m.* antimeridian.

antisubmarino *m.* antisubmarine.

anuario de mareas *m.* tide tables.

anulación *f.* cancellation, annulment, invalidation.

anular *vt.* to cancel, to invalidate, to annul.

anuncio de regata notice of race.

anzuelo *m.* hook, fishhook.

año *m.* year. | **año civil** civil year. | **año civil bisiesto** civil leap year. | **año solar** equinoctial year.

apagado *adj.* to be off, extinguished.

apagallamas *m.* flame arrester.

apagapenol *m.* leechline. | **apagapenol de mesana** crossjack leechline. | **apagapenol de trinquete** fore leechline. | **apagapenol mayor** main leechline.

apagar *vt.* to switch off, to turn off, to turn off. | *vpr.* to go off.to go out.

aparadura *f.* garboard.

aparato *m.* set (radio), instrument, device.

aparecer *vi.* to appear.

aparejador *m.* rigger.

aparejar *vt.* to rig out.

aparejo *m.* rigging, fishing tackle. | **aparejo de amante** cargo purchase. | **aparejo de amantillo** topping-lift purchase. | **aparejo de gata** cat tackle. | **aparejo de osta** guy tackle. | **aparejo guairo** gunter rig. | **aparejo Marconi** Bermuda rig. | **aparejo bien reglado** well tuned rig. | **aparejo doble** double luft.

aparente *adj.* apparent, visible.

apariencia *f.* appearance, outward appearance.

apartamiento *m.* separation, puting aside.

apear *vt.* to take down.

apelación *f.* appeal.

apéndice *m.* appendage, appendix.

aplastamiento *m.* crush. | **ensayo de aplastamiento** squashing, crushing test.

aplazamiento *m.* postponement.

aplazar *vt.* to postpone, to *adj.* ourn.

aplicar *vt.* to apply, to put on.

aplomar *vt.* to plumb, to make vertical.

aplomo *m.* verticality.

apnea *f.* apnoea, apnea.

apogeo *m.* apogee.

apopar *vi.* to trim by the stern.

aportar *vi.* to reach port.

apóstol *m.* apostle, knight-head.

apoyo *m.* brace.

aproado *adj.* headed, head into the wind.

aproar *vi.* to steer, to head.

aproarse to hang in irons. | **aproarse al viento** to get into irons.

aproches *mpl.* approaches, environs.

apropiado *adj.* proper.

aproximación *f.* proximity, closeness, nearness, approximation.

aquilón *m.* north wind.

arandela *f.* ring, washer.

araña *f.* clew.

arbitraje *m.* arbitration.

árbol *m.* mast. | **árbol de la hélice** propeller shaft. | **árbol de levas** camshaft.

arboladura *f.* mast and spars. | **en la arboladura** *adv.* aloft.

arbolar *vt.* to mast, to hoist.

arbotante *m.* outriger.

archipiélago *m.* archipelago.

arcilla *f.* clay.

arco *m.* camber, arch. | **arco de amoldar** mould loft batten. | **arco de**

defensa towing beam. | **arco iris** *m.* rainbow.

ardentía *f.* phosphorescence.

ardiente *adj.* ardent.

ardora *f.* phosphorescence of the sea indicating the presence of a shoal of sardines.

área *f.* area. | **área de plano de flotación** area of waterplane. | **área expandida de la pala** expanded blade area. | **área de regata** course area.

arena *f.* sand. | **arenas movedizas** quicksand.

arfada *f.* pitch, pitching, dog-sleep.

arfar *vi.* to pitch.

arganeo *m.* anchor ring.

argolla *f.* ring.

Aries *m.* Aries.

ariete *m.* battering ram.

armada *f.* navy, fleet, neet, naval forces, squadron.

armador *m.* shipowner.

armamento *m.* armament.

armar *vt.* to fit out, to equip.

armero *m.* weapon rack.

arnés *m.* harness, gear, equipment.

aro *m.* iron ring. | **aro de compresión** compression ring. | **aro de émbolo** piston ring. | **aro de junta** joint ring. | **aro de pistón** piston ring. | **aro rascador** scraper ring. | **aro rozanate** slip ring. | **aro salvavidas** lifebuoy ring.

arpeo *m.* grapnel.

arpón *m.* harpoon, gaff.

arponear *vt.* to harpoon.

arponeo *m.* harpooning.

arponero *m.* harpooner.

arqueador *m.* ship gauger.

arquear *vt.* to gauge, to measure the tonnage of.

arqueo *m.* tonnage rating. | **arqueo neto** gauging, net tonnage. | **arqueo bruto** gross tonnage.

arquero *m.* bowman.

arraigado *m.* mooring.

arrancada *f.* starting, setting off.

arranchar *vt.* to hug (coast), to sail close to, to brace (sails).

arrastraculo *m.* water sail, driver.

arrastradera *f.* fore lower studding sail.

arrastrar *vt.* to drag.

arrastre *m.* dragging.

arrastrero *adj.* dragger.

arreciar *vi.* to get stronger (wind), to get worse (rain), to get heavier.

arrecife *m.* reef. | **arrecife de coral** coral reef.

arriada *f.* lowering of the sails.

arriar *vt.* to strike (flag), to lower, to lower (sail), to slacken (a wire), to haul down. | *vpr.* to be flooded, **arriar al agua** to launch.

arriba *adv.* aloft.

arribada *f.* arrival (of a ship), tack.

arribar to fall off, to bear away, to sheer off. | *vi.* to arrive, to put into port.

arribo *m.* arrival.
arrufadura *f.* sheer.
arrufar *vt.* to build with a sheer.
arrufo *m.* sheer.
arruga grande (de una vela) wrinkle.
arruga pequeña crease.
arrumaje *m.* stowage.
arrumar *vt.* to stow. | *vpr.* to cloud over.
arrumbamiento *m.* course, direction.
arrumbar *vi.* to head, to bear, to set course. | *vpr.* to take one's bearings.
arsenal *m.* shipyard, arsenal, naval dockyard, yard. | **arsenal de marina** dockyard, navy yard.
artefacto naval *m.* naval device.
artes de pesca *fpl.* fishing tackle.
ártico *adj.* arctic. | **círculo Polar Ártico** Arctic circle. | **aire ártico** arctic air.
artículo *m.* article.
artificial *adj.* artificial. | **horizonte artificial** artificial horizon.
artimón *m.* mizzen (sail), mizen, mizzenmast, mizenmast.
as *m.* knot. | **as de guía** bowline know. | **as de guía por seno** bowline on a bight.
asa *f.* handle.
ascensión *f.* ascent. | **ascensión oblicua** oblique ascent. | **ascensión recta** right ascent.
asegurar *vt.* to secure, to fix, to make safe.
asentamiento *m.* emplacement.
asfixia *f.* asphyxia, suffocation.
asidero *m.* towrope, hand holds.
asiento *m.* trim, seat, fore-and-aft trim | **tener asiento en la popa** to trim by the stern. | **tener asiento en la proa** to trim by the head.
asimétrico *adj.* asymmetrical, asymmetric.
asistencia *f.* assistance, help.
asistir *vt./vi.* to assist, to help.
asocairarse *vpr.* to shleter.
aspecto *m.* aspect. | **relación de aspecto** aspect ratio.
aspiración *f.* intake.
aspirador *m.* chute.
aspirar *vt.* to suck.
asta *f.* staff, pole. | **asta de bandera** flagstaff. | **asta del ancla** anchor Sank. | **asta del pabellón** poop staff. | **asta de torrotito** jackstaff. | **a media asta** *adv.* half-mast high.
ataque *m.* catch.
asteroide *adj./sm.* asteroid.
astillero *m.* shipyard, dockyard.
astro *m.* heavenly body, star.
astrolabio *m.* astrolabe.
astronomía *f.* astronomy.
atarazana *f.* shipyard.
atarraya *f.* cast net.
atemporalado *adj.* stormy.
atención *f.* attention, warning.
aterrar *vi.* to keep inshore, to stand inshore.

atmósfera *f.* atmosphere.
atmosférico *adj.* atmospheric. | **presión atmosférica** atmospheric pressure.
atoaje *m.* towing, warping.
atochar *vt.* to jam (a sail).
atolón *m.* atoll.
atorar *vt.* to obstruct, to stop up, to block (up), to clog (up).
atracada *f.* coming alongside, docking, berthing
atracadero *m.* landing stage, quay, berth.
atracar *vt.* to bring alongside. | *vi.* to come alongside. | **atracar en el muelle** to dock, to berth.
atracción *f.* attraction. | **atracción lunar** lunar attraction. | **atracción solar** sun's attraction.
atrancar las escollitas to batten down (the hatches).
atraque *m.* docking, berthing.
atrás *adv.* behind, aft, astern, in the rear, at the back.
atravesar *vt.* to heave to.
atún *m.* tuna.
audiencia *f.* hearing.
áurica *adj.* fore-and-aft (sail), gaff sail, lugsail.
auriculares *mpl.* headphones, earphones.
autoachicable *adj.* self-draining.
autoachicador *m.* self-bailer.
autoadrizante *adj.* autorighting.
autoestibable *adj.* self-trimming.
automático *adj.* automatic.
autonomía *f.* autonomy, self-governing.
autoprupulsión *f.* self-propulsión. | **sin autopropulsión** dumb.
autoridad *f.* authority. | *fpl.* authorities. | **autoridad organizadora** organizing authority.
autorización *f.* permission, authorization.
auxiliar *adj.* auxiliary.
auxilio *m.* help, aid, assistance.
avance *m.* advance, step forward, surge.
avante *adv.* forward, ahead.
avenida *f.* swell, swelling, freshet, flood.
aventura *f.* adventure.
avería *f.* dammage, breakdown. | **avería gruesa** general average.
aviso *m.* disptach boat, warning. | **aviso de mal tiempo** gale warning. | **aviso en la carta de navegación de un posible peligro cuya posición exacta se desconoce**, vigia.
avistar *vt.* to sight, to glimpse.
avituallamiento *m.* victualling.
avituallar *vt.* to victual.
axiómetro *m.* helm indicator.
ayuda *f.* assistance, aid, help.
ayudante *m.* assistant.
ayudar *vt./vi.* to assist, to help.
ayuntar *vt.* to splice.
ayustar *vt.* to splice, to bend.
ayuste *m.* splice, bend.
azafrán *m.* after piece of the rudder.

azimut *m.* azimuth. | **azimut de aguja** azimuthal compass. | **azimut verdadero** true azimuth.

azocar *vt.* to tighten.

azuela *f.* adze, adz.

azufre *n.* sulphur, sulfur.

azul *adj./m.* blue. | **azul marino** navy blue.

B

babor *m.* port tack, port side, larboard. | **a babor** to port. | **¡tierra a babor!** on the port side. | land to port! | **de babor a estribor,** athwartships.

baby stay baby stay.

bacaladero *m.* cod-fishing boat, codfisherman.

bacalao *m.* cod, codfish.

baderna *f.* nipper.

bagala *f.* baghla.

baguío *m.* hurricane (in the Philipines).

bahía *f.* bay.

bajamar *f.* low water, low tide.

bajar *vi.* to ebb, to drop. | *vt.* to lower, to lessen, to descend, to go down. | **bajar la orza** put the centerboard down.

bajel *m.* vessel, ship.

bajío *m.* shoal, sandbank.

bajo *m.* shoal. | *adj.* low. | **bajo cubierta** below deck.

bajura *f.* coasting, inshore fishing, coastal fishing.

balancear *vi.* to roll.

balanceo *m.* roll, rolling.

balancín *m.* outrigger.

balandra *f.* dandy, sloop.

balandrista *m./f.* yachtsman, yachtswoman.

balandro *m.* yacht.

balcón *m.* balcony.

balde *m.* pail, bucket.

baldear *vt.* to swill down, to wash down, to bale out.

baldeo *m.* swilling.

baliza *f.* buoy, beacon, marck. | **baliza de llegada** finishing mark. | **baliza de salida** starting mark. | **baliza que falta** missing mark.

balizamiento *m.* buoyage, buoying.

balizar *vt.* to buoy, to mark with buoys, to beacon. | *vpr.* to take bearings.

ballena *f.* whale.

ballenato *m.* whale calf, young whale.

ballenero *m./f.* whaler, whaling ship. | *adj.* whaling.

ballestilla *f.* clove hitch.

ballestrinque *m.* clove hitch.

balsa *f.* raft. | **balsa insuflable** inflatable raft. | **balsa salvavidas** life raft. | **balsa neumática** rubber dinghy. | **transportar en balsa** rubber raft. | **construir una balsa** to raft. | **ir en balsa** to raft.

balsero *m.* ferryman.

baluma *f.* leech.

bancada *f.* thwart.

banco *m.* bank (sand), shoal (fish), school, thwart, coral reef, sandbank.

banda *f.* side. | **banda de estribor** starboard, side. | **banda de frecuencia** band, waveband. | **arriar en banda** to cast off. | **dar a la banda** to lie alongside ship. | **hacer banda** to hike. | **irse a la banda** to list.

bandazo *m.* violent roll.

bandeja de carga *n.* pallet.

bandera *f.* flag. | **bandera amarilla** quarantine flag. | **bandera de inteligencia** answering flag. | **bandera de parlamento** flag of truce. | **bandera de paz** flag of truce. | **bandera de popa** ensign. | **bandera de práctico** pilot flag. | **bandera de proa** jack. | **bandera de cortesía** complimentary ensign, courtesy flag. | **bandera del CIS** code flag. | **bandera de práctico** pilot flan. | **bandera corneta** swallow tail. | **bandera del armador** burgee. | **bandera de salida** blue peter. | **bandera de la reserva naval inglesa** blue ensign. | **bandera de clase** class signal. | **bandera de protesta** protest flag. | **rendir la bandera** to salute with the colors. | **afianzar la bandera** to enforce the colors by a shot. | **arriar la bandera** to haul down the flag. | **izar la bandera** to hoist the flag.

bandola *f.* jurymast.

bañera *n.* cockpit.

baño *m.* bath. | **escalera de baño** bath ladder. | **tomar un baño** to bath.

bao *m.* beam. | **bao de los raseles** panting beam. | **brusca del bao** beam bracket. | **curvatón del bao** beam frame. | **cabeza del bao** beam head. | **redondez del bao** round of beam. | **combao del bao** camber.

baquear *vi.* to drift with the current.

barandilla *f.* handrail, guardrail.

baratería *f.* barratry.

barbada *f.* curb.

barbeta *f.* racking.

barbilla *f.* tenon.

barbiquejo de bauprés *m.* bobstay.

barbotín *m.* wildcat, cable-lifter.

barca *f.* boat. | **barca de pesca** fishing boat. | **barca de pasaje** ferryboat.

barcada *f.* boatload.

barcaza *f.* lighter, barge.

barco *m.* ship, vessel, boat. | **¡barco a la vista!** ship ahoy! | **barco aljibe** tanker. | **barco ardiente** boat with weather helm. | **barco bomba** fireboat. | **barco de guerra** warship. | **barco del práctico** pilot boat. | **bar-**

co de pasajeros passenger liner. | **barco de recreo** pleasure boat. | **barco de vapor** steamer. | **barco escuela** training ship. | **barco faro** lightship. | **barco mercante** merchant boat. | **barco náufrago** wrecked ship. | **barco ómnibus** pleasure steamer. | **barco patrullero** patrol boat. | **barco carbonero** collier. | **barco de cabotaje** coaster, coasting trade ship. | **barco de crucero-regata** cruiser-racing boat. | **barco de pesca** fishing boat. | **barco de regata** racing boat. | **barco de salvamento** lifeboat. | **barco de trabajo** work boat. | **barco transoceánico** transoceanic ship. | **barco de vela** sailing boat. | **barco del jurado** committee vessel. | **barco a motor** motor-ship, motorboat. | **barco ballenero** whaler. | **barco cablero** cable-ship. | **barco carguero** cargo-ship. | **barco charteado** charter ship. | **barco de carga y pasaje** cargo and passenger ship. | **barco de desembarco** landing ship. | **barco de dos hélices** twin-screw ship. | **barco de hélice** screw-ship. | **barco de línea regular** regular packet ship. | **barco de ultramar** sea going ship. | **barco de ruedas** paddle ship. | **barco frigorífico** refrigerated ship. | **barco petrolero** tanker ship. | **barco rastrero** trawler. | **barco remolcado** towed ship. | **barco rompehielo** icebreaker. | **barco a turbina** turbine-steam ship. | **barco vagabundo** tramp. | **barco que cruza por la proa** crossing vessel.

barcolongo *m.* long barque.

barco-puerta *m.* caisson, locker ship.

barda *f.* low black cloud.

barloa *f.* mooring rope.

barloar *vt.* to moor, to moor alongside.

barloventear *vi.* to tack to windward, to sail close-hauled, to forge ahead.

barlovento *m.* windward. | **a barlovento** *adv.* aloof, windward, upwind.

barniz *m.* varnish.

barnizar *vt.* to varnish.

barógrafo *m.* barograph.

barométrico *adj.* barometric.

barómetro *m.* barometer. | **barómetro aneroide** aneroid barometer.

barquear *vt.* to row across, to cross in a boat.

barquero *m./f.* waterman, waterwoman, boatman, boatwoman, ferryman, ferrywoman.

barquilla *f.* log chip, log ship.

barquinazo *m.* jolt.

barra *f.* bar, tiller, helm. | **barra de escota** horse.

barraganete *m.* stanchion, futtock, bulwark stanchion.

barragante *m.* bulwark stanchion.

barredera *f.* sweeper.

barredero *m./f.* trawl.

barreminas *m.* minesweeper.
barrena *f.* drill.
barrenar *vt.* to drill.
barreno *m.* scuttle. | **dar barreno a un barco** to scuttle a ship.
barrer *vt.* to sweep, to rake.
barrera de coral *f.* coral reef.
barril *m.* barrel.
barrilete *m.* small barel, turk's head.
barrote *m.* bar, crosspiece.
barrotín *m.* ledge.
basada *f.* cradle.
basculante *adj.* rocking.
bascular *vi.* to tilt.
base *f.* base. | **base naval** naval base, base del palo mast foot, mast tabernacle.
bastarda *f.* lateen mainsail.
bastardo del racamento *m.* jaw rope boom.
bastidor de la hélice *m.* frame of a screw propeller.
bastimento *m.* vessel.
batayola *f.* rail, rails.
batea *f.* flat-bottomed boat, punt. | **llevar en batea** to punt. | **ir en batea** to punt.
batel *m.* dinghy, small boat, dingey.
batería *f.* battery, gundeck.
baticulo *m.* preventer top-rope, ring tail sail.
batidero *m.* chafing piece, bunt apron, mast living, top-lining.
batidor *m.* strenghtening-line.
batiporte *m.* sill.
batir *vt.* to beat on, dash against.
batiscafo *m.* bathyscaphe, bathyscaph, bathyscape.
batisfera *f.* bathysphere.
bauprés *m.* bowsprit. | **barbadas del bauprés** bobstays.
bautismo *m.* ducking.
bengala *f.* flare. | **bengala roda de cohete** rocket. | **bengala con paracaídas** parachute flare.
berbiquí *m.* carpenter's brace, brace. | **berbiquí y broca** brace and bit.
bergantín *m.* brig, brigantine. | **bergantín goleta** hermaphrodite brig. | **bergantín de corbeta** barquentine. | **bergantín de esnón** snow. | **bergantín de palo triple** barque, barquentine, barquantine. | **bergantín redondo** brig.
bermudiana bermudian.
besuguera *f.* sea bream seller.
beta *f.* rope, cable.
bicarbonato *m.* bicarbonate.
bichero *m.* boathook.
bidón *m.* can.
biela *f.* rod.
bigotera *f.* bow-compass.
bigotes *mpl.* wash.
bimini *m.* bimini. | **bimini plegable** foldable bimini.
birreme *m.* bireme.
bisector *m.* bisector.
bisectriz *f.* bisectrix.
bisel *m.* bevel.
bita *f.* bitt, samson post | **bita de**

amarre bollard. | **bita de fondeo** mooring bitt, riding bitt.
bitácora *f.* binnacle. | **cuaderno de bitácora** logbook.
bitadura *f.* range, turn. | **bitadura sencilla** round-turn. | **quitar bitadura** to unbitt. | **tomar bitadura** to bitt. | **tomar bitadura doble** to double-bitt.
bitar *vi.* to bitt.
blanco *adj.* white.
blando *adj.* soft.
blindaje *m.* armour.
blindar *vt.* to armour.
bloque de cilindros *m.* cylinder block.
bloqueado por el hielo *adj.* beset.
bloquear *vt.* to blockade.
bloqueo *m.* blockade.
bobadilla *f.* beak head.
bobina *f.* coil.
boca *f.* mouth, river mouth, estuary, entrance.
bocabarra *f.* bar hole.
bocal *m.* jar, pitcher.
bocallave *f.* keyhole.
bocana *f.* mouth.
bocina *f.* horn, bocina de niebla foghorn.
bocoy *m.* cask.
bodega *f.* hold.
boga *f.* rowing.
bogador *m./f.* rower.
bogar *vi.* to row, to sail.
bojar *vt.* to measure the perimeter of (an island). | *vi.* to have the perimeter of (an island), to coast.
bojear (*véase* bojar.)
bojeo *m.* measurement of the perimeter of an island, coasting.
bolardo *m.* bollard (noray).
bolas de señal de fondeo o sin gobierno *fpl.* black balls.
boletín *m.* bulletin. | **boletín metereológico** weather report, weather forecast.
boliche *m.* small dragnet.
bolina *f.* sounding line, bowline, to sail close-hauled. | **navegar de bolina** to sail close to the wind.
bolinear *vi.* to windward, to sail close to the wind.
bolsa *f.* bag. | **bolsa estanca** watertight bag. | **bolsa de la vela** sail bag. | **bolsa de sable funda** batten pocket. | **bolsa de aire** air pocket.
bomba *f.* pump. | **bomba de achique** drain pump, bilge pump. | **bomba de alimentación** feed-pump. | **bomba de refrigeración** cooling pump. | **bomba de aire** air pump. | **bomba de inyección** injection pump. | **bomba de sentina** bilge pump. | **bomba de dragado** dredge pump. | **bomba de lastre** ballast pump.
bombarda *f.* bomb ketch, mortar vessel.
bombilla *f.* lantern.
bombillo *m.* small pump.
bombín *m.* pump.

bonancible *adj.* calm (sea), fair (weather).

bonanza *f.* fair weather, calm at sea.

boneta *f.* bonnet. | **boneta auxiliar** drabler.

boquilla *f.* mortise. | **boquilla de engrase** grease nipple.

borda *f.* gunwale, rail, mainsail. | **motor de fuera borda** outboard motor.

bordada *f.* tack, board. | **dar una bordada** to tack, to make a board.

borde *m.* edge. | **borde de ataque** leading edge, head board. | **borde de salida** trailing edge.

bordear *vi.* to tack. | *vt.* to skirt.

bordo *m.* board, side, tack, leg. | **a bordo** *adv.* on board, aboard. | **a bordo del barco** on board (the) ship. | **barco de alto bordo** seagoing vessel. | **diario de a bordo** ship's log, logbook. | **franco a bordo** free on board. | **los hombres de a bordo** the ship's company, the crew. | **segundo de a bordo** first mate. | **subir a bordo** to go on board. | **virar de bordo** to put round.

boreal *adj.* northern, boreal.

borne *m.* terminal.

bornear *vi.* to swing at anchor.

borneo *m.* swing.

borrasca *f.* storm, squall, area of low pressure, depression.

borrascoso *adj.* stormy, squally, gusty (wind).

borregos *mpl.* woolly clouds, fleeces, whitecap.

botador *m.* pole.

botadura *f.* launching.

botafora *f.* boomkin.

botalón *m.* boom. | **botalón del foque** jib boom. | **botalón del petifoque** flying jib boom.

botar *vt.* to launch.

botavara *f.* spanker boom. | **boca de botavara** jaw of a boom.

botazo *m.* appendage, sponson.

bote *m.* boat. | **bote de remos** rowing boat. | **bote salvavidas** lifeboat. | **bote inflable** inflatable dinghy.

botería *f.* casks.

botero *m.* boatman, skipper, master.

botín *m.* booty.

botiquín *m.* first-aid kit.

botón *m.* button.

bou *m.* seine fishing, seiner.

bovedilla *f.* curved part of the stern.

boya *f.* buoy. | **boya luminosa** light buoy. | **boya de salvamento** lifebuoy. | **boya cilíndrica** cylindrical buoy, can buoy. | **boya cónica** nun buoy, can buoy. | **boya de amarre** mooring buoy. | **boya de campana** bell buoy. | **boya de canal** channel buoy. | **boya de señales** signal buoy. | **boya de espeque** spar buoy. | **boya de estribor** starboard buoy. | **boya de huso** pillar buoy. | **boya de silbato** whistling buoy. | **boya es-**

férica spherical buoy. | **boya de campana** bell buoy. | **boya que indica el principio de un canal navegable** fairway buoy. | **boya de naufragio** wreck buoy. | **boya salvavidas** lifebuoy.
boyante *adj.* buoyant.
boyar *vi.* to float.
boyarín *m.* little buoy, anchor buoy.
boza *f.* stopper. | **boza de cadena** chain stopper.
braceaje *m.* sounding, depth.
bracear *vi.* to brace.
braceo *m.* waving of the arms.
braga *f.* sling.
bramante *m.* twine.
brancada *f.* trammel net, trammel.
brandal *m.* backstay.
branque *m.* stem.
braza *f.* fathom, brace, guy.
brazada *f.* stroke.
brazalote *m.* pendant.
brazo *m.* arm. | **brazo de adrizamiento** righting arm. | **brazo adrizante** righting arm. | **brazos del ancla** anchor arms. | **brazo de mar** arm of the sea. | **brazo escorante** upsetting arm.
brazola *f.* coaming (of the hatches). | **brazola transversal** head ledge.
brea *f.* pitch, tar.
brega *f.* bleak.
brema *f.* bream.
bricbarca *m.* bark, barque.
brida *f.* flange, clamp, clip.
brigadier *m.* brigadier.
brin *m.* coarse linen cloth.
brinete *m.* light canvas.
briol *m.* buntline.
briolín *m.* slab line.
brisa *f.* breeze. | **brisa marina** sea breeze. | **brisa suave** light wind.
broma *f.* shipworm, piddock, cappanus.
bronze *m.* bronze.
broquel *m.* boxing-off.
brújula *f.* compass.
brulote *m.* fire ship.
bruma *f.* mist, fog, sea mist.
brusca del bao *f.* camber.
bucanero *m.* buccaneer.
buceador *m./f.* diver.
bucear *vi.* to dive.
bucentauro *m.* bucentaurus.
buceo *m.* diving.
bucle *m.* loop.
buey marino *m.* manatee, sea cow.
bujía *f.* sparking plug.
bujón *m.* spile.
bulárcama web frame, web, rider | **bulárcama contra golpes de las olas** panting web. | **bulárcama de gran altura** deep web.
bulbo *m.* bulb.
bulletin *n.* boletín.
buque *m.* ship, vessel, boat, **buque aljibe** tanker. | **buque carguero** cargo boat. | **buque de carga** freighter. | **buque mercante** merchant ship. | **buque costanero** coasting vessel. | **buque de cabotaje** coaster. | **buque**

de desembarco landing craft. | **buque de guerra** warship. | **buque de pasajeros** passenger ship. | **buque de ruedas** paddle steamer. | **buque de vapor** steamship, steamer. | **buque de vela** sailing ship. | **buque escuela** training ship. | **buque insignia** falgship. | **buque nodriza** mother ship. | **buque de salvamento** rescue ship. | **buque faro** lightship. | **buque infectado** infected ship. | **buque remolcador** tugboat. | **buque sano** healthy ship. | **buque siniestrado** damaged ship. | **buque sospechoso** suspicious ship. | **buque fluvial** inland-ship. | **buque tanque** tanker ship. | **buque de alto bordo** large sea going vessel. | **buque carbonero** collier. | **buque granelero** bulk-carrier. | **buque de estiba** easy trimmer. | **buque pesquero** fishing boat. | **buque pesquero de deriva** drifter. | **buque de cubierta corrida** flush deck ship. | **buque de altura** seagoing ship. | **buque faro** lightship. | **buque de línea regular** liner. | **buque correo** mail boat, packet. | **buque de prácticos** pilot boat. | **buque ardiente** stiff ship. | **buque falso** tender ship. | **buque corsario** raider. | **buque de ruedas** paddler. | **buque frigorífico** reefer. | **buque hidrográfico** surveying ship. | **buque plataforma** drillship. | **buques gemelos** sister ships. | **buque real** regal sailing boat. | **buque avituallador** victualler. | **buque de transporte de tropas** troopship, trooper.

burda *f.* backstay. | **burda volante** running backstay, shifting stay. | **burda baja** check stay.

Bureau Veritas *m.* Bureau Veritas.

burel *m.* wooden roller.

burlete *m.* draught excluder.

búsqueda *f.* search.

buzarda *f.* breast hook. | **buzarda sobre el escobén** hawse hook.

buzo *m.* diver. | **buzo autónomo** skin diver.

C

caballete *m.* trestle, griddle stand.
cabecear *vi.* to pitch.
cabeceo *m.* pitching.
cabestrante *m.* capstan.
cabeza *f.* head. | **cabeza de bao** beam end. | **cabezas de los baos** beam-ends. | **cabeza de biela** big end, big-end, bottom-end. | **cabeza de coy** hammock batten. | **cabeza de cierre** bat. | **cabeza de diente** tip. | **cabeza cónica** conehead. | **cabeza del colector** drumhead.
cabezada *f.* pitching, pitch. | **dar cabezadas** *vt.* to pitch.
cabilla *f.* treenail, belaying pin.
cabillero *m.* pin rack. | **cabillero de regala** pin rail.
cabina *f.* cabin, cockpit. | **cabina de popa** *f.* aftercabin.
cabirón *m.* ground, batten, warping end.
cabito *m.* stub.
cable *m.* cable length. | **cable de remolque** towrope, towline, cable (unidad de distancia náutica: 1 cable = 1/10 milla náutica). | **cable del timón** rudder line.
cableado *m.* wiring.
cablero *m.* cable ship, cable vessel, telegraph ship.
cabo *m.* rope, line, cape. | **cabo de la Marina** leading seaman. | **cabo de amarre** mooring line. | **cabo de aforrar** serving stuff. | **cabo de presa** prize master. | **cabo contrahecho** twice-laid rope. | **cabo de aproximación** tricing line. | **cabo de bo ga** stroke oar. | **cabo de cuatro cordones** four-strand rope. | **cabo de engalamiento** dressing line. | **cabo de guardia** captain of the watch. | **cabos de labor** running rigging. | **cabo de luces** lamp trimmer. | **cabo de mar** quartermaster. | **cabo de cordones** strand rope. | **cabo de seguridad** lifeline, man rope. | **cabo de tres cordones** three-strand rope. | **cabo inferior** hogging line. | **cabo negro** tarred rope. | **cabo salva vidas** life-line. | **cabo superior** distance line. | **cabo de Buena Esperanza** cape of Good Hope. | **cabo de Hornos** cape Horn. | **cabo**

trenzado como cajeta plaiting.
cabogancho *m.* snotter.
cabotaje *m.* coastal traffic, cabotage. | **barco de cabotaje** coaster, coasting vessel.
cabrestante *m.* capstan.
cabria *f.* sheer-legs, sheers.
cabrillear *vi.* to ripple, to ruffle.
cabrilleo *m.* ripple.
cabullería (*véase* cabuyería.)
cabuya *f.* rope.
cabuyería *f.* rope. | **cabuyería de cáñamo** hemp rope. | **cabuyería de nailon** nylon rope. | **cabuyería de terilene** terylene rope. | **cabuyería de mylar** mylar rope. | **cabuyería de kevlar** kevlar rope. | **cabuyería sintética** synthetic rope. | **cabuyería de labor** running rigging.
cachola *f.* hound, shoulder.
cachón *m.* breaker, comber.
cachucha *f.* small rowing boat.
cadena *f.* cable, chain. | **cadenas claras** clear hawse. | **cadena con contrete** studded anchor chain, studded link chain. | **cadena de accionamiento** chain fall. | **cadena de eslabón corto** short-ling chain. | **cadena de eslabón largo** long-link chain. | **cadena de guardín** tiller-chain. | **cadena del ancla** anchor chain. | **cadena del ancla de espía** stream chain. | **cadena del ancla de leva** bower-chain. | **cadena de seguridad** guard chain. | **cadena de sonda** sounding chain.
cadenote *m.* chain plate.
cadete *m.* cadet.
caer *vi.* to drop, to die down (wind), to bear away, to fall off.
caída *f.* slope, tilt, setting (sun), rake (of a sail). | **caída del palo** mast rake.
caja *f.* box. | **caja de cambios** gear box. | **caja de empalmes** junction box. | **caja de fusibles** fuse box. | **caja de herramientas** toolbox. | **caja de cadenas** chain locker. | **caja pequeña utilizada por los marineros para guardar sus enseres personales** ditty-box. | **caja de flotabilidad** canvas. | **caja de orza** centreboard box, trunk.
cajera *f.* sheave channel. | **cajera del palo** tabernacle.
cajón de toma de mar *f.* sea chest.
cala *f.* hold, fishing ground, creek, cove, bight.
calabrote *m.* hawser, warp.
caladero *m.* fishing ground.
calado *m.* draught, draft (US), depth (water).
calafate *m.* caulker.
calafateado (*véase* calafateo.)
cafateadura (*véase* calafateo.)
calafatear *vt.* to caulk.
calafateo *m./f.* caulking.
calafatería (*véase* calafateo.)
calar *vi.* to draw.
calcés *m.* tenon.

calculadora *f.* calculating machine.
calcular *vt.* to calculate.
cálculo *m.* calculation, computation. | **cálculo de francobordo** freeboard computation.
caldera *f.* boiler, cauldron.
caldereta *f.* donkey boiler.
calderetero *m.* donkey man.
calendario *m.* calendar.
calentador *m.* heater. | **calentador de agua dulce** fresh water heater. | **calentador de agua dulce de válvulas inyectoras del motor principal** main engine fuel valve fresh water heater. | **calentador de agua dulce para chaquetas del motor principal** jacket fresh water heater for main engine. | **calentador ambiental** space heater. | **calentador de aire** air heater. | **calentador de aire de la sala de máquinas** engine room heater. | **calentador del compartimento del servomotor** steering gear compartment air heater, heater for steering gear compartment. | **calentador para limpieza de tanques** heater for tank cleaning, Butterworth. | **calentador de aceite combustible para el motor principal** fuel oil heater for main engine. | **calentador de aceite combustible para caldera auxiliar** fuel oil heater for auxiliary boiler. | **calentador del purificador diesel** purifier diesel oil heater. | **calentador para compartimento del servomotor** heater for steering gear compartment. | **calentador para compartimento de secadores** heater for drying room. | **calentador para manguera de limpieza de tanques** heater for tank cleaning hose.
calentar motores *vt.* to warm up (the engines).
caleta *f.* creek, cove, small coaster.
calibración *f.* calibration.
calibrador *m.* calliper.
calibrar *vt.* to calibrate.
calidad *f.* quality.
calima *f.* overcast, haze.
calina *f.* haze, mist, heat.
callao *m.* cobble, bulder.
calma *f.* calm. | **calma chicha** dead calm, absolute calm. | **calma ecuatorial** doldrum.
calmazo *m.* dead calm.
calor *m.* heat.
calvario *m.* ordeal, suffering.
calzo *m.* chock, bolster, shim.
cámara *f.* wardroom.
camarera *f.* stewardress.
camareta alta *f.* deckhouse.
camarote *m.* cabin. | **camarote pequeño** cuddy.
cambiar *vt.* to change. | **cambiar de rumbo** *vi.* to come about.
cambio de recorrido change of course.
camino *m.* way, route.
camiseta *f.* sail cover, coat.
campana *f.* bell. | **campana de buceo** diving bell. | **campana de nie-**

bla fog bell. | **boya de campana** bell buoy.

campanario *m.* belfry, bell tower.

campanil *m.* belfry.

campaña de pesca *f.* fishing trip.

campeonato *m.* championship.

campo *m.* field. | **campo de regata** race field, boat race field, course area. | **campo magnético** magnetic field.

canal *m.* channel, canal. | **canal de experiencia** experimental tank. | **canal de acceso** approache channel. | **gran canal** Grand Canal. | **canal de la Mancha** English channel.

canalete *m.* paddle. | **canalete de dos palas** double-ended paddle. | **canalete de una pala** single-ended paddle.

canalizo *m.* fairway, navegable channel.

canasta salvavidas *f.* breeches buoy.

cáncamo *m.* eyebolt.

Cáncer *m.* Cancer.

candaliza *f.* brail.

candela *f.* candle. | **en candela** on end.

candelero *m.* stanchion. | **candelero automático** automatic stanchion.

cangreja *f.* brig sail, fore-and-aft sail.

cangrejo *m.* crab, gaff.

canoa *f.* canoe, boat, motor boat, launch.

canotier *m.* boater.

cantidad *f.* quantity.

cantil *m.* shelf.

canzonete *m.* type of wooden button used to tie up.

caña *f.* helm, rudder, tiller. | **caña del ancla** anchor shank. | **caña del timón** rudder helm. | **caña de osta** vang pendant. | **caña de pescar** fishing-rod. | **caña de remache** rivet shank. | **caña de respeto** emergency tiller. | **levantar caña** to ease the helm.

cáñamo *m.* hemp.

cañoneo *m.* battering.

cañonera *f.* gun port. | **lancha cañonera** gunboat.

cañonero *m.* gunboat.

capa *f.* layer, coat, apron. | **a la capa** *adv.* ahull. | **capa aguadera** apron, mast coat. | **capa cementada** case. | **capa de fondo** undercoat. | **capa por flotación** float-coat. | **capa de fondo de pintura** undercoat. | **a la capa cerrada** ahull, hulling.

capacidad *f.* capacity. | **capacidad cúbica** cubic capacity. | **capacidad de carga** payload.

capear *vt.* to ride out.

caperol *m.* stem head.

capitán *m.* shipmaster, captain, skipper. | **capitán de puerto** harbour master. | **capitán de yate** yacht captain. | **capitán marítimo** sea captain. | **capitán de corbeta** lieuten-ant commander. | **capitán**

de **fragata** commander. | **capitán de navío** captain.

capitanía marítima *f.* maritime headquarters.

capota *f.* hood.

Capricornio *m.* Capricorn.

captura *f.* capture.

carabela *f.* caravel, carvel.

características *fpl.* characteristics, features.

carajo *m.* top.

caramanchel *m.* hatch cover.

carbonilla *f.* soot.

carbono *m.* carbon. | **fibra de carbono** carbon fiber. | **acero al carbono** carbon steel.

carburación *f.* carburation.

carburador *m.* carburettor, carburetter.

carburo *m.* carbide.

cardumen *m.* shoal, school.

carena *f.* careening, refit, underbody.

carenadura (*véase* carena.)

carenar *vt.* to careen.

carenero *m.* careenage (place).

carenote balance *m.* bilge keel.

carga *f.* cargo. | **barco de carga** cargo boat, freighter. | **cisterna de carga** cargo tank. | **escotilla de carga** cargo hatch. | **bodega de carga** cargo hold.

cargadera *f.* inhauler, downhaul.

cargar *vt.* to take in (sails), to become overcast.

carguero *m.* cargo boat, freighter.

carlinga *f.* cockpit, cabin. | **carlinga del palo** mast step.

carpintería *f.* carpentry.

carpintero *m.* carpenter.

carraca *f.* carack, carrack, old tub.

carrera *f.* stroke, race.

carretel *m.* reel.

carrilera *f.* siding, traveler.

carro *m.* bear, sliding seat. | **carro de varada** trolley.

carronada *f.* carronade.

carroza *f.* awning.

carta *m.* chart. | **carta de marear** maritime chart. | **carta marina** maritime chart. | **carta mercatoriana** mercator's chart. | **carta de fletamento** contract of affreightment. | **carta metereológica** weather chart. | **carta náutica** nautical chart. | **carta de navegación** flight plan. | **carta batimétrica** bathymetric chart. | **carta de isobaras** isobaric chart. | **carta gnomónica** gnomonic chart. | **carta magnética** magnetic chart. | **carta astral** star chart. | **carta de corrientes** current chart. | **corrección de la carta** correction of chart. | **carta de círculo máximo** gnomonic chart.

cartabón *m.* bracket, knee, beam bracket. | **cartabón con faldilla** flanged bracket. | **cartabón de apoyo** buttress bracket. | **cartabón de pie de cuaderna** bilge bracket. | **cartabón de rigidez** tripping bracket. | **cartabón**

para varadas docking bracket.
cárter *m.* crankcase.
cartografía *f.* cartography.
cartucho *m.* cartridge.
cascajo *m.* gravel, screenings.
casco *m.* hull, helmet, headpiece. | casco **de buque** sheer-hulk. | **casco** lleno full-lined hull. | **cascos laterales del trimarán** *mpl.* amas. | **casco planeador** planning hull.
caseta del timón *f.* cockpit.
Casiopea *f.* Cassiopeia.
casquillo del arbotante *m.* stern bracket.
castillo *m.* quarterdeck, forecastle, castillo **del bote** head sheets.
catafaro *m.* reflector.
catalina *f.* gin.
catálogo *m.* catalogue.
catamarán *m.* catamaran, multihull.
cataviento *m.* dogvane, wind indicator, telltale, wind vane.
catenaria *f.* catenary.
cátodo *m.* cathode.
caucho *m.* rubber.
caudal *m.* flow.
cavitacion *f.* cavitation.
cayo *m.* key.
cayuco *m.* small Indian boat.
caza *f.* chase.
cazar *vt.* to haul in, to pull in. | **cazar demasiado** to overtrim.
cazonete *m.* toggle.
cebadera *f.* sprit sail.
cebo de cuchara *m.* troll.
cegar *vt.* to blind, to dazzle.
celaje *m.* clouds.
celajería (*véase* celaje.)
celeste *adj.* celestial. | **cuerpo celeste** celestial body. | **horizonte celeste** celestial horizon. | **esfera celeste** celestial sphere.
celoso *m.* cranky.
cementerio *m.* cemetery.
cenefa *f.* face, plate, top rim.
cenit *m.* zenith.
centelleante *adj.* sparkling, flashing.
centesimal *adj.* centesimal.
centro *m.* centre/center. | **centro de carena** center of buoyancy. | **centro de deriva** center of lateral resistance. | **centro de empuje** center of push, center of drive. | **centro de flotabilidad** center of buoyancy. | **centro de flotación** center of flotation. | **centro de gravedad** center of gravity. | **centro vélico** center of effort. | **centro de giro** center of gyration. | **centro de cuaderna** frame line.
ceñida *f.* tight-fitting, leg.
ceñidor *m.* belt, girdle.
ceñir *vt.* to sail close-hauled, to be close-hauled, to beat, to beat to windward.
cepillo *m.* plane.
cepo *m.* stock. | **cepo del ancla** anchor stock. | **cepo de castigo** bilboe. | **bola del cepo** nut of anchor stock.
cerca *adv.* near, close, nearby.

cero *m.* zero. | **cero hidrográfico o cero de las mareas** tidal datum.
cerrar *vt./vi.* to close, to shut.
cerrazón *f.* dark sky, overcast sky.
certificado *m.* certificate | **certificado de despacho del buque** certificate of clearance. | **certificado de anclas y cadenas** cable certificate. | **certificado de aptitud** certificate of competency. | **certificado de francobordo** certificate of freeboard. | **certificado de libre plática** certificate of pratique. | **certificado de arqueo** certificate of registry. | **certificado de navegabilidad** certificate of seaworthiness. | **certificado de medición** measurement certificate. | **certificado de peso** weighing sheet.
chafaldete *m.* clew line.
chafarote *m.* cutlass.
chaflán *m.* bevel.
chalana *f.* barge, wherry, lighter.
chaleco salvavidas *m.* life jacket, lifevest.
chalupa *f.* launch, boat, shallop.
chapado de madera *m.* veneer.
chaparrón *m.* downpour, cloudburst.
chapitel *m.* cap.
chapotear *vi.* to splash about.
chapoteo *m.* chop.
chárter sin tripulación *m.* bare boat charter.
chata *f.* flat-bottomed boat.
chaveta *f.* key, cotter. | **chaveta del cepo** forelock of anchor stock. | **chaveta de barbilla** headed-key. | **chaveta de apriete** tightening-key. | **chaveta de resorte** spring-key. | **asiento de chaveta** key seat. | **ranura de chaveta** hey hole.
chicote *m.* end of cable, rope end.
chigre *m.* winch. | **chigre de amante** cargo winch. | **chigre de amantillo** topping winch, span winch. | **chigre de amarre** span winch, mooring winch. | **chigre de arrastre** trawling winch. | **chigre de carga** cargo winch. | **chigre de escala real** accommodation ladder winch. | **chigre de osta** slewing winch. | **chigre de remolque** towing winch.
chimenea *f.* funnel, snack, smoke snack. | **chimenea falsa** dummy funnel.
chinchorro *m.* seine, sweep net.
chispazo *m.* spark.
chocar con/contra *vi.* collide with/to.
chubasco *m.* squall, heavy shower. | **chubasco seco** *m.* black squall.
chumacera *f.* strengthening plate, oarlock, rowlock.
chupeta *f.* roundhouse, cabin.
chupón *m.* chute.
ciaboga *f.* turn, curve, bend.
ciar *vi.* to backwater, to back the oars.
ciclón *m.* cyclone.
ciclonal (*véase* ciclónico.)
ciclónico *adj.* cyclonal.

cielo *m.* sky.
ciénaga *f.* swamp.
cigüeñal *m.* crankshaft.
cilindrada cubic capacity, piston displacement.
cilindro *m.* cylinder. | **bloque de cilindros** cylinder block. | **diámetro del cilindro** cylinder bore.
cimbra *f.* curvature, sweep.
cincha *f.* girth, cinch, strap.
cinemática *f.* kinematics.
cinglar *vi.* to scull.
cinta aislante *f.* insulating tape.
cinta de amianto *f.* asbestos tape.
cintón *m.* rubbing band, wale, rubbing bar. | **cintón de acero** rubbing strake. | **cintón de defensa** rubbing fender.
circuito *m.* circuit. | **circuito de arranque** starting circuit. | **circuito de refrigeración** cooling circuit.
círculo *m.* circle. | **círculo acimutal** azimuth circle. | **círculo máximo** great circle. | **círculo polar ártico** Arctic circle. | **círculo polar antártico** Antarctic circle.
circunferencia *f.* circumference.
circunmeridiano *adj.* circummeridian. | **altura circunmeridiana** circummeridian altitude.
circunnavegación *f.* circumnavigation.
circunnavegar *vt.* to circumavigate, to sail roun.
cirro o cirros cirrus.
cirrocumulos *mpl.* cirrocumulus.
cirrostratos *mpl.* cirrostratus.
CIS International Code of Signals.
cisterna *f.* cistern, tank.
cizalla o cizallas *f.* shears, metal paring, metal clipping.
clara *f.* threadbare, thin patch, bald patch.
claro *adj.* bright, light.
clase *f.* class.
clasificación *f.* rating.
clasificar *vt.* to tabulate. | *vpr.* to come, to qualify.
clavar *vt.* to drive, to nail, to hammer.
clavazón *f.* fastening. | **clavazón no pasante** dump fastening. | **clavazón pasante** through fastening. | **clavazón provisional** working fastening.
clavija *f.* peg.
clima *m.* climate.
climatización *f.* air conditioning.
climatología *f.* climatology.
clinómetro *m.* clinometer, pitch gauge.
clíper *m.* clipper.
cloruro polivinílico *m.* polyvinyl chloride.
club *m.* club. | **club náutico** yacht club.
cobranza *f.* collection.
cobrar *vt.* to pull, to haul in.
cobre *m.* copper. | **forrar en cobre**
coca *f.* kink, bend.
cocina *f.* galley, caboose.
cocinar *vt./vi.* to cook.
cocinero *m./f.* cook.

codaste *m.* stern post.
codera *f.* mooring hawser.
código *m.* code. | **código de banderas** code signals. | **código internacional de señales** internacional signalling code. | **código memorológico internacional** internacional weather code. | **código militar** articles of war.
codillo *m.* end of keel.
codo *m.* elbow, pipe elbow.
coeficiente *m.* coefficient, constant, degree. | **coeficiente de afinamiento** fineness coefficient. | **coeficiente de corredera** log error. | **coeficiente de flotabilidad** waterline coefficient. | **coeficiente prismático** longitudinal coefficient. | **coeficiente de bloque** block coefficient. | **coeficiente de Almirantazgo** Admiralty coefficient. | **coeficiente de deducción de empuje** thrust deduction coefficient. | **coeficiente de compartimentado** factor of subdivision. | **coeficiente de la maestra** midship area coefficient. | **coeficiente de marea** tidal constant. | **coeficiente de soldadura** weld factor. | **coeficiente de propulsión** propulsive coefficient. | **coeficiente de velocidad-eslora** speed-length ratio. | **coeficiente de volumen** stowage factor. | **coeficiente prismático** prismatic coefficient. | **coeficiente de peso muerto** coefficient of dead weight. | **coeficiente de estabilidad** coefficient of stability. | **coeficiente bloque** block coefficient. | **coeficiente eslora-desplazamiento** finense coefficient, displacement-length coefficient. | **coeficiente longitudinal** longitudinal coefficient. | **coeficiente de la cuaderna maestra** midship coefficient. | **coeficiente de la superficie de flotación** waterplane area coefficient.
cofa *f.* top. | **cofa mayor** maintop. | **cofa de vigía** bird's nest.
coferdán *m.* cofferdam, air space, void.
cofferdam *m.* (*véase* coferdán.)
cofre *m.* chest, trunk.
cohete *m.* rocket. | **cohete salvavidas** life saving rocket.
cojinete *m.* bearing. | **cojinete de bolas** ball bearing. | **cojinete de biela** bottom-end bearing.
cola *f.* tail. | **cola de milano** *f.* dovetail.
colchadura *f.* twist, tortion.
colchar *vt.* to lay, to twist.
colector *m.* collector, commutator.
colimador *m.* collimator.
colisión *f.* collision.
color *m.* colour.
coluro *m.* colure.
comandante *m.* commander, commanding officer, commandant.
combadura *f.* camber.
combar *vi.* to bulge.
combés *m.* waist.
combustión *f.* combustion. | **cámara**

de combustión combustion chamber. | **combustión regular** chuffing, chugging.

cometa *m.* comet.

comité de regatas *m.* race commitee. | **comité de protestas** protest comitee.

comodoro *m.* commodore.

compartimento o compartimiento *m.* compartment. | **compartimento de estiba impermeable** waterproof storage area. | **compartimento estanco** watertight compartment.

compás *m.* compass. | **compás de cuadrante** quadrant compass. | **compás de corredera** slide calipers. | **compás de división** dividers. | **compás de demoras** hand bearing compass. | **compás de gobierno** steering compass. | **compás de puntas** pair of compasses, dividers. | **compás magistral** standard compass. | **compás magnético** magnetic compass. | **compás acimutal** azimuthal compass. | **compás de bitácora** binnacle compass. | **compás de declinación** declination compass. | **compás de espesores** callipers, calliper compasses. | **compás de inclinación** dip compass. | **compás de líquido** spirit compass. | **compás de los palos** trim of the masts. | **compás de marcar** bearing compass. | **compás de pinzas** draw-compass. | **compás de popa** after compass. | **compás de revés** telltale compass. | **compás giroscópico** gyrocompass. | **compás revirado** telltale compass. | **compás de vara** beam-compass, trammel. | **compás de gruesos** calliper. | **compás de punta fija o seca** divider. | **compás reflector** reflector compass. | **compás de tres puntas** station pointer.

compensación *f.* compensation, time allowances.

compensado *adj.* balanced. | **timón compensado** balanced rudder.

compensador *m.* compensator.

compensar *vt.* to balance, to compensate.

competente *adj.* competent.

competición *f.* competition.

componente *m.* component, part, constituent.

compresión *f.* compression. | **presión de compresión** compression pressure. | **relación de compresión** compression ratio.

compresor *m.* compressor.

comprimido *adj.* compressed. | **aire comprimido** compressed air.

comprobación *f.* verification, checking.

comprobar *vt.* to check, to prove.

comprometido *adj.* overlaped.

compromiso *m.* overlap.

compuerta *f.* gate, sluice, floodgate. | **compuerta de esclusa** sluicegate, lockgate.

comunicación *f.* communication.

conchuela *f.* cockle-shells bottom.
condensación *f.* condensation.
condensador *m.* condenser, capacitor.
condiciones *fpl.* conditions. | **condiciones atmosféricas** weather conditions. | **condiciones de navegabilidad** seaworthy trim. | **condiciones de carga, estabilidad y trimado** trim and stability booklet.
conducto de humo *m.* uptake.
conectado *adj.* connected.
conectar *vt./vi.* to connect, to plug in.
confección *f.* tailoring, making-up, confection.
configuración *f.* shape, form.
confirmación *f.* confirmation, corroboration.
conjunción *f.* conjunction.
conjunto de muelles *m.* quayage.
conmutador *m.* commutator, switch.
cono *m.* cone.
conocimiento *m.* bill of lading, shipping-bill. | **conocimiento de embarque** bill of lading. | **conocimiento a la orden** ocean bill of lading.
consejo *m.* advice, counsel.
conserva *f.* company. | **dar conserva a** to consort (with). | **ir en conserva** to sail in company. | **llevar en su conserva** to consort (with). | **navegar en conserva** to sail in company.
consola *f.* console table, braket, knee braket. | **consola con faldilla** flanged bracket. | **consola de apoyo** buttress bracket. | **consola del puente** wheelhouse console. | **consola de pie de cuaderna** bilge bracket. | **consola de rigidez** tripping bracket. | **consola para varadas** docking bracket.
constelación *f.* constellation.
construcción *f.* building. | **construcción de barcos** *f.* boatbuilding. | **construcción naval** *f.* shipbuilding.
constructor de barcos *m.* boatbuilder.
constructor naval *m.* shipbuilder.
consumo *m.* consumption.
contador *m.* purser.
contaminación *f.* pollution. | **contaminación acústica** noise pollution. | **contaminación de los ríos** river pollution. | **contaminación del aire** air pollution.
contenedor *m.* container.
continental *adj.* continental. | **elevación continental** continental rise. | **declive continental** continental slope.
continente *m.* continent. | *adj.* containing.
contorno *m.* outline, contour.
contra *f.* vang, down haul, guy, preventer. | **contra rígida** kicking strap. | **contra el viento** upwind.
contraamura *f.* preventer tack.

contraarfada *f.* anti-tipping.
contrabando *m.* contraband.
contrabranque *m.* apron.
contrabraza *f.* preventer brace.
contrabrazola *f.* end coaming, head ledge.
contrachapado *m.* plywood.
contracorriente *f.* counter current, upstream, backwater.
contradriza *f.* auxiliary halyard.
contradurmiente *m.* sheer clamp.
contraescota *f.* preventer sheet.
contraestay *m.* preventer stay.
contraflecha *f.* camber.
contrafoque *m.* fore staysail.
contramaestre *m.* boatswain. | **contramaestre de segunda** chief petty office.
contramecha *f.* side tree.
contraobenque *m.* preventer shroud.
contraosta *f.* preventer guy.
contrapeso *m.* counter-weigh, counter-balance.
contraquilla *f.* rising wood.
contraroda *f.* apron.
contraste *m.* sudden change of the wind.
contrato *m.* contract. | **contrato a la gruesa** bottomry bond. | **contrato a tanto alzado** lump sum contract. | **contrato de aprendizaje** indenture of apprenticeship. | **contrato de fletamiento** contract of affreightment. | **contrato de salvamento** salvage agreement. | **contrato de arrendamiento de buque** lease. | **contrato de embarco** articles of agreement. | **contrato de coste, seguro y flete** c.i.f. contract (cost, insurance & freight).
contrete *m.* dagger board.
control *m.* control, check in, check out. | **control remoto** remote control. | **control básico** primary control.
controlador *m.* controller.
convento *m.* frame space.
conversión *f.* conversion.
convertidor *m.* converter.
convoy *m.* convoy.
coordinar *vt.* to coordinate.
coordenada *f.* coordinate.
copa *f.* cup. | **copa Almirante** *f.* Admiral's Cup. | **copa América** *f.* America's Cup.
copiloto *m.* copilot.
coral *m.* coral. | **barrera de coral** coral reef.
coraza *f.* armour plate.
corbeta *f.* corvette.
corchar *vt.* to lay, to twist.
corcho *m.* cork.
cordaje *m.* rigging, cordage.
cordel *m.* rope, line. | **cordel descarriado de la corredera** stray line.
cordelería *f.* rigging, cordage.
cordón *m.* strand. | **cordón de estopa** pledget.
cormorán *m.* cormorant.
cornamusa *f.* cleat, belaying cleat. | **cornamusa de Aladino** Aladdin cleat.

corneta *f.* cornet.

corona *f.* corona.

coronamiento *m.* end, crown, culmination. | **coronamiento de popa** affrail.

correa de dinamo *f.* dynamo belt.

corrección *f.* correction. | **correción a la giroscópica** gyroscopic correction. | **corrección givry** givry correction. | **corrección total** total error. | **corrección de anomalías** trouble shooting. | **corrección de formas** fairing. | **corrección por arrufo** correction for sheer. | **corrección por brusca** round of beam correction. | **corrección por rugosidad** roughness allowance. | **corrección por superficies libres** free surface correction. | **corrección de instrumentos** adjustment of instruments. | **corrección del sextante** adjustment of sextant. | **corrección del compás** compass correction. | **corrección de índice del sextante** index correction.

corredera *f.* log. | **corredera de cajón** drawer slide. | **corredera eléctrica** electric log. | **corredera mecánica** screw log, speedometer. | **corredera de corriente** current log. | **corredera de patente** patent log. | **corredera de fondo** bottom log.

correr *vi.* to travel, to flow (water).

corriente *f.* current, stream. | **corriente, a favor de** *adj.* downstream. | **corriente marina** ocean current. | **corriente submarina** underwater current. | **corriente de aire** air current, stream, current. | **corriente alterna** alternating current. | **corriente continua** direct current. | **corriente de alta frecuencia** high frequency current. | **corriente trifásica** three-phase current. | **corriente contraria** foul tide. | **corriente superficial** surface current. | **corriente de marea** tidal current. | **corriente de expulsión** backwash. | **corriente de deslizamiento** creepage. | **corriente de desplazamiento** electric flux. | **corriente de Foucault** eddy current. | **corriente de fuga** leak-age current. | **corriente establecida** peak making current. | **corriente arriba** upstream. | **a favor de la corriente** downstream.

corrimiento *m.* slipping, sliding.

corroer *vt.* to corrode.

corrosión *f.* corrosion. | **resistente a la corrosión** corrosion resisting. | **ensayo de corrosión** corrosion test.

corrugado *adj.* corrugated.

corrugar *vt.* to corrugate.

corsario *m.* privateer.

corso *m.* privateering.

cortafrío *m.* cold chisel.

cortar *vt.* to cut. | **cortar el agua un navío** *vi.* to cut through, to slice through, to bite (wind).

corte *m.* cut.

cortinilla *f.* small lace curtain.
cortocircuito *m.* short circuit.
coseno *m.* cosine.
cósmico *adj.* cosmic.
cosmología *f.* cosmology.
costa *f.* coast, coastline.
costado *m.* side. | **dar el costado** to heave over, to careen. | **al costado** *adv.* alongside. | **al costado de** abreast.
costana *f.* rib.
costanero *adj.* coastal. | **navegación costanera** coastal navigation.
costear *vt.* to coast.
costero *adj.* coastal. | *m.* coaster (ship). | *f.* coast (coast), fishing season.
costilla *f.* rib, frame.
costura *f.* seam, splice.
cote *m.* half hitch. | **cote de pescador** fisherman's bend.
coy *m.* hammock.
coz *f.* heel. | **coz del palo** mast food, mast tabermacle.
creciente *adj.* rising. | **marea creciente** rising tide.
crepúsculo *m.* twilight, dusk.
cresta *f.* crest.
cronometraje *n.* timing.
cronometrar *vt.* to time.
cronómetro *m.* chronometer, stop watch. | **estado absoluto del cronómetro** chronometer error.
crucero *m.* cruiser, cruise. | **barco de crucero** cruise ship. | **crucero turístico** turistic cruiser. | **velocidad de crucero** cruising speed. | **barco de crucero-regata** cruiser-racing boat.
cruceta *f.* crosstree, cross bit, spreader. | **cruceta de bita** cross bit. | **cruceta del timón** yoke. | **cojinete de cruceta** crosshead brass. | **guía de cruceta** crosshead guide.
crujía *f.* midship gangway, center line. | **a crujía** *adv.* amidships, amisdship.
cruz *f.* crown.
Cruz Roja Red Cross.
cruzar *vi.* to cruise.
cuaderna *f.* frame, rib. | **cuaderna maestra** midship frame. | **cuaderna armada** bracket frame. | **cuaderna reforzada** deep frame. | **cuaderna revirada** cant frame. | **cuaderna de cuadratura** balance frame.
cuadernal *m.* block and tackle. | **cuadernal de cuatro ojos** four sheave block. | **cuadernal de gata** cat-block. | **cuaderno de bitácora** *m.* logbook.
cuadra *f.* quarter. | **navegar a la cuadra** to sail with the wind on the quarter. | **entre la cuadra y la aleta** *adv.* abaft the beam.
cuadrante *m.* quadrant, quarter.
cuadratura *f.* quadrature.
cuadro de instrumentos *m.* instrument panel. | **cuadro eléctrico** switchboard. | **cuadro de mandos** instrument panel.
cuarentena *f.* quarantine. | **poner en cuarentena** put in quarantine.

| **bandera de cuarentena** quarantine flag, q flag.
cuarta *f.* point.
cuartear *vt.* to quarter, to divide into four.
cuartel *m.* hatch.
cuarterón *m.* panel.
cuarto *m.* room. | **cuarto de guardia** watch room.
cuba *f.* cask.
cubeta *f.* pail, bucket.
cubichete *m.* binnacle hood, compass cover.
cubierta *f.* deck. | **cubierta corrida** sea flush deck. | **cubierta inferior** lower deck. | **cubierta ro-ro** ro-ro deck. | **cubierta superior** upper deck. | **cubierta de popa** poop deck. | **cubierta de proa** front deck. | **cubierta de vuelos** flight deck. | **cubierta de arqueo** tonnage deck. | **cubierta de abrigo** shelter deck. | **cubierta de cierre** bulkhead deck. | **cubierta de francobordo** freeboard deck. | **cubierta de pozo** well-deck. | **cubierta pasante** continuous deck. | **cubierta puente** bridge deck. | **cubierta de tonelaje** tonnage deck. | **en cubierta** *adv.* on deck. | **sin cubierta** undecked.
cubierto *adj.* overcast.
cubrir *vt.* to cover, to roof.
cuchara *f.* bailing scoop.
cucharro *m.* buttock.
cuchillo *m.* lateen sail.
cuello de cisne *m.* gooseneck.
cuenca *f.* basin.
cuentarrevoluciones *m.* revolution counter.
cuentavueltas (*véase* cuentarrevoluciones.)
cuerda *f.* rope.
cuerpo *m.* shell, barrel. | **cuerpo muerto** mooring buoy.
culata *f.* cylinder head, head.
cumbre de toldo *f.* ridge.
cumplir *vt./vi.* to keep, to do, to carry out.
cúmulo *m.* cumulus.
cumulonimbo *m.* cumulonimbus.
cuna *f.* cradle.
cunningham *m.* cunningham.
cuña *f.* partner, wedge. | **cuña de emersión** emerged wedge. | **cuña de inmersión** immersed wedge.
cúpula *f.* turret, cupola.
curso *m.* course.
cursor *m.* slide.
curva *f.* bend, turn.
curvatura *f.* curvature (quality), bending (action). | **curvatura del palo** mast bend.
cúter *m.* cutter.

D

dado *m.* stud, cable stud, stay pin. | **dado de roldana** bushing.

daño *m.* damage. | **daños de consideración** damages of consideration.

dársena *f.* dock, basin. | **sacar de la dársena** *vt.* to undock

dato *m.* datum. | **datos** *mpl.* data, facts, information.

de funcionamiento seguro *adj.* reliable.

decaer *vi.* to drift off course.

decantador *m.* decanter.

décima *f.* tenth, tenth part.

declaración *f.* statement, declaration. | **declaración de abandono** notice of abandonment.

declarar *vt.* to enter, to declare.

declinación *f.* declination, deviation. | **declinación magnética** magnetic deviation.

decremento *m.* drop, decrease.

dedil *m.* thumbstall.

defensa *f.* fender.

deflector *m.* deflector, baffle.

deformación *f.* deformation. | **deformación del tejido** stretch.

degradar *vt.* to disrate.

dejar *vt.* to leave. | **dejar a babor** to leave to port.

delta *f.* delta.

demanda *f.* remand, request, appeal.

demora *f.* delay, bearing.

demorar *vt.* to bear, to hold up.

densidad *f.* density.

dentro-fueraborda *m.* inboard-outboard.

deporte *m.* sport.

deportivo *adj.* sports.

depósito *m.* tank.

depresión *f.* depression, hollow.

depurar *vt.* to purify.

derecho *m.* fee. | **derecho a orzar** luffing right. | **derecho de apelación** right of appeal. | **derecho de paso** right of way. | **derechos de puerto** harbour dues. | **derechos y tasas** dues.

deriva *f.* drift, leeway. | **a la deriva** *adv.* adrift.

derivar *vi.* to drift.

derrame *m.* slope, incline.

derrelicto *m.* derelict.

derrota *f.* course, bearing, track. | **derrota compuesta** traverse.
derrotar *vpr.* to drift off course.
derrotero *m.* book of sailing directions, pilot book, course.
desabitar *vt.* unbitt.
desabrigado *adj.* open, exposed to the wind.
desaferrar *vt.* to weight (anchor).
desaguadero *m.* seacock.
desaguar *vt.* dewater.
desagüe *m.* drainpipe, downspout, bung hole.
desalar *vt.* to desalt.
desalojar *vt.* to have a displacement of, to displace.
desamarrar *vt.* to cast off, to unmoor.
desaparejar *vt.* to unrig, to derig.
desarboladura *f.* dismasting.
desarbolar *vt.* to dismast. | *vpr* to lose her mast.
desarmar *vt.* to lay up.
desarrumar *vt.* to unstow.
desatorar *vt.* to unstow.
desatracar *vt.* to push off, to cast off, to unmoor. | *vi.* to move away, to shove off.
desbocado *adj.* overflowing (river).
descalcador *m.* rave hook, rasing iron.
descalcar *vt.* to unship.
descalificación *f.* disqualification.
descalificado *m.* disqualified.
descalificar *vt.* to disqualify.
descarga *f.* unloading.
descargar *vt.* disburden.
descascarillado *adj.* peeling.
descebar *vt.* to unprime.
descolchar *vt./vpr.* to unlay, to untwist, to unravel, to unstrand.
desconectar *vt.* to take out, to pull out, to unplug.
desconocido *adj.* unknown.
descripción *f.* description.
descubierta *f.* inspection of the rigging.
descubierto *adj.* bare.
descubrir *vt.* to sight (land).
desembarcadero *m.* landing stage, pier, wharf.
desembarcar *vi.* to land. | *vt.* to disembark, to go ashore, to debark, to unload, to disembark, to put ashore, to unship.
desembarco *m.* landing, disembarkation.
desembarque *m.* disembarkation (people), landing, unloading, disembarkation.
desembocadero (*véase* desembocadura.
desembocadura *f./m.* mouth.
desemboque *m.* outlet.
desempatar *vt.* to break a tie.
desencallar *vt.* to refloat.
desencapillar *vt.* to unrig.
desenchufar *vt.* to unplug.
desengrilletar *vt.* to unshackle.
desenrollar *vt.* to unroll, to unwind.

desentalingar *vt.* to unbend.
desenvergar *vt.* to unbend.
desestibar *vt.* to unload.
desestimar *vt.* to reject.
desestimada *f.* dismissed.
desfogar *vi.* to break (storm), to burst.
desfondamiento (*véase* desfonde.)
desfondar *vpr.* to bilge.
desfonde *m.* bilging.
desgastamiento (*véase* desgaste.)
desgastar *vt.* to abrade.
desgaste *m.* chafing, fraying.
desgobernar *vt.* to steer badly.
desguace *m.* breaking-up, shipbreaking.
desguarnir *vt.* to unreeve.
desguazar *vt.* to break up.
desguindar *vt.* to haul down, to lower. | *vpr.* to slide down.
deshecho *adj.* violent, strong.
deslastrar *vt.* to deballast.
deslastre *m.* deballasting.
deslizamiento sliding.
deslizarse *vpr.* to slide.
deslumbrar *vt.* to dazzle.
desmantelado *adj.* dismasted, unrigged.
desmantelamiento *m.* dismasting, unrigging.
desmantelar *vt.* to dismast, to unmast, to unrig.
desmontaje *m.* removal.
desmultiplicador *m.* reducing, reduction.
desmultiplicar *vt.* to gear down.
desnivelar to heel over.
desnudo *adj.* bare.
despachar un buque *vt.* to clear a ship.
despacho de entrada *m.* clearance inward. | **despacho de salida** clearance utwards. | **despacho de aduana** customs clearance. | **despacho de buques** ship's clearance.
despasar *vt.* to underrun, to unreeve.
despavesar *vt.* to snuff (a sail).
despedir *vt.* to eject, to throw out.
despejado *adj.* clear, open.
desperfecto *m.* flaw, damage, belmish.
despiezar *vt.* to quarter, to carve up.
desplazamiento *m.* displacement. | **desplazamiento en lastre** light displacement. | **desplazamiento en rosca** loaded displacement. | **desplazamiento en máxima carga** full load displacement. | **desplazamiento al calado de proyecto** designed displacement.
desplazar *vt.* to displace, to shift.
desplegar *vt.* to spread, to unfurl.
desplomar *vpr.* to topple over, to fall down, to collapse.
desprenderse *vpr.* to come off, to come away.
desprendimiento *m.* unsticking.

desprovisto *adj.* bare.
despuntar *vt.* to round.
desrelingar *vt.* to take off the bolt.
destacado *adj.* outstanding, prominent.
destello *m.* flash.
destilador *m.* distiller.
destinación *f.* destination.
destornillador *m.* screwdriver.
destrincar *vt./vpr.* to unlash, to unfasten, to cast off.
destructor *m.* destroyer.
desvarar *vt.* to refloat.
desventar *vt.* to backwind, to blanket, to cover.
desvente *m.* backwind. | **cono de desvente** bad air.
desviación *f.* diversion.
desviar *vpr.* to go off course, to fly off course.
desvío *m.* deviation, deflection. | **desvío constante** constant deviation. | **desvío del compás** deviation of compass. | **tablilla de desvíos** deviation table. | **desvío de escora** heeling deviation.
desvirar *vt.* to heave back.
detector *m.* detector.
detener *vt.* to stop, to halt, to delay, to detain, to keep, to hold up.
día *m.* day. | **día civil** calendar day. | **día astronómico** astronomical day. | **día sidéreo** sideral day. | **día intercalar** intercalary day. | **día perdido** day lost.
diagonal *f.* diagonal.
diámetro *m.* diameter.
diario de navegación *m.* log book.
dieléctrico *adj.* dielectric.
diesel *adj.* diesel. | **motor diesel** diesel engine.
diferencia *f.* difference.
diferencial *m.* differential. | **interruptor diferencial** differential switch.
dimensión *f.* dimension.
dinamo *m.* dynamo. | **correa de dinamo** dynamo belt.
dingui *m.* dinghy.
diodo *m.* diode.
dióptrico *adj.* dioptrical, dioptric, *f.* dioptrics.
dique *m.* dock, dike, breakwater, mole, jetty. | **dique flotante** floating dock. | **dique seco** dry dock. | **dique de carena** dry dock.
dirección *f.* course, route, heading. | **dirección asistida** servo-assisted steering. | **dirección de empuje** direction of thrust.
directo *adj.* direct, straight.
disco Plimsoll *m.* Plimsoll mark, Plimsoll line.
diseño *m.* design.
disipación *f.* dissipating, dispersion.
disipado *adj.* dissipated.
disminución *f.* decreasae, drop.
disparador *m.* firer, trigger.
disparo *m.* firing, shot. | **disparo de aviso o de advertencia** warning shot.

dispersar *vt.* to disperse, to scatter.
dispersión *f.* dispersion.
display *m.* display.
dispositivo *m.* device, appliance, gadget.
distancia *f.* distance.
distorsión *f.* distortion.
distribución *f.* distribution.
distribuidor *m.* distributor.
distrito *m.* district.
disyuntor *m.* circuit breaker, cut-out.
diurno *adj.* diurnal, daily.
dividido *adj.* divided.
doblado *adj.* doubled, bent, folded.
doblar *vt.* to round.
doble *n. adj.* double. | **doble fondo** double bottom.
documentación *f.* documentation, papers. | **documentación del buque** ship's papers.
domo *m.* dome, cupola.
dormido *adj.* asleep.
dormir *vi.* to heel, to list badly. | *vpr.* to lie on her beam-ends.
dorsal *f.* number. | (zona de altas presiones, cuña dorsal.)
draga *f.* dredger, dredging machine. | **draga a balde** bucket dredger. | **draga a succión** suction dredger. | **draga a tubo** tube dredger. | **draga de aspiración** sand-pump dredger.
dragado *m.* dragging.
dragaminas *fpl.* minesweeper.
driza *f.* halyard. | **driza de boca** throat halyard. | **driza de foque** foresail halyard. | **driza de gallardete** burgee halyard. | **driza de pico** peak halyard. | **driza de bandera** ensign halyard. | **a media driza** *adv.* half-mast high.
dúplex *m.* duplex.
duque de alba *m.* pile mooring, dolphin, duc d'albe.
duración *f.* duration, length.
dureza *f.* hardness.
durmiente *m.* clamp.
duro *adj.* harsh, hard, severe.

E

echazón *f.* jettison, jetsam.
eclipse *f.* eclipse.
eclíptico *adj.* ecliptic.
eco *m.* echo. | **eco falso** clutter.
ecosistema marino *m.* marine ecosystem.
ecosonda *f.* echo sounder.
ecuador *m.* equator. | **paso del ecuador** halfway point. | **pasar el ecuador** to cross the line. | **ecuador magnético** magnetic equator.
ecuatorial *adj.* equatorial.
edificio *m.* building.
efecto *m.* effect. | **efecto de Coriolis** Coriolis effect. | **efectos navales** *mpl.* shipchandler.
eje *m.* axle, axis. | **eje delantero** front axle. | **eje trasero** rear axle. | **eje de simetría** axis of rotation, axis of symmetry. | **eje del timón** rudder main piece. | **eje giratorio** axle.
elasticidad *f.* elasticity.
elección *f.* choice.
electricidad *f.* electricity.
eléctrico *adj.* electric, electrical.
electrodo *m.* electrode.
electrólito o electrolito *m.* electrolyte.
electromotor *m.* electromotor.
electrónico *adj.* electronic.
elegir *vt.* to choose, to select.
elemento *m.* element.
elevación *f.* rise, elevation.
elipse *f.* ellipse.
elipsoide *m.* ellipsoid.
embancarse *vpr.* to run aground, to silt up, to block, to become blocked.
embarcación *f.* vessel, boat, craft. | **embarcación de pesca** fishing boat. | **embarcación de recreo** pleasure boat. | **embarcación fueraborda** speedboat. | **embarcación auxiliar** tender. | **embarcación de remo** rowboat.
embarcadero *m.* pier (people), jetty, quay, landing stage, dock, wharf.
embarcar *vt.* to embark (people), to ship aboard. | *vpr.* to embark, to go aboard.
embarco *m.* embarkation (people), embarcation.
embargo *m.* embargo.

embarque *m.* shipment, loading.
embarrancado *adj.* aground. | **estar embarrancado** to be aground.
embarrancar *vi./vpr.* to run aground, to go aground.
embate *m.* sea breeze, dashing, breaking.
embestir *vt.* to rush at, to collide with, to crash into.
embicado *adj.* apeak.
embicadura *f.* topping.
embicar *vt.* to luff.
emblema *m.* emblem, badge.
embocadura *f.* mouth.
embocar *vt.* to enter.
émbolo *m.* piston.
embolsar *vt.* to pocket.
embonar *vt.* to plank, to sheathe.
embono *m.* sponson.
embragar *vt.* to throw into gear. | *vi.* to engage the clutch.
embrague *m.* clutch.
embrear *vt.* to tar.
emergencia *f.* emergency. | **equipo de emergencia** survival kit.
emerger *vi.* to emerge, to surface.
emersión *f.* emersion.
emisor *m.* transmitter, station.
emisora *f.* radio station, broadcasting station, transmitter.
emitir *vt.* to transmit, to broadcast, to emit. | *vi.* to transmit.
empalletado *m.* mat.
empalmar *vt.* to join, to connect.
empalme o empalmadura *m./f.* joint, connection.
empaquetadura *f.* packing. | **empaquetadura de prensaestopas** gland packing.
empavesado *m.* dressing.
empernar *vt.* to bolt down, to bolt together.
empopada *f.* pooping. | **correr una empopada** to scud.
empopar *vi.* to sail before the wind, to be low in the stern.
empujar *vt.* to push.
empuje *m.* push, drive, thrust.
empulguera *f.* nock, notch.
empuñidura *f.* earing.
en el extranjero *adv.* abroad.
en el sentido de las agujas (o manecillas) del reloj *adv.* clockwise.
en facha *adv.* aback.
en llamas *adj.* aflame.
en medio del barco *adv.* amidships.
en sentido contrario (u opuesto) a las agujas del reloj *adv.* anticlockwise, against the sun, counterclockwise.
enarbolar *vt.* to hoist, to fly.
enarenar *vpr.* to run aground.
encabezamiento *m.* heading.
encabillar *vt.* to fasten with treenails.
encalladero *m.* sandbank, shoal, reef.
encallado *adj.* aground | **estar encallado** to be aground.
encalladura *f.* running aground, grounding, stranding.

encallamiento (*véase* encalladura.)
encallar *vi.* to run aground, to get stranded (on).
encalmado *adj.* becalmed.
encalmarse *vpr.* to calm down, to become calm.
encapilladura *f.* top-rigging.
encapillar *vt.* to rig.
encastrar *vt.* to fit in, to fit together, to set in, to imbed.
encepar *vt./vpr.* to stock, to foul.
encerado *m.* tarpaulin.
enchapado *m.* plating.
enchufe *m.* socket, plug.
encima *adv.* above.
encontrado *m.* opposite tack.
encresparse *vpr.* to ripple, to become rough, to become choppy.
enferezar to right.
energía *f.* energy, power. | **energía cinética** kinetic energy. | **energía solar** solar energy/power. | **energía eléctrica** electric power. | **energía eólica** wind power. | **energía hidráulica** waterpower.
enfilación *f.* range, transit, leding line. | **enfilación luminosa** lighted range.
enfilar *vt.* to direct, to bear, to go straight along.
enfriador *m.* cooler.
enfriamiento *m.* cooling.
engafar *vt.* to hook.
engalanado *m.* full-dressed.
engalanar *vt.* to dress, to deck out.
engalgar *vt.* to back.
enganchar *vt.* to hook. | *vpr.* to get hooked up.
enganche de escota *m.* hooking sheet.
engarzar *vt.* to set, to mount, to connect, to link.
engaste o engastadura *m./f.* setting, mounting.
engazar *vt.* to strap.
engolfar *vi.* to lose sight of land, to make for the open sea. | *vpr.* to make for the open sea.
engranaje *m.* gear. | **engranaje desmultiplicador** reduction gear. | **engranaje reductor** reduction gear.
engrase *m.* greasing, lubrication.
engrilletar *vt.* to shackle.
enjarciar *vt.* to rig.
enjaretado *m.* lattice screen, lattice work.
enmendar *vt.* to cast.
enmienda *f.* amendment, reform, correction.
enramado *m.* frames.
enramar *vt.* to fit the frames to.
enrolar *vt.* to enrol, to enlist, to join up.
enrollable *adj.* roll-up.
enrollador de vela roller furling, roller reefing.
enrollar *vt.* to wind up, to coil.
ensenada *f.* inlet, cove.
entablar *vt.* to plank.
entablarse *vpr.* to settle (wind).
entalingadura *f.* clinch.

entalingar *vt.* to clinch.
entena *f.* lateen yard.
entidad *f.* entity, organization, company, register group.
entramado *m.* dunnage.
entrante *m.* flood, inlet.
entrañar *vt.* to worm.
entrar *vt.* to overtake.
entrecubierta *f.* between decks.
entrega *f.* delivery.
entremeche *m.* carling.
entrepuente *m.* between decks.
envergadura *f.* breadth, spread.
envergar *vt.* to bend.
envergue *m.* robband.
época *f.* period, epoch, season. | **barco de época** vintage boat.
epoxi *m.* epoxy.
equilibrio *m.* equilibrium, balance. | **equilibro estable** stable equilibrium. | **equilibrio inestable** unstable equilibrium. | **equilibrio indiferente** neutral equilibrium. | **equilibrio dinámico** dynamic equilibrium.
equipo *m.* equipment, outfit, gear, tackle, team, crew, ground tackle. | **equipo de fondeo** anchor gear. | **equipo de supervivencia** survival kit.
escafandra *f.* diving suit. | **escafandra autónoma** scuba.
escala *f.* scale, port of call. | **hacer escala** to call in at, to stop in. | **escala real** accommodation ladder. | **escala de gato** Jacob's ladder. | **escala de cofa** mast-top ladder. | **escala Douglas** Douglas scale. | **escala Beaufort** Beaufort scale. | **escala Fahrenheit** Fahrenheit scale. | **escala Gunter** Gunter scale.
escálamo *m.* thole, tholepin.
escalera *f.* staircase, stairway, ladder. | **escalera de baño** bath ladder. | **escalera de gato** Jacob's ladder. | **escalera de toldilla** companionway.
escalerilla *f.* gangway.
escalón *m.* rung.
escampavía *f.* scout.
escandallar *vt.* to sound.
escandallo *m.* sounding lead. | **escandallo de profundidad** deep-sea leat.
escandalosa *f.* topsail, gaff.
escantillón *m.* scantling.
escarceo *m.* ripple.
escarcha *f.* frost, hoarfrost.
escarpe *m.* scarph. | **escarpe de la roda con quilla** boxing of stem and keel.
esclusa *f.* lock, sluice.
escobén *m.* hawsehole.
escobilla *f.* brush.
escofina *f.* parer.
escollar *vi.* to run aground.
escollera *f.* breakwater.
escollo *m.* reef, rock.
escolta *f.* escort (ship).
escora *f.* level line, stanchion, prop, list, heel, sheet.
escorado *adj.* on her beam-ends.
escorar *vt.* to stanchion, to prop,

to shore up. | **escorar a** *vi.* to list, to heel, to heel over. | *vpr.* to lean towards, to be inclined towards.

escoria *f.* slag, scoria.

Escorpio o Escorpión *m.* Scorpio.

escota *f.* sheet. | **escota de barlovento** weather sheet. | **escota de sotavento** lee sheet. | **escota mayor** main sail sheet.

escotera *f.* sheet hole.

escotero *adj.* traveller.

escotilla *f.* hatchway, companion. | **escotilla corrediza** running-companion.

escotillón *m.* scuttle. | **escotillón a nivel** flush bunker scuttle.

escotín *m.* sheet.

escuadra *f.* squadron, fleet.

escuadrilla *f.* squadron.

escucha *f.* monitoring (radio).

esfera *f.* sphere, globe.

esférico *adj.* spherical.

esferoide *m.* spheroid.

eslabón *m.* link of chain. | **eslabón giratorio** swivel chain link. | **eslabón de contrete** stud chain link. | **eslabón sin contrete** studless chain link.

eslinga *f.* sling. | **eslinga de cadena** chain sling. | **eslinga de alambre** wire sling.

eslora *f.* length. | **eslora total** overall length. | *fpl.* binding strakes.

esmerilar *vt.* to abrade.

esnórquel *m.* snorkel.

espadilla *f.* scull, steering, oar.

espaldear *vt.* to poop.

espárrago *m.* stud.

espátula *f.* shovel.

espejo *m.* mirror. | **espejo de popa** upper stern, transom. | **espejo de señales** signalling mirror. | **espejo de señales diurnas** daylight-signalling mirror. | **espejo grande (sextante)** index mirror. | **espejo pequeño (sextante)** horizon mirror.

espeque *m.* handspike.

espía *f.* warp, warping.

espiar *vi.* to warp.

espiche *m.* plug.

espiga *f.* masthead.

espigón *m.* breakwater, jetty, pier.

espina *f.* bone.

espolón *m.* cutwater, levee, sea wall, promenade, ram, spur. | **embestir con el espolón** to ram.

esponja *f.* sponge.

esponsorizar (*véase* patrocinar.)

esprín *m.* spring.

esprín de popa *m.* backspring.

esqueleto *m.* skeleton, framework.

esquí *m.* ski. | **esquí acuático** waterskiing.

esquife *m.* skiff.

esquina *f.* quoin.

esquinales *mpl.* corners.

estabilidad *f.* stability.

estabilizador *m.* stabilizer.

establecer *vt.* to prepare, to draw up.

establecimiento de puerto *m.* establishment of port, vulgar establishment.

estacada *f.* beakwater, pier.
estacha *f.* line, mooring rope.
estación repetidora relay station. | **estación radiotelefónica** radiotelephone station. | **estación radiotelegráfica** radiotelegraph station.
estadía *f.* lay day.
estado *m.* condition. | **estado de la mar** sea condition, sea disturbance. | **estado absoluto** absolute state, chronometer error.
estampa *f.* swage.
estanco *adj.* watertight.
estándar *m.* standard.
estanqueidad *f.* watertightness.
estay *m.* stay. | **estay mayor** mainstay. | **estay de popa** backstay. | **estay de proa** forestay. | **estay volante** flying stay. | **estay de trinquete** forestay. | **estay de galope** royal stay. | **estay de tope** topmast stay. | **estay de mastelero de sobrejuanete** royal stay. | **estays de popa adicionales en aparejos de vela cuadrada navegando con viento a favor** anti-gallicans. | **estay de juanete** topgallant stay. | **estay de gavia** main topmast stay. | **estay de cable** wire stay. | **estay de mesana** mizzen stay. | **estay de perico** mizzen topgallant stay. | **estay de sobreperico** mizzen royal stay. | **estay de sobrejuanete** royal stay. | **estay de sobremesana** mizzen topmast stay.
este *m.* east, east wind, easterly. | **del este** eastern. | **este cuarta al nordeste** east by north. | **este cuarta al sudeste** east by south | *adj.* east, easterly. | **rumbo este** easterly direction.
esteba *f.* steeve.
estela *f.* wake.
estiaje *m.* low water.
estiba *f.* stowing, stowage.
estibador *m.* stevedore.
estibar *vt.* to stow, to trim.
estilete *m.* stiletto, pívot, centrepin.
estilo *m.* gnom.
estima *f.* dead reckoning.
estoa *f.* stationary state of the tide or the current.
estopa *f.* oakum, tow.
estopor *m.* stopper.
estrangulador *m.* throttle.
estratificado *m.* stratified, laminated.
estrato *m.* stratus.
estratocúmulo *m.* stratocumulus.
estratosfera *f.* stratosphere.
estrave *m.* stem.
estrecho *m.* strait(s), narrows, channel.
estrella *f.* star. | **estrella polar** pole star.
estrenque o estrinque *m.* esparto grass rope.
estrepada *f.* pull, stroke, headway.
estribor *m.* starboard.
estrobo *m.* strop, grummet, trailing line.
estructura *f.* structure, frame, framework.

estructural *adj.* structural.
estuario *m.* estuary.
estuche *m.* box, case, container.
éter *m.* ether, aether.
evacuación *f.* evacuation.
evacuar *vt.* to evacuate, to move out of, to leave empty, to vacate.
evaporación *f.* evaporation.
evergue *m.* rope-band.
evitar *vt.* to avoid.
evolución *f.* evolution, development, movement, manoeuvre.
evolucionar *vi.* to evolve, to develop, to manoeuvre.
exactitud *f.* exactness, precision, accuracy, correctness.
exacto *adj.* exact, accurate, precise.
excedente *m.* surplus.
expediente *m.* proceedings.
experiencia *f.* experience.
exploración *f.* exploration, reconnaissance, scouting, scanning.
explosión *f.* explosión.
explosivo *adj.* explosive.
extensión *f.* expanse, stretch.
extintor *m.* fire extinguisher, foam extinguisher.
extractor *m.* extractor.
extranjero, en el abroad.

F

fábrica *f.* factory.
facha *f.* hove to. | **en facha** aback. | **estar en facha** to heave to. | **ponerse en facha** to lie to.
fachear *vi.* to heave to.
faena *f.* fishing.
faenar *vi.* to fish.
faja *f.* band. | **faja de rizos** reef band, reef. | **faja de pujamen** foot band.
falca *f.* wash board, wash strake.
falcacear *vt.* to whip, to lash.
faldilla de la consola *f.* bracket flange.
faldón *m.* flap.
falso (*véase* refuerzo.)
falta *f.* lack, shortage.
faltar *vi.* to fail, to go.
falúa *f.* launch.
falucho *m.* felucca.
fanal *m.* lantern, lamp.
fango *m.* mud.
farallón *m.* rock.
fardo *m.* bale.
faro *m.* lighthouse, beacon.
farol *f.* lighthouse, beacon.
farola *f.* lighthouse, beacon.
fase *f.* phase. | **poner en fase** to phase.
federación *f.* federation.
fenómeno *m.* phenomenon.
feria *f.* fair.
ferry *m.* ferry-boat.
fibra *f.* fibre. | **fibra de carbono** carbon fibre. | **fibra de vidrio** fibreglass.
figurón de proa *m.* figurehead.
fijar con listones los encerados de escotilla *vt.* to batten down the hatches.
fijo *adj.* fixed, fastened.
filar *vt.* to slack, to weer.
filástica *f.* oakum, tow.
filo del viento *m.* direction of the wind.
filtro *m.* filter.
fino *adj.* fine, sharp.
fiordo *m.* fiord.
firmamento *m.* firmament.
firme *adj.* firm, fine, secure. | **hacer firme (el muerto)** to fasten.
fisga *f.* harpoon.
fisgar *vt.* to harpoon.
flamear *vi.* to flap. | **flamear todas**

las velas all in the wind. | **flamear la pintura para rascarla** to bream.

flameo *m.* flapping.

flap *m.* flap.

flechaste *m.* ratline.

fleje *m.* strip.

fletador *m.* charterer, freighter, shipper.

fletamento o fletamiento *m.* chartering.

fletante *m.* shipowner.

fletar *vt.* to charter, to freight, to load.

flete *m.* freight, freightage, cargo. | **flete anticipado** advanced freight.

flota *f.* fleet. | **flota mercante** merchant navy.

flotabilidad *f.* buoyancy, floatability. | **flotabilidad de reserva** reserve of bouyancy.

flotación *f.* floating, flotation.

flotador *m.* float.

flotar *vi.* to float, to wave.

flote *adv.* floating, flotation. | **a flote** afloat, waterbone. | **siempre a flote** alwais afloat. | **poner a flote** to afloat, to set afloat.

flotilla *f.* flotilla, fleet of small chips.

flujo *m.* flow, rising tide. | **flujo adherido** attached flow.

fluvial *adj.* fluvial, river. | **vía fluvial** waterway.

foco *m.* spotlight, floodlight.

fogonadura *f.* mast hole.

fondeadero *m.* anchorage.

fondeado *loc.* at anchor. | **estar fondeado** to be anchored, to be anchor.

fondear *vt.* to anchor, to search, to anchor. | *vi.* to cast, to drop anchor.

fondeo *m.* anchoring, search, searching.

fondo *m.* bottom. | **fondo del mar** bottom of the sea, sea bed. | **mar de fondo** swell, ground swell. | **dar fondo** to anchor, to cast anchor, to drop anchor.

foque *m.* jib. | **foque de capa** form jib. | **foque volante** flying jib. | **foque de balón** balloon jib. | **frenillo del foque** jib boom stay.

forma *f.* shape, form.

formón *m.* firmer chisel.

fórmula *f.* formula.

forrar *vt.* to sheathe.

forro *m.* sheathing, skin.

¡forte! *interj.* avast!, belay!

fortuna *f.* fortune. | storm. | **correr fortuna** to weather a storm. | **timón de fortuna** jury rudder.

fosforescencia *f.* phosphorescence.

foso *m.* pit.

fragata *f.* frigate.

fraile *m.* piece of wood in the bow used to moor.

franco *adj.* free, exempt. | **puerto franco** free port. | **franco a bordo** *adv.* free on board (f.o.b.).

francobordo *m.* freeboard.

franja *f.* stripe.
franquía *f.* searoom. | **estar en franquía** to be in the clear.
frecuencia *f.* frequency.
freno *m.* break.
frente *m.* front. | **frente cálido** warm front. | **frente frío** cold front. | **frente estacionario** stationary front.
freo *m.* strait channel.
fresar *vt.* to countersunk.
frescachón *m.* brisk wind.
frescallón *m.* brisk wind.
fresco *m.* fresh air, cool air.
frío *adj./m.* cold. | **frente frío** cold front. | **ola de frío** cold wave. | **trefilado en frío** cold draw. | **curvado en frío** cold bending. | **enderezado en frío** cold strainghtening.
frontal *adj.* frontal.
frotamiento *m.* rubbing.
fuego *m.* fire.
fuelle *m.* connecting corridor.
fuera *adv.* abroad.
fuera borda out-board.
fuerte *adj.* strong, resistant, hard.
fuerza *f.* strength, force.
fumígeno *adj.* smoking, smoke-producing.
función *f.* function.
funcionamiento seguro, de *adj.* reliable.
funda *f.* cover. | **funda de sable** batten pocket.
fusible *m.* fuse.
fusil lanzacabos *m.* shoulder gun.
fuste *m.* trunk.

G

gabarra *f.* lighter, barge.
gabarraje *m.* lighterage.
gafar *vt.* to hook.
galápago *m.* cleat. | **galápago de la escotilla** batten cleat.
galeaza *f.* galleass, galliass.
galeno *adj.* gentle, soft.
galeón *m.* galleon.
galeota *f.* galliot. | **galeota longitudinal** fore-and-after. | **galeota transversal** hatch beam.
galera *f.* galley.
galería *f.* balcony.
galerna *f.* strong north-west wind.
galga *f.* gauge, feeler. | **galga de alineación** alignement gauge. | **gal-ga de cuadrante** clock gauge. | **galga de desgaste** wear-down-gauge. | **galga de puente** bridge gauge. | **galga extensométrica** strain gauge.
gálibo *m.* mould, set iron. | **gálibo de cuaderna** frame mould.
galibrar *vt.* to trace.
gallardete *m.* pennant.
gallardetón *m.* broad pendant.
galleta *f.* hardtack, ship's biscuit.
galón *m.* braid, ribband.
galope *m.* skysail pole. | **galope de mesana** mizzen skysail pole. | **galope de trinquete** fore skysail pole. | **galope mayor** main skysail pole. | **galope de sosobre de proa** fore skysail pole. | **galope de sosobre mayor** main skysail pole. | **galope de sosobre perico** mizzen skysail pole.
galopín *m.* ship's boy, cabin boy.
galvanómetro *m.* galvanometer.
gambuza *f.* provision store, ship's store.
ganancia *f.* gain.
ganar *vt.* to gain, to forereach.
gancho *m.* hook. | **gancho con trinca** mousing. | **gancho con escape** slip hook. | **gacho doble** double hook. | **gancho giratorio** swivel hook. | **gancho de carga (del amante)** cargo hook. | **gancho de gavilán** pelican hook.
gánguil *m.* hopper, fishing barge, sweep net.
garganta *f.* gorge, swallow.
garra *f.* hook.

garrear o garrar *vi.* to drag, to drag anchor.

garreo *loc* dragging. | **garreo del barco** vessel's dragging.

garrucho *m.* cringle. | **garrucho puño de escota** clew-cringle. | **garrucho de empuñidura** earing-cringle. | **garrucho de rizos** reef-cringle. | **garrucho puño de amura** tack cringle. | **garrucho puño de driza** throat cringle. | **garrucho puño de pico** peak cringle.

gas *m.* gas.

gaseoducto *m.* pipeline.

gaseosa *adj.* gaseous, carbonated.

gasolina *f.* petrol. | **surtidor de gasolina** petrol pump. | **bidón de gasolina** petrol can. | **motor de gasolina** petrol engine.

gata *f.* cat. | **cuadernal de gata** cat block. | **gancho del cuadernal de gata** cat hook. | **pescante de gata** cat davit.

gatera *f.* cathole, spurling-pipe.

gavia *f.* topsail. | **gavia baja** lower main topsail. | **gavia alta** upper main topsail.

gaviero *m.* topman.

gavieta *f.* mizen crow's nest, bowsprit crow's net. | **gavieta del bauprés** bowsprit bee.

gavilán *m.* boathook.

gaza *f.* eye splice, loop, bight, becket. | **gaza redonda** half a crown. | **gaza ojo largo** cut-splice.

gemelos *mpl.* binoculars.

Géminis Gemini, The Twins.

generador *m.* generator. | **generador eólico** wind generator.

general *adj./m.* general.

genol *m.* futtock.

génova *f.* genoa.

geoide *m.* geoid.

geometría *f.* geometry.

gestor naval *m.* ship manager.

girar *vi.* to rotate, to revolve.

giratorio *adj.* gyratory, revolving.

giro *m.* turn, rotation, course.

girocompás *m.* gyrocompass.

giropiloto *m.* gyropilot, automatic steerer, iron quartermaster.

giroscopio *m.* gyroscope.

glaciar *m.* glacier.

globo terráqueo *m.* globe.

gobernalle *m.* rudder, helm.

gobernante *m.* ruler.

gobernar *vt./vi.* to steer.

gobierno *m.* rudder, helm, steering. | **sin gobierno** rudderless, helmless, without rudder, without helm.

goleta *f.* barquentine, schooner.

golfo *m.* gulf.

golpe *m.* jolt, gust, stroke. | **golpe de mar** huge wave.

golpear *vt.* to hit, to beat. | *vi.* to knock.

goma *f.* gum, glue, rubber.

gong *m.* gong.

gonio *m.* gonio.

goniómetro *m.* goniometer.

gorra *f.* peaked cap.

gorro *m.* cap.
gota *f.* drop. | **gota fría** severe weather which brings flooding.
grabador *m.* recorder.
grada *f.* slip, slipway.
gradiente *m.* gradient.
grado *m.* degree.
graduación *f.* rank.
gráfico *m.* graph, chart, diagram.
grampín *m.* small grapnel.
grande o gran *adj.* big, large.
granizo *m.* hail.
granjear *vi.* to gain, to fetch. | **granjear a barlovento** to gain the wind, to fetch to windward.
grapa *n.* clip.
grátil o gratil *m.* foreleech, head, luff.
greda *f.* clay.
grifo *m.* cock. | **grifo de purga** petrol pump, pet cock. | **grifo de fondo** sea cock.
grifo *m.* petrol pump.
grillete *m.* shackle, fetter. | **grillete de entalingadura** anchor shackle. | **grillete giratorio** swivel shackle. | **grillete de amarra** ring bolt.
grímpola *f.* pennant.
gris *adj.* grey.
groera *m.* limber (boat), drainage.
grúa *f.* crane. | **gancho de grúa** crane hook. | **grúa de cubierta** deck crane.
gruesa *adj.* heavy. | **mar gruesa** heavy sea.
grueso *m./adj.* thick.
grumete *m.* cabin boy.
grupo *m.* group, cluster. | **grupo electrógeno** generador set.
guaira *f.* triangular sail, gunter.
gualdrapazo *m.* flap.
gualdrapear *vi.* to flap.
guardabauprés *m.* bollard timber.
guardacabo *m.* thimble.
guardacostas *n.* coastguard. | **buque guardacostas** coastguard vessel.
guardahélice *f.* propeller keeper.
guardamancebo *m.* foot rope. | **guardamancebos de bauprés** *mpl.* bowsprit horse.
guardatimón *m.* stern chaser.
guardia *m.* watch.
guardiamarina *m.* midshipman.
guardián *m.* hawser.
guardín *m.* tiller rope.
guarne *m.* part-fall, tackle-fall.
guarnir *vt.* to rig.
guía *f.* fairleader.
guijarro *m.* pebble, stone.
guinda *f.* height.
guindaleta *f.* hemp rope.
guindaleza *f.* hawser.
guindar *vt.* to hoist, to hang up high.
guindaste *m.* windlass.
guindola *f.* boatswain's chair.
guiñada *f.* yaw.
guiñar *vi.* to yaw.
guión *m.* loom. | **guión del remo** loom of oar.
guirnalda *f.* garland.

H

habilidad *f.* ability, skill.
hábitat o habitat *m.* habitat.
hacer *vt.* to log, to make. | **hacer una ruta regular entre dos puertos** to ply.
halar *vtt.* to haul, to pull, to heave. | **halar a estrepadas** *vi.* to veer and haul.
hallar *vt.* to find, to discover. | *vpr.* to be.
hallazgo *m.* discovery, finding.
hangar boathouse.
helada *f.* freeze, frost.
hélice *f.* propeller, screw. | **árbol de la hélice** propeller shaft. | **hélice de paso controlable** controllable pitch propeller. | **hélice convencional** conventional propeller. | **cubo de la hélice** propeller boss. | **hélice de fortuna** jury propeller. | **hélice de paso** pitch propeller. | **hélice de la corredera** rotator.
helicóptero *m.* helicopter.
heliógrafo *m.* heliograph.
hembra *f.* female. | *adj.* mould. | **hembra del timón** gudgeon.
hemisferio *m.* hemisphere.
herraje *m.* metal, iron fittings, ironwork.
herrumbre *f.* rust.
hervidero *m.* bubbling, seething.
hidroala *f.* hydrofoil.
hidrodeslizador *m.* hovercraft.
hidrodinámico *adj. f.* hydrodynamic, hydrodynamics.
hidrográfico *adj.* hydrographic.
hidroplano *m.* hydroplane.
hielo *m.* ice. | **hielo a la deriva** drift ice.
hierba *f.* herb, grass.
hierro *m.* iron. | **hierro dulce** soft iron. | **hierro fundido o colado** cast rion.
hilera *f.* row.
hilero *m.* race.
hilo *m.* thread, yarn.
hincar *vt.* to drive (in), to sink.
hipotermia *f.* hypothermia.
hocicar *vi.* to pitch.
hoja *f.* sheet. | **hoja de ploteo** plotter sheet.
holgura *f.* clearance.
hombre *m.* man. | **hombre al agua** man overboard.

homologación *f.* homologation, confirmation.

honorario *m.* fee, honorarium, emoluments.

hora *f.* time. | **hora civil** civil time. | **hora civil de Greenwich** Greenwich civil time. | **hora media de Greenwich** Geenwich mean time. | **hora legal** legal time. | **hora oficial** oficial time.

horario *m.* timetable, hours.

horizontal *adj.* horizontal.

horizonte *m.* horizon. | **horizonte artificial** artificial horizon.

horquilla *f.* fork, pitchfork.

hospital *m.* hospital.

hueco *m.* hollow.

humedad *f.* humidity, dampness.

hundimiento *m.* sinking.

hundirse *vpr.* to sink.

huracán *m.* hurricane.

huracanado *adj.* hurricane, tempestuous, hurricane wind.

huso horario *m.* time zone.

I

identificar *vt.* to identify.
iluminación *f.* illumination.
imada *f.* launching way.
imagen de radar *f.* blip.
imán *m.* magnet.
imantación *f.* magnetization.
imbornal *m.* scupper, scupper hole. | **imbornal de varenga** limber hole.
impeler *vt.* to propel.
imprimación *f.* primer.
impuesto *m.* tax, rate.
impulso *m.* impulse, impulsión, push. | **impulso de la corriente** drift.
impulsor *m.* instigator.
impureza *f.* impurity.
incendio *m.* fire.
inclemencia *f.* inclemency.
inclinación *f.* inclination, inclining. | **inclinación hacia dentro de la obra muerta** tumblehome.
inclinar *vt.* to list.
inclinómetro inclinometer.
indicador *m.* indicador, pointer. | **indicador de velocidad** speedometer.
indicativo de llamada *m.* call sign.
indistinto *adj.* indistinct.
inducido *m.* armature.
inductor *m.* inductor, inducer.
industria *f.* industry.
inflación *f.* inflation.
inflador *m.* pump.
inflar *vt.* to swell (sail).
información *f.* information.
informe *m.* report.
infusión *f.* infusion.
ingeniería *f.* engineering.
ingeniero *m.* engineer.
inmediato *adj.* immediate, near, close to.
inmersión *f.* immersion, dive. | **hacer inmersión** to dive.
innavegable *adj.* unnavigable.
inodoro *m.* lavatory, toilet.
inoxidable *adj.* rustproof.
insignia *f.* pennant. | **buque insignia** flagship.
inspección *f.* inspection.
instrucciones de regata sailing instructions.
instrumental *m.* instruments.
instrumento *m.* tool, instrument. | **instrumentos de navegación** aid to navigation.

insumergible *adj.* unsinkable, insubmersible, insubmergible.
inteligencia *f.* comprehension, understanding.
intensidad *f.* intensity.
intentar *vt.* to attempt.
intento *m.* attempt.
intercambiador *m.* exchanger, interchanger.
interfaz o interface *f./m.* interface.
interferencia *f.* jamming, interference.
interior *m.* inside.
intermitente *adj.* intermittent.
internacional *m./f./adj.* international.
interpolar *vt.* to interpolate.
interrumpir *vt.* to discontinue.
interruptor *m.* switch. | **interruptor diferencial** differemtial switch. | **interruptor general** main switch. | **interruptor eléctrico automático** automatic time switch. | **interruptor magnetotérmico** magnetotermic switch.
intersección *f.* intersection.
intervalo *m.* interval. | **intervalo de marea** age of the tide.
inundado *adj./ adv.* awash.
invernada *f.* wintertime, winter.
invernar *vi.* to winter, to hibernate.
inverso *adj.* inverse, reverse, inverted.
inversor *m.* reversing device.
invierno *m.* winter, wintertime.
inyección *f.* injection.
inyector *m.* inyector, nozzle.
ionosfera *f.* ionosphere.
irregular *adj.* irregular.
irse al garete *loc.* to drift, to go adrift.
isalóbara *f.* isallobar.
isla *f.* island, isle.
islote *m.* small island, islet.
isobara o isóbara *f.* isobar.
isobata *f.* fathom line, isobath.
isobático *adj.* isobathic.
isoclinal o isoclino *adj.* isoclinal.
isócrono *adj.* isochronous.
isógono *adj.* isogonic, isogonal.
isoterma *f.* isotherm.
izar *vt.* to hoist, to heave, to haul up.

J

jabeque *m.* xebec.
jalar *vt.* to pull.
jangada *f.* raft.
jarcia *f.* rigging, ropes, fishing tackle. | **jarcia fija** standing rigging. | **jarcia trozada** junk. | **jarcia de labor** running rigging. | **jarcia firme** standing rigging.
jarciar *vt.* to rig (a ship).
jardín *m.* latrine, head.
jareta *f.* cable, rope.
jefatura *f.* leadership, managership, management, headquarter.
jefe *m.* head, chief. | **jefe de escuadra** squadron commander. | **jefe de máquinas** chief engineer. | **jefe de prácticos** commodore. | **jefe de muelle** dockmaster.
jimelga *f.* fish.
juanete *m.* topgallant. | **juanete mayor** main topgallant. | **juanete de proa** fore topgallant. | **juanete de proa bajo** lower fore topgallant. | **juanete de proa alto** upper fore top-gallant. | **juanete mayor bajo** lower main topgallant. | **juanete mayor alto** upper main topgallant.
juanetero *m.* topgallantman.
junco *m.* junk.
junta *f.* seam.
Júpiter Jupiter, Jove.
jurado jury. | **jurado de regata** regatta jury. | **jurado internacional** international jury.
jurisdicción *f.* jurisdiction.
jurisprudencia *f.* jurisprudence.

K

kayac *m.* kayak.
Kevlar *m.* Kevlar.
kilo (k) *m.* kilo.
kilohercio (kHz) kilohertz.
kilovatio (kW) *m.* kilowatt.
kingston *m.* Kingston valve.

L

labor *f.* work, job.
laborear *vi.* to reeve.
lado *m.* side.
lago *m.* lake.
laguna *f.* lagoon, small lake.
laja *f.* shoal.
lama *f.* slime, mud silt.
lámina *f.* sheet, plate, lamina.
laminado *m.* laminate, rolling.
laminar *vt.* to laminate, to surface, to roll out.
lampacear *vt.* to swab, to mop.
lámpara *f.* lamp, light. | **lámpara de destellos** aldis lamp.
lampazo *m.* swab.
lancha *f.* boat, motorboat, motor launch. | **lancha de desembarco** landing craft. | **lancha salvavidas** lifeboat. | **lancha de socorro o auxilio** lifeboat. | **lancha motora o rápida** speedboat. | **lancha neumática** rubber dinghy. | **lancha torpedera** torpedo boat. | **lancha remolque** barge.
lanchada *f.* boatful, boatload.
lanchaje *m.* lighterage.
lanchón *m.* scow.
lanilla *f.* bunting.
lantía *f.* compass lamp.
lantión *m.* whip, single whip.
lanza *f.* shaft, thill, lance, spear.
lanzacabos *adj.* line-thrower. | **cañón lanzacabos** lifesaving gun. | **cohete lanzacabos** life-saving rocket.
lanzamiento *m.* launching.
lanzar *vt.* to launch. | *vpr.* to bale out, to dive, to jump.
lapa *f.* barnacle, limpet.
largar *vt.* to let out, to unfurl, to spread, to launch, to discharge, to put to sea, to bear off.
largar rizos to unreef.
largo *adj.* slack, loose, reaching leg. | **a un largo** *adv.* free, flowing, reaching. | **navegar a un largo** to run free, to go free.
lascar *vt.* to slacken.
lastrado *m.* ballasting.
lastrar *vt.* to ballast, to weigh down, to stow.
lastre *m.* ballast. | **en lastre** in ballast. | **echar o soltar lastre** to discharge ballast. | **tanque de lastre** ballast tank.

lata *f.* can.
latina *adj.* lateen, lateen sail.
latino *m.* lateen.
latitud *f.* latitude.
laúd *m.* catboat.
lava *f.* washing.
lavado *m.* washing.
lavar *vt.* to wash, to clean.
lazareto *m.* lazaretto, lazaret.
lazo *m.* rope.
lecho *m.* bed, bottom, layer.
lectura *f.* reading.
légamo *m.* slime, ooze, loam.
legua *f.* league.
lejos *adv.* aloof, far, far away.
lengua *f.* clapper, tongue.
Leo Leo.
leva *f.* weighing anchor, up anchor!
levantamiento *m.* raising, lifting, hoisting.
levantar *vt.* to weigh anchor, to lift, to hoist, to raise.
levante *m.* east wind, levanter.
levar *vt.* to weigh. | **levar un ancla y quedar con otra** *vpr.* to set sail, to weigh anchor, to unmoor.
ley *f.* law, bill, act.
liberar *vt.* to free, to release.
libra *f.* pound. | Libra.
librar *vt.* to free, to release.
libre *adj.* free. | **libre a popa** clear astern. | **libre a proa** clear ahead.
libreta de embarque *f.* discharge book.
libro *m.* book. | **libro de instrucciones** instruction manual. | **libro de faros** light list. | **libro de registro** register book. | **libro de a bordo** ship's log, ship's register, logbook. | **libro de registro de la carga** tally book.
licencia *f.* licence, permit.
ligada *f.* lashing, seizing, serving.
ligadura *f.* lashing.
ligazón *f.* futtock.
lijar *vt.* to abrade.
lima *f.* file.
limbo *m.* limb.
limera *f.* helm port, rudder hole.
límite *m.* limit, boundary.
limpiar *vt.* to clean, to wipe, to clear.
limpieza *f.* cleanness, cleanliness.
línea *f.* line. | **línea de agua** waterline. | **línea de carga** load line. | **línea de flotación** waterline, floating line | **línea de vida** life line. | **línea del viento** wind's line, direction of the wind. | **línea de mira** line of sight. | **línea de fe** lubber line. | **línea agónica** agonic line. | **línea de variación cero** agonic line. | **línea de seguridad** clearing line. | **línea de la costa** coastline. | **línea astronómica de posición** astronomical position line. | **línea isógona** isogonal line. | **línea de crujía** center line. | **línea divisoria de las aguas** division line. | **línea áclina** aclinic line. | **línea loxodrómica** rhumb. | **línea de control** control line.
linguete *m.* pawl.

linterna *f.* lantern, torch.
linternón *m.* poop lantern.
lista *loc* list.
listo *adj.* ready. | **¡listo para virar!** ready about!
listón *m.* batten.
listonar *vt.* to lath.
litera *f.* bunk, berth.
litoral *m./adj.* coastal, litoral, seaboard.
llamada *f.* call. | **llamada de socorro SOS** SOS, distress signal. | **llamada genaral** general recall. | **llamada individual** individual recall.
llamar *vpr.* to haul, to shift.
llamas, en aflame.
llano *adj.* flat, level, even.
llave allen *f.* spanner, wrench. | **llave inglesa** adjustable spanner.
llegada *f.* arrival.
llenas *fpl.* rounded hull.
lleno *adj.* full, filled, covered.
llenos de popa *mpl.* buttock.
llover *vimp.* to rain.
llovizna *f.* drizzle.
lloviznar *vimp.* to drizzle.
lluvia *f.* rain.
lluvioso *adj.* rainy, wet.
lobo de mar *m.* tar, jack-tar.
local *adj.* local.
lona *f.* sailcloth, sail, canvas.
longitud *f.* longitude. | **longitud del muelle** quayage.
loran *m.* loran.
loxodromía *f.* loxodromics.
loxodrómico *adj.* loxodromic.
lúa *f.* lee. | **tomar por la lúa** bring by the lee.
lucha *f.* fight, struggle.
lucio *m.* pike.
lugar *m.* place, spot.
lugre *f.* lugger.
lumbrera *f.* skylight.
Luna *f.* Moon.
lunar *adj.* lunar.
lupa *f.* magnifier.
luz *f.* light. | **luz cenital** skylight. | **luz de situación** riding light, position light. | **luz intermitente** indicator, flasher. | **luz alternativa** alternating light. | **luz de alcance** stern light. | **luz de destellos** flashing light. | **luz de tope** masthead light. | **luz fija y de destellos** fixed and flashing light. | **luces de navegación** navigation lights. | **luz de costado** side light. | **luz adicional del buque que remolca** towing light. | **luz alternativa** alternating light. | **luz de destellos** flashing light. | **luz de enfilación** leading light. | **luz de ocultaciones** occulting light. | **luz Holmes** Holmes's light. | **luz todo horizonte** all-around light. | **luz de destellos** *f.* blinker. | **sin luz** unlit.

M

maceta *f.* mallet, small hammer.
machetazo *m.* panting.
machete *m.* cutlass.
macho *m.* sledge-hammer. | **macho de aterrajar** screw-tap. | **macho de fragua** about-sledge. | **macho del timón** rudder pintle. | **macho inferior** bottom pintle. | **macho superior** top pintle.
madera *f.* lumber. | **madera podrida** druxy.
madrépora *f.* madrepore, white coral.
maestro velero *m.* mainmast.
magnesia *f.* magnesia.
magnético *adj.* magnetic.
magnetismo *m.* magnetism.
magnetita *f.* magnetite.
magneto *m.* magneto.
magnetómetro *m.* magnetometer.
magnitud *f.* magnitude, size.
malacate *m.* whim, winch.
malecón *m.* dike, mole, jetty.
mallete *m.* stud, cable stud.
mallo *m.* mallet, maul.
mallorquina majorcan.
mamparo *m.* bulkhead. | **mamparo de colisión** collision bulkhead. | **mamparo reforzado** armored bulkhead. | **mamparo corrugado** corrugated bulkhead. | **mamparo de corrimiento** wash bulkhead. | **mamparo de guardabalance** wash bulkhead. | **mamparo de pique de proa** forward peak bulkhead. | **mamparo de bodega** hold bulkhead. | **mamparo diafragma** wash bulkhead. | **mamparo central** center bulkhead. | **mamparo divisor** division bulkhead. | **mamparo estanco** tight bulkhead. | **mamparo estanco al agua** watertight bulkhead. | **mamparo extremo** end bulkhead. | **mamparo longitudinal** longitudinal bulkhead. | **mamparo no estanco** untight bulkhead. | **mamparo ondulado** swedge bulkhead. | **mamparo principal** main bulkhead. | **mamparo resisitente** strength bulkhead. | **mamparo transversal** transverse bulkhead.
mandarria *f.* beetle, mallet.
mando *m.* command, control. | **al**

mando de *adv.* in command of, under the command of, under the rules of, led by. | **estar al mando** tobe in command.

mandril *m.* chuck.

manejable *adj.* manageable, handy.

manejo *m.* conduct.

manga *f.* beam, round, breadth. | **manga de trazado** moulded breadth. | **manga máxima** extreme breadth.

mango *m.* handel.

manguera *f.* pump hose.

manguerote *m.* cowl.

manguito *m.* sleeve, joint.

manifiesto *m.* declaration, manifest. | **manifiesto de pacotilla o personal** goods carried by seamen free of freight charges.

manigueta *f.* comb cleat.

maniobra *f.* manoeuvring, handling.

maniobrabilidad *f.* manoeuvrability.

maniobrar *vt.* to manoeuvre, to handle.

manivela *f.* crank.

manómetro *m.* manometer, pressure gauge.

manta *f.* blanket.

mantener *vt.* to keep.

mantenimiento *m.* maintenance.

manual *m.* manual.

mañana *f.* morning.

mapa *m.* map. | **mapa pluviómetro** rain chart.

máquina *f.* machine, locomotive.

maquinaria hecha a mano *f.* armstrong patent.

maquinilla *f.* winch. | **maquinilla automática** automatic winch.

maquinista *m.* engine driver, engineer.

mar *m.* sea. | **por mar** by sea/by boat. | **mar interior** inland, landlocked sea. | **mar de fondo** ground swell. | **mar adentro** offshore, out to sea. | **mar agitado** rough sea. | **mar en bonanza o en calma** calm sea. | **mar enfurecido** angry sea, raging sea. | **mar gruesa** heavy sea. | **mar picado o rizado** choppy sea. | **mar de aleta** quartering sea. | **hacerse a la mar** to put to sea. | **irse o hacerse mar adentro** to stand out to sea, to put to sea. | **mar Báltico** Baltic sea. | **mar de las Antillas** Caribbean Sea. | **mar Mediterráneo** Mediterranean sea. | **mar Cantábrico** Bay of Biscay. | **mar Adriático** Adriatic sea. | **mar Egeo** Aegean sea. | **mar Caspio** Caspian sea. | **mar Jónico** Ionian sea. | **mar Tirreno** Tyrrhenian sea.

marca *f.* landmark, mark, sign.

marcación *f.* bearing, fix. | **marcación por radio** radio fix.

marcar *vi.* to mark.

marcha speed. | **en marcha** underway.

marchapié *m.* footrope. | **estribos del marchapié** stirrups.

marea *f.* tide. | **marea creciente** rising tide. | **marea menguante** ebb tide. | **marea alta** high tide/water. | **marea baja** low tide/water. | **marea entrante/ascendente** incoming/rising tide. | **marea saliente/descendente** outgoing/ebb tide. | **marea viva** spring tide/water. | **marea parada** slack water. | **marea cambiante** changing tide. | **retraso de la marea** retard of tida.

marear *vt.* to navigate.

marejada *f.* slight sea. | **fuerte marejada** moderate sea.

marejadilla *f.* smooth sea.

maremoto *m.* seaquake, tidal wave, tsunami.

mareo *m.* sea sickness.

mareómetro *m.* tide gauge.

margarita *f.* mollusc, shellfish.

marina *f.* marine, seacoast. | **marina de guerra** navy. | **marina mercante** merchant navy. | **oficial de la marina** naval officer. | **ministerio de marina** admiralty, first lord of the admiralty.

marinar *vt.* to man.

marinería *f.* sailoring.

marinero *m.* sailor, seaman, mariner, bluejacket. | **marinero de primera** able bodied seaman. | **marinero de cubierta** deckhand. | **marinero que se queda de guardia a vigilar el barco cuando los demás libran** baboon watch. | **marinero de la marina británica de buque de guerra** bluejacket. | **marinero proel de un bote** bowman.

marino *adj.* marine, sea. | *m.* sailor, reaman, naval officer. | **marino mercante** merchant seaman.

marisma *f.* swamp.

marítimo *adj.* maritime, sea. | **navegación marítima** maritime navigation. | **arsenal marítimo** naval dockyard. | **seguro marítimo** marine insurance.

maroma *f.* cable.

marrón *adj.* brown.

Marte Mars.

martillo *m.* hammer.

martingala *f.* martingale.

masa *f.* mass.

mascarón de proa *m.* figurehead.

masilla *f.* putty.

mastelerillo *m.* topgallant mast. | **mastelerillo de juanete de proa** fore-topgallant mast. | **mastelerillo de juanete mayor o de popa** main-topgallant mast. | **mastelerillo de perico** mizzen skysail mast. | **mastelerillo de sobrejuanete** fore royal mast. | **mastelerillo de sobrejuanete mayor** main royal mast. | **mastelerillo de sobreperico** mizzen royal mast. | **mastelerillo de sosobre juanete** fore skysail mast. | **mastelerillo de sosobre mayor** main skysail mast. | **mastelerillo de sosobre perico** mizzen skysail mast.

mastelero *m.* topmast. | **mastelero de gavia o mayor** main-topmast. | **mastelero de perico** mizzen-topgallant mast. | **mastelero de sobremesana** mizzen-topmast. | **mastelero de velacho** fore-topmast. | **masterelo de juanete** skysail mast. | **mastelero de popa** main topmast. | **mastelero de proa** fore topmast. | **mastelero de juanete mayor** main topgallant mast. | **mastelero de sobrejuanete** royal mast. | **mastelero de juanete de proa** fore topgallant mast.

mástil *m.* mast, spar. | **mástil de popa** topmast.

matafión o matafiol *m.* gasket, sail tier.

materia *f.* stuff.

material *m.* material, equipment.

matrícula *f.* register.

matriz *f.* die.

matutino *adj.* morning, matutinal.

máximo *adj.* maximum.

mayor *f.* mainmast, mainsail. | **mayor de capa** trysail.

maza *f.* beetle.

mecánico *adj.* mechanic.

mecha *f.* spindle. | **mecha del timón** rudder stock.

media *f.* mean. | **de media** on average.

medianoche *f.* midnight.

mediatriz *f.* perpendicular bisector.

medida *f.* measurement.

medidor *m.* measurer.

medio *adj.* mean, average. | **medio ambiente** *m.* environment.

mediodía *m.* midday.

megáfono. *m.* megaphone.

mena *f.* size, thickness.

menguante *adj.* diminishing, decreasing, ebb.

mensaje *m.* message.

meollar *m.* spun yarn.

merak *m.* merak.

mercancía *f.* goods. | **mercancía peligrosa** *f.* black cargo. | **mercancias perecederas** perishable goods.

mercante *m.* merchantman, merchant ship, merchant boat.

mercurio *m.* mercury. | Mercury (planet).

meridiano *m.* meridian. | **meridiano magnético** magnetic meridian. | **meridiano de Greenwich** Greenwich meridian. | **meridiano cero** prime meridian.

merlín *m.* marline.

merma *f.* ullage.

mes *m.* month.

mesa *f.* table, landing. | **mesa de derrota** chart table. | **mesa de guarnición** channel.

mesana *f.* mizzen, mizen, mizenmast, mizzenmast, mizensail, mizzensail.

metacentro *m.* metacenter.

meteorología *f.* meteorology.

meteorológico *adj.* meteorological.

meteorólogo *m/f.* metereologist.

meter *vt.* to put, to take in.

método *m.* method.
metro *m.* ruler, meter.
mezcla *f.* mixing, mixture.
micrófono *m.* microphone.
miembro de la tripulación *m./f.* crewmember.
milla *f.* mile, nautical mile.
mina *f.* mine.
minador *m.* minelayer.
mínimo *adj.* minute, minimum.
minuto *m.* minute.
moco *m.* martingale. | **moco del bauprés** martingale rope.
modelo *m.* model.
modulador *m.* modulator.
mogote *m.* knoll.
molde *m.* mould, cast.
molinete *m.* windlass.
molino de agua *m.* water mill. | **molino de viento** windwmill.
momento *m.* moment.
monasterio *m.* monastery.
monocasco *m.* monocoque.
monotipo *m.* monotype, one design.
montaña *f.* mountain.
montañoso *adj.* mountainous. | **mar montañosa** very hight sea.
montar *vi.* to get in. | *vt.* to set, to mount.
monterilla *f.* moonsail.
monumento *m.* monument.
monzón *m.* monsoon.
morabito *m.* marabout.
mordaza *f.* doghead, compressor, clam cleat.
morder *vi.* to match.
morro *m.* pier, jetty.
mortero *m.* mortar.
mortero (de la aguja) *m.* bowl.
mosquetón *m.* musketoon, snap shackle.
mostacho *m.* bowsprit shroud.
motín *m.* riot.
moto *f.* motor bike. | **moto acuática** *f.* jet ski.
motón *m.* block. | **motón de rabiza** pulley, tail block. | **motón giratorio** swivel block.
motonáutica. *f.* motorboat.
motonería *f.* set of blocks, set of pulleys.
motor *m.* engine. | **motor de explosión** internal combustion engine. | **motor de reacción** jet engine. | **motor de arranque** starting motor. | **motor de gasolina** petrol engine. | **motor diesel** motor diesel. | **motor eléctrico** electric motor. | **motor fuera borda** outboard motor. | **motor a cuatro tiempos** four-cycle engine. | **motor auxiliar** donkey.
motora *f.* motorboat.
motorización *f.* motoritation.
motorizar *vt.* to motorize.
motovelero *m.* motor sailer.
muellaje *m.* dockage.
muelle *m.* pier, wharf, dock, quay. | **muelle de carga** shipping pier, dockside. | **muelle de armamento** outfitting pier.

muerto *adj.* dead, upperworks, mooring buoy.
muesca *f.* score.
muleta *f.* support, prop.
multicasco *m.* multihull.
muñón *m.* trunnion.
Mylar *m.* Mylar.

N

nadar *vi.* to swim.
nadir *m.* nadir.
nao *f.* ship, vessel.
naufragar *vi.* to sink, to be wrecked (ship), to be shipwrecked (people).
naufragio *m.* wreck, shipwreck.
náufrago *m.* shipwrecked, wreck, *adj.* shipwrecked.
nauta *m.* mariner.
náutica *f.* navigation, seamanship.
náutico *adj.* nautical.
navaja *f.* penknife, pocketknife.
naval *adj.* naval.
nave *f.* vessel, ship.
navegación *f.* navigation. | **abierto a la navegación** open to shipping. | **certificado de navegación** seaworthiness certificate. | **líneas de navegación** shipping lines. | **navegación a vela** yachting. | **navegación costera o de cabotaje** coastal navigation. | **navegación de altura** ocean navigation. | **navegación fluvial** river navigation. | **navegación marítima** maritime navigation.
navegador Decca *m.* Decca navigator.
navegante *adj.* sailor, navigating, sea farer.
navegar *vi.* to navigate, to sail. | **navegar a motor** to steam. | **navegar a vela** to sail, to go sailing. | **navegar de bolina** to sail close to the wind. | **navegar en conserva** to sail close-hauled, to sail in convoy.
naviera *f.* shipping company.
naviero *m.* shipowner.
navío *m.* ship, vessel.
naylon *m.* nylon.
neblina *f.* mist.
nebulosa *f.* nebula. | *adj.* nebulous, cloudy, hazy, misty.
nebulosidad *f.* nebulosity.
necesario *adj.* necesary, required.
necesidad *f.* needs, necesity.
necesitar *vt.* to need, to require.
negro *adj.* black.
neopreno *m.* neoprene.
Neptuno Neptune.
nervio *m.* rib, bulb, web, jackstay.
neumático *f.* pneumatic. | *m.* tyre.

nido de abeja *m.* smocking, honeycomb.
niebla *f.* fog. | **niebla de advención** advection fog.
nieve *f.* snow.
nimbo *m.* nimbus.
nimboestrato *m.* nimbostratus.
níquel *m.* nickel.
nivel *m.* level.
noche *f.* night.
nocturno *adj.* night, nocturnal.
nombre *m.* name.
nomenclátor o nomenclador *m.* catalogue of names.
nonio *m.* nonius, vernier.
noray *m.* bollard.
noreste o nordeste *adj.* northeast, northeastern, northeasterly. | *m.* northeast, northeasterly.
norma *f.* rule, norm.
normal *adj.* normal.
normativo *adj.* normative.
noroeste, norueste *adj.* northwest, northwesterly, northwestern. | *m.* northwestern.
norte *m.* north. | **norte de brújula o aguja** magnetic north. | **norte verdadero** true north.
novilunio *m.* new moon.
nubarrón *m.* rain cloud.
nube *f.* cloud.
nublado *adj.* cloudy, overcast.
nublar *vt.* to cloud.
nubosidad *f.* cloudiness.
nuboso *adj.* cloudy.
núcleo *m.* core, nucleus.
nudo *m.* knot. | **nudo plano o llano** reef knot. | **nudo en ocho** eight-knot. | **nudo margarita** sheepshackle. | **nudo de escota** single-bend. | **nudo derecho** carrick bend. | **nudo tortor** mailing-hitch. | **nudo de fortuna** jury knot. | **nudo al revés** granny's bend. | **nudo corredizo** slip knot. | **nudo de orinque** buoy-rope knot. | **nudo de red** netting knot. | **nudo de rizo** reef knot. | **nudo tejedor** single carrick bend. | **nudo doble** figure eight knot. | **nudo doble de piña** double diamond knot. | **nudo sencillo de piña** single diamond knot.
nuevo *adj.* new.
número *m.* number.

O

obencadura *f.* shrouds, set of shrouds.

obenque *m.* shroud. | **obenques de mesana** mizzen shrouds.

obenquillo *m.* topgallant shroud. | **obenquillos de mesana** mizzen topgallant shrouds. | **obequillos de trinquete** fore topgallant shrouds.

obra muerta *f.* upperworks, freeboard.

obra viva underworks.

obrero portuario *m.* pierman.

obstrucción *f.* clog.

ocaso *m.* sunset.

oceánico *adj.* oceanic.

océano *m.* ocean. | **océano Atlántico** Atlantic ocean. | **océano Pacífico** Pacific ocean. | **océano Glacial Ártico** Arctic ocean.

octante *m.* octant.

oesnoroeste *m.* west-northwest.

oessudoeste *m.* west-southwest.

oeste *adj.* west. | **del oeste** western. westerly. | **viento del oeste** west wind, west. | **rumbo oeste** *m.* westerly, westerly direction.

oficial de guardia *m.* officer of the watch.

oficina de registro *f.* registration office.

ola *f.* wave. | **ola de calor** heat wave. | **ola de frío** cold spell.

oleada *f.* large wave, surge, billow.

oleaje *m.* swell, surf.

oleoducto *m.* pipeline.

olla *f.* eddy, whirlpool.

ollao *m.* eyelet, eyelet hole. | **ollao de Cunningham** Cunningham. | **ollao de grátil** Cunningham.

onda *f.* wave.

operaciones de salvamento *fpl.* rescue operations.

orbe *m.* orb.

orden *f.* command. | **orden de dejar de hacer lo que se está haciendo** avast.

ordenador *m.* computer.

ordenanza municipal *f.* bylaws, byelaws.

oreja *f.* shoulder, bee, cheek. | **a orejas de burro** wing to wing, wing a wing.

orientación *f.* trimming, trim.

orientar *vt.* to trim.

orilla *f.* shore, bank, side, edge, shore. | **a orillas de mar** at the seashore, on the seashore/coast. | **a orillas de** beside.

orinque *m.* buoy rope.

orza *f.* luff, centreboard, sliding keel.

orzada *f.* luffing.

orzar *vi.* to luff.

Osa Mayor *f.* Great Bear, Ursa Major.

Osa Menor *f.* Little Bear, Ursa Minor.

oscilación *f.* oscillation.

oscilante *adj.* rocking.

osta *f.* guy, vang, vang pendant. | **osta interior** inboard guy. | **osta exterior** outboard guy. | **osta de cangreja** spanker vang.

ostaga *f.* tye.

óxido *m.* rust.

P

pabellón *m.* flag, nationality. | **pabellón pirata** black jack.
pabilo *m.* wick.
pailebote *m.* craft.
pairar *vi.* to lie to.
pairear *vi.* to heave to.
pairo heaving to. | **estar al pairo** to be lying to.
paja *f.* bitt bolt, cross piece of bolts.
pajaril *m.* passaree, pazaree.
paje *m.* ship's boy, deck boy, cabin boy.
pala *f.* blade. | **pala del timón** rudder blade.
palanca *f.* crowbar, lever. | **palanca adrizante** righting lever.
palangre *m.* bolter, boulter | **pescar con palangre** to bolter.
palanqueta *f.* bar shot.
palanquín *m.* clew-line. | **palanquín de mesana** crossjack clew-line. | **palanquín de trinquete** fore clew-line. | **palanquín mayor** main clew-line.
paletización *f.* palletisation.
paletizar *vt.* palletise.
pallete *m.* mat. | **pallete de colisión** collision mat. | **pallete de defensa** puddening, pudding fender.
palmejar *m.* side stringer, foot waling, ceiling stringer, bottom board.
palo *m.* mast. | **palo de mesana** mizzenmast. | **palo de trinquete** fore mast. | **palo mayor** mainmast. | **palo macho** lower mast. | **palo baticulo** jigger mast. | **a palo seco** *adv.* ahull, under bare pole, sail less.
paloma *f.* sling of a yard.
pampero *m.* pampero.
pandeo *m.* panting.
pantano *m.* swamp.
pantocazo *m.* panting.
pantoque *m.* bilge.
paño *m.* sails.
pañol *m.* storeroom, store.
pañol del carbón *m.* bunker.
paquebote *m.* packet boat, packet.
par de torsión *m.* torque.
paracaídas *m.* parachute.
parafina *n.* paraffin.
paraje *m.* waters.
paraláctico *adj.* parallactic.
paralaje *m.* parallax. | **error de paralaje** parallax error.

paralelo *m./adj.* parallel.
paraselene *m.* paraselene.
parche *m.* patch.
parhelio *m.* parhelio.
parte *m.* report. | **parte de avería** damage report. | **parte meteorológico** weather report. | **dar parte** to report.
partida *f.* departure.
pasa *f.* channel, pass.
pasador *m.* marlinspike, marlinespike.
pasaje *m.* voyage, crossing, passage, channel, strait, pass.
pasajero *adj.* passenger.
pasamano *m.* gangway.
pasante *m.* through bolt.
pasaporte *m.* passport.
pasarela *f.* brow.
pasavante *m.* ship's passport.
paso *m.* pass. | **paso de popa a proa** fore-and-aft gangway.
pasteca *f.* snatch-block.
pata de conejo (nudo) *f.* back splice. | **pata de ganso** *f.* crowfoot.
patarráez *m.* preventer shroud.
patentar *vt.* to patent.
patente *f.* sea letter. | **patente de corso** letter/letters of marque. | **ancla de patente** patent achor.
pato *m.* duck.
patrón *m.* captain, skipper, master. | **patrón de falúa** barger, bargeman. | **patrón de barcaza** barger, bargeman. | **patrón de bote** cockswain.
patrocinar *vt.* to sponsor.
patrulla *f.* patrol.
pedazos de hielo pequeños *mpl.* brash.
pedestal *m.* pedestal.
peine *m.* comb.
pelágico *adj.* pelagic.
peldaño *m.* tread.
pelícano *m.* pelican. | **gancho pelícano** pelican hook.
peligro *m.* danger, peril, distress.
peligroso *adj.* dangerous.
pena *f.* peak.
península *f.* peninsula.
penol *m.* yardarm, peak. | **penol de botavara** boom peak.
percebe barnacle.
percha *f.* spar, middling spar. | **percha de un brazo** coat hook.
pérdida *f.* loss.
perecedero *adj.* perishable. | **mercancías perecederas** perishable goods.
perfil *m.* sheer plan.
perforadora *f.* drill.
perforar *vt.* to drill.
perico *m.* mizzen topgallant mast, mizzen topgallant sail. | **perico bajo** lower mizzen topgallant sail. | **perico alto** upper mizzen topgallant sail.
perigallo *m.* ridge-rope.
perigeo *m.* perigee.
perilla *m.* truck, mast truck, top button.
periódico *adj.* periodic.
período *m.* period.

periscopio *m.* periscope.
perla *f.* pearl.
permanente *adj.* permanent.
permeabilidad *f.* permeability.
permiso *m.* permit, permission. | **permiso de aduanas** customs permit. | **permiso de embarque** shipping permit.
permitido *adj.* permitted, allowed.
perno *m.* bolt. | **perno giratorio** swivel bolt. | **perno con chaveta** key bolt.
perpendicular *f./adj.* perpendicular.
perroquete *m.* topgallant mast.
persistente *adj.* persistent.
pértiga *f.* bargepole.
pertrechos *mpl.* ship's stores, gear.
perturbación *f.* disturbance.
pesca *f.* fishing, angling. | **ir/estar de pesca** to go/be fishing. | **pesca de bajura/litoral** coastal/inshore fishing. | **pesca de altura** deep-sea fishing. | **pesca de la ballena** whaling. | **pesca submarina** underwater fishing. | **pesca al curricán** trolling. | **pesca de arrastre** trawling.
pescado *m.* fish.
pescante *m.* davit. | **pescante de gata** cathead. | **pescante del ancla** anchor davit. | **collarín del pescante** davit collar. | **seguro del pescante** davit keeper.
pescar al curricán *vt.* to troll.
peso muerto *m.* deadweight.
pesquera *f.* fishery, fishing ground.
pesquero *adj.* fishing boat. | **pesquero de arenques** buss.
petición *f.* request.
petifoque *m.* flying jib.
petrolero *m.* oil tanker.
pez *m.* fish.
picada *adj.* choppy.
picadero *m.* bilge block.
picadero *m.* stock, block. | **picadero del pantoque** bilge block.
picar *vt.* to cut, to speed up.
pico *m.* gaff. | **pico de cangreja** spanker gaff. | **pico de bandera** monkey gaff. | **pico del loro** anchor bills.
pie *m.* bottom, heel. | **pie de amigo** stay, brace. | **pie de gallo** propeller strut. | **pie de diente** root. | **pie de cabra** claw-bar. | **pie de biela** small end. | **pie de rey** vernier calliper. | **pie de roda** forefoot, stem foot.
pieza *f.* piece.
pila *f.* battery.
pillaje *m.* pilferage.
pilotaje *m.* pilotage.
pilotar o pilotear *vt.* to pilot, to steer, to navigate.
piloto *m.* pilot. | **piloto práctico** coastal/harbour pilot. | **piloto automático** automatic pilot/auto pilot. | **piloto de altura** high-sea pilot. | **piloto Decca** Decca navigator.
pinaza *f.* pinnace.
pinchar *vt.* to pinch.
pingue *m.* pink.
pino *m.* pine.
pintura *f.* paint.

pínula *f.* vane.
pinzas *fpl.* pincers.
pinzote *m.* pintle, rudder pintle.
piña *f.* stopper knot. | **piña doble** double wall knot.
piñón *m.* pinion.
piola *f.* houseline.
pique de popa *m.* after peal.
piqueta *f.* pick.
piragua *f.* pirogue, canoe, kayak.
piragüismo *m.* canoeing.
piragüista *m/f.* canoeist.
pirata *m.* pirate. | **barco pirata** pirate, picaroon.
piratería *f.* piracy.
pirómetro *m.* pyrometer.
pirotecnia *f.* pyrothecnics.
Piscis Pisces.
pitarrasa *f.* reemer.
pito *m.* pipe.
pivote *m.* pivot.
placer *m.* sandbank.
plan *m.* bilge.
plancha *f.* brow, gangplank. | **plancha de surf** *f.* surfboard.
planchada *f.* gangplank.
plancton *m.* plankton.
planear *vt.* to plane.
planeo *m.* planning. | **velocidad de** planeo planning speed.
planeta *m.* planet.
planetario *m.* planetarium.
planímetro *m.* planimeter.
plano *m.* plane, plan.
plataforma *f.* platform. | **plataforma giratoria** turntable.
plática *f.* pratique. | **libre plática** free pratique.
playa *f.* beach.
pleamar *f.* high tide, high water.
plenilunio *m.* full moon.
Pléyades *fpl.* Pleiades.
plomada *f.* sounding line, plumb line.
plombagina *f.* plumbago, graphite.
plomo *m.* plumb.
pluma de carga *f.* derrick.
Plutón Pluto.
pluviómetro *m.* pluviometer.
poa *f.* bridle.
poder *m.* power.
podredumbre *f.* rot.
polacra *f.* polacre.
polar *adj.* polar. | **círculo polar** polar circle. | **coordenadas polares** polar coordinates. | **clima polar** polar climate.
polaridad *f.* polarity.
pólder *m.* polder.
polea *f.* sheave, pulley, fiddle block.
poliamida *f.* polyamide.
poliéster *m.* polyester.
polietileno *m.* polyethilene.
polipasto o polispasto *m.* burton.
polipropileno *m.* polypropylene.
polivinilo *m.* polyvinyl.
póliza *f.* policy.
polizón *m.* stowaway.
polo *m.* pole. | **Polo Norte** North Pole. | **Polo Sur** South Pole.

pólvora *f.* powder.
pompa *f.* pump.
poniente *adj.* west, westerly.
pontón *m.* lighter, pontoon.
popa *f.* stern. | **a popa** astern, abaft, backwards, aft. | **de popa a proa** from top to bottom, through and through. | **en popa** astern, abaft, running. | **de proa a popa** fore and aft. | **de popa** astern, aftermost. | **por popa** astern. | **viento en popa** befote de wind. | **a fil de popa** *adv.* dead astern.
popel *m.* after, aft.
por *prep.* by. | **por capa forzada** by stress of water. | **por estima** by the log. | **por la aleta** quartering. | **por el través** abreast. | **por la proa** ahead.
porta *f.* port, porthole.
portaaviones *m.* aircraft carrier.
portaespía *m.* device used to prevent the deterioration of ropes and wires.
portalón *m.* gangway, gangway port.
portañola *f.* porthole.
portar *vi.* to stand up to bad weather, to fill.
portátil *adj.* portable.
porte *m.* tonnage, burden, cargo carrying capacity.
porteador *adj.* carrying. | **buque porteador** carrying vessel.
portuario *adj.* harbour, port, of a port, pertaining to a port.
portulano *m.* portolano, portulan.
Poseidón *m.* Poseidon.
posición *f.* position. | **línea de posición** position line, line of position.
práctico *m.* pilot, practique.
precinta *f.* parcelling, parceling.
predicción *m.* prediction.
predominante *adj.* prevailing. | **viento predominante** prevailing wind.
prensa *f.* press.
prensaestopas *m.* stuffing box.
presa *f.* prize. | **tribunal de presas marítimas** prize court.
presión *f.* pressure. | **presión atmosférica** atmospheric pressure. | **presión barométrica** barometric pressure. | **gradiente de presión** pressure gradient.
préstamo a la gruesa *m.* bottomry.
prevalecer *vt.* to prevail.
previsión *f.* forecast.
prima *f.* prime. | **prima de flete** primage.
prioridad *f.* priority. | **prioridad de paso** *f.* right of way.
prismático *adj.* prismatic.
proa *f.* prow, bow, bows, stem. | **mascarón de proa** figurehead. | **proa de bolina** bow line bridle. | **a proa** *adv.* before, ahead, forward. | **poner proa a** to set sail for, to make for, to head for.
procedimiento *m.* procedure.
proceso *m.* proceedings.

proel *m.* bowman, bow oar. | *adj.* fore.
profundidad *f.* depth. | **carga de profundidad** depth charge.
profundo *adj.* deep.
prohibido forbidden, prohibited.
prohibir *vt.* to prohibit.
proís o proíz *m.* mooring post (noray).
promedio *m.* average. | **hacer un promedio** average out at/to.
promontorio *m.* promontory.
propano *m.* propane.
propao *m.* breastwork.
proporción *f.* rate.
propulsar *vt.* to propel.
propulsión *f.* propulsion.
protesta *f.* protest. | **protesta de mar** sea protest.
prototipo *m.* prototype.
provecho *m.* advantage.
proveer *vt.* provide.
provisión *f.* provision.
proximidad *f.* proximity.
proyección azimutal *f.* azimuthal projection. | **proyección cilíndrica** cylindrical projection. | **proyección ecuatorial** ecuatorial projection. | **proyección gnomónica** gnomonic projection. | **proyección de Mercator** Mercator's projection. | **proyección estereográfica** stereographic projection. | **proyección zenital** zenithal projection.
profundidad *f.* depth.
proyecto *m.* project.
prueba *f.* proof.
puente *m.* bridge, deck. | **puente de mando** bridge. | **puente alto** monkey island. | **puente volante** catwalk.
puerto *m.* port, harbour. | **puerto pesquero** fishing port. | **puerto marítimo** seaport. | **puerto comercial** commercial o trading port. | **puerto de amarre o de matrícula** port of registry. | **puerto de arribada o de escala** port of call. | **puerto de carga** commercial port. | **puerto deportivo** pleasure harbour, marina. | **puerto de salvación** haven of refuge. | **puerto franco o libre** free port. | **puerto de entrada** entry port. | **puerto de matrícula** port of registry. | **puerto de amarre** home port. | **tomar puerto** to come into port.
pujamen *m.* foot of a sail, foot.
pulir *vt.* to polish.
púlpito *m.* pulpit.
punta *f.* point, nail, end.
puntal *m.* depth, stanchion. | **puntal de trazado** moulded depth.
punto *m.* reckoning, position.
punzón *m.* pricker. | **punzón de velero** pegging-awl.
puño *m.* tack. | **puño de amura** tack of a sail. | **puño de driza** throat of a sail, head. | **puño de escota** clew of a sail. | **puño de pico** peak of a sail. | **anillo del puño de escota** clew. | **relinga del puño** clew-rope.
purga *f.* purge.
purgar *vt.* to purge.

Q

quebranto *m.* hog, hogging.
queche *m.* ketch.
quijada *f.* cheek, horn.
quilla *f.* keel. | **quilla de balance** bilge keel. | **quilla de bulbo** bulb keel. | **dar de quilla a un barco** to keel a boat, to keel a boat over. | **quilla del pantoque** bilge keel. | **poner la quilla al sol** *vt./vi.* to upset, to upturn.
quilote *m.* extreme ballast of a yacht.
quitar *vt.* to remove.

R

rabear *vi.* to swing her stern.
rabiza *f.* short lashing rope.
raca *f.* parrel, traveller.
racamento o racamenta *m./f.* parrel, traveller.
racel *m.* peak.
racha *f.* gust of wind.
racheado *adj.* gusted wind.
rada *f.* roadstead, bay.
radar *m.* radar. | **baliza radar** radar beacon. | **operador de radar** radar operator. | **antena giratoria de radar** radar scanner. | **reflector de radar** radar reflector. | **pantalla de radar** radar screen, rader scope. | **dirección por radar** radar tracking.
radiación *f.* radiaton.
radiar *vi.* to radiate. | *vt.* to radiate, to broadcast, to transmit.
radio *f.* radio, wireless. | *m.* radius.
radiobaliza de radar *f.* remark.
radiocompás *m.* radio compass.
radiocomunicación *f.* radio communication.
radiofaro *m.* radio beacon.
radiogoniometría *f.* radiogoniometry.
radiogoniómetro *m.* radiogoniometer, direction finder.
radiolarios *mpl.* radiolaria.
radionavegación *f.* radio navigation.
radiotelefonía *f.* radiotelephony.
radiotelefonista *m./f.* radio operador.
radioteléfono *m.* radiotelephone.
radiotelegrafía *f.* radiotelegraphy.
radomo *m.* radome.
ráfaga *f.* gust (wind), flash (light).
raíl o rail *m.* rail. | **raíl guía** runner.
rampa *f.* ramp, shipyard.
rango *m.* rank.
ranura *f.* rabbet, pod.
rapidez *f.* speed.
rápido *adj.* quick, rapid.
raquear *vi.* to beachcomb.
raquero *m.* beachcomber.
rasel *m.* peak, peak tank. | **rasel de popa** afterpeak, afterpeak tank. | **rasel de proa** forepeak, forepeak tank.
raspadura o raspamiento *f./m.* scratching.

rasqueta *f.* scraper.
rastra *f.* drag.
rastrear *vt.* to trawl, to drag.
rastreo *m.* trawling, dragging.
rastrera *f.* lower studding sail.
rayo *m.* ray, thunderbolt.
raz *f.* race. | **raz de marea** tide race.
reabastecer de combustible *tv.* to refuel.
reacción *f.* reaction.
reactor *m.* reactor.
reanudar *tv.* to resume.
rebenque *m.* lashing.
recalada *f.* randfall, sighting of land.
recalar *vt.* to approach the land.
recalentador *m.* superheater.
recalentar *vt.* to superheat.
recalmón *m.* lull.
recambio *m.* spare. | **de recambio** spare part, spare.
recepción *f.* reception.
receptor *m.* receiver, receiving set, monitor.
recibir *vt.* to receive.
recoger *vt.* to take in.
recogida *f.* withdrawal.
reconocer *vt.* to recognise, to reconnoitre.
reconocimiento *m.* recognition, reconnaissance.
recorrer *vt.* to overhaul, to refit.
recorrigo *m.* refit.
recta *adj.* straight line.
red *f.* net.
redondeado *adj.* rounded.
redondo *adj.* round. | **virar en redondo** to veer.
reducción *f.* reduction.
reducir *vt.* to reduce, to cut down.
reenvío a popa *m.* after-leading.
refinería *f.* refinery.
reflector *m.* reflector, spotlight, searchlight.
reflejo *m.* reflection.
reflexión *f.* reflection.
reflujo *m.* ebb.
reforzar *vt.* to strengthen, to reinforce.
refracción *f.* refraction.
refrescar *vi.* to freshen.
refrigeración *f.* refrigeration. | cooling. | **refrigeración por aire** air-cooling. | **bomba de refrigeración** cooling pump. | **sistema de refrigeración** cooling system.
refrigerante *m.* coolant, refrigerant. | **líquido refrigerante** coolant. | **tubo refrigerante** cooling pipe.
refrigerar *vt.* to cool, to refrigerate.
refuerzo *m.* reinforcement. | **refuerzo de brioles** buntline clothes. | **refuerzo del centro** middle band. | **refuerzo de una vela** buntline cloth.
refundición *f.* recasting.
refundir *vt.* to recast.
regala *f.* gunwale, top rail.
regata *f.* boat race, regatta, mailing. | **regata de remos** boat-race. | **regata de altura** offshore racing.
regatear *vi.* to race.

regatista *m./f.* yatch racer.
régimen de crucero *m.* optimum running speed, cruising speed.
regio *adj.* regal.
región *f.* region.
registrar *vi.* to rummage.
registro *m.* registration, registry, access hole.
regla *f.* rule. | **reglas de clases** class rules. | **reglas paralelas** *fpl.* parallel rules.
reglaje *m.* checking, overhaul, adjustment.
reglamento *m.* rules, regulations. | **reglamento local** bye-law, by-law. | **reglamento de radiocomunicación** radio regulations. | **reglamento de abordajes** collision regulations. | **reglamento de regatas de vela** racing rules of sailing.
reglar *vt.* to adjust, to regulate, to check, to overhaul, to rule, to tune.
regresar *vi.* to return.
regreso *m.* return.
regulación *f.* regulation.
regulador *m.* regulator, governor, control.
regular *adj.* regular.
relación *f.* ratio. | **relación de aspecto** aspect ratio.
relativo *adj.* relative.
relé *m.* relay.
relevar *tv.* to relieve.
relevo *m.* relief.
relinga *f.* boltrope, balk, baulk, headline. | **relinga de caída** leech-rope. | **relinga de grátil** head-rope. | **relinga de pujamen** foor-rope.
relingar *vt./vi.* to rope, to flap.
relleno *m.* stuffing.
reloj *m.* watch, clock.
remache *m.* riveting, rivetting.
remanente *m.* remanent.
remanso *m.* backwater.
remar *vt.* to pull. | **remar hacia atrás** to pull out.
remo *m.* oar, paddle. | **barco de remo ir a remo** rowing boat, to row.
remolcador *m.* tug, tugboat. | **remolcador de altura** seagoing tugboat.
remolcar *vt.* to tow, to take in tow. | **remolcar abarloado** to tow alongside.
remolino *n.* swirl, eddy, whirlpool, whirl, whirlwind. | **formar remolinos** *vt.* to swirl.
remolque *m.* towing, towline, towrope.
remontar *vt.* to weather.
remoto *adj.* remote. | **control remoto** remote control.
rempujo *m.* sailmaker's palm, palm.
rendimiento *n.* performance.
rendir *vpr.* to snap, to break.
renvalso *m.* rabbet.
reostato *m.* rheostat.
reparación *f.* repair.
repeler *vt.* to repel.
repetición *f.* repeat.

repetidor *m.* relay, booster station.
replegar *vt.* to retract.
reposapiés *m.* footrest.
repostar *vi./vpr.* to refuel, to stock up.
repuesto *m.* spare, provisions, food supplies, supply.
repulsión *f.* repulsion, rejection.
repuntar *vi.* to turn.
repunte *m.* turn.
requisito *m.* requirement, requisite.
resaca *f.* undertow, undercurrent.
rescatador *m./f.* rescuer.
rescatar *vt.* to rescue, to save.
rescate *m.* rescue.
reserva *f.* reserve, stock.
resguardo *m.* sea room.
residual *adj.* residual.
residuo *m.* residue.
resina *f.* resin.
resistencia *f.* resistente. | **resistencia del viento** wind resistance. | **resistencia transversal** transversal strength.
resistente *adj.* resistant, resistent, hard.
resistir *vt.* resist.
resolución *f.* resolution.
responder *vt.* to answer.
respuesta *f.* answer, reply.
restaurar *vt.* to refurbish.
restinga *f.* bank, shoal.
restingar *m.* shoals.
restringido *adj.* restricted. | **costa restringida** restricted offshore.
resultado *m.* result.
resultante *adj.* resultant.
retaguardia *n.* rear.
retención o retenimiento *f./m.* retention, stoppage.
retener *vt.* to retain.
retenida *f.* guy (wire), trigger dog, dogshore.
retícula *f.* reticle.
retirada *f.* dereliction.
retirarse *vpr.* to ebb.
retraer *vt.* to retract.
retransmisión *f.* repeat.
retraso *m.* retard. | **retraso de la marea** retard of tide.
retrete *m.* lavatory, toilet.
retroceso *m.* recoil.
reventar *vi.* to burst.
revirada *f.* tacking.
revisión *f.* revision, check, overhaul.
revoluciones por minuto (rpm) *mpl.* revolutions per minute (rpm).
rezón *m.* grapnel, grappling iron, sea anchor.
ría *f.* ria, estuary, river mouth.
riachuelo *n.* rivulet.
ribera *f.* bank (river), seashore (sea), shore.
ribete *m.* border, edging, trimming.
riesgo *m.* risk.
rifadura *f.* tear, rip, spiltting.
rifar *vpr.* to split.
rigidez *f.* rigidity, stiffness.
rígido *adj.* rigid, stiff.

río *m.* river.
rizado *adj.* ripply, choppy, wavy. | **mar rizada** choppy sea.
rizar *vt.* to reef, to ripple (water surface), to make choppy (the sea).
rizo *m.* reef, reef point. | **nudo de rizo** reef knot. | **tomar rizos** to reef.
roa *f.* stem.
roblón *m.* rivet.
roca *f.* rock.
rocío *m.* dew, drizzle.
roción *m.* spray, spindrift.
roda *f.* stem. | **a fil de roda** dead ahead.
rodamiento *m.* bearing. | **rodamiento de bolas** ball-beaering.
rodeo *m.* roundabout.
rodete *m.* ward, fifth wheel.
rodillo *m.* roller.
rojo *adj.* red.
rol *m.* muster roll.
rolar *vi.* to shift.
roldana *f.* pulley wheel.
rolete *m.* friction roller.
rombo *m.* turbot.
rompehielos *m.* icebreaker.
rompeolas *m.* pier, breakwater, jetty.
romper *vt.* to cut through, to cleave. | *vi.* to break.
rompiente *m.* reef, shoal.
ronza *f.* leeward. | **a la ronza** alee, under the lee, in the lee.
roñada *f.* grummet, rope grummet.
rorcual *m.* rorqual, finback.
ro-ro *m.* ro-ro.
rosa de los vientos o rosa náutica *f.* compass card. | **rosa del compás** rose.
rosca *f.* thread, worm. | **buque en rosca** light.
rostro *m.* rostrum, beak.
rotación *f.* rotation.
rotor *m.* rotor.
rozamiento *m.* rubbing, friction.
rueda *f.* wheel. | **rueda de trinquete** ratch, ratchet. | **barco de ruedas** paddle steamer.
rumbo *m.* course, bearing, track. | **rumbo debido** proper course. | **navegar rumbo a** to be bound for, to be on course for. | **rumbo de compás** compass course.
ruta *f.* route. | **ruta comercial** trade route. | **ruta convencional** customary route.

S

sable *m.* batten.
sacar el copo *vt.* to haul the seine.
saco *m.* bight.
Sagitario Sagittarius.
sal *f.* salt.
sala *f.* room. | **sala de máquinas** engine room.
salar el pescado *vt.* to dun.
salida *f.* departure, leaving, exit.
saliente *m.* salient, outgoing.
salinidad *f.* salinity.
salinómetro *m.* salinometer.
salir de la bahía *vt.* to disembay.
salitre *m.* saltpetre.
salobre *m.* brackish.
saltar *vi.* to jump, to leap. | **saltar a tierra** to leap ashore. | **saltar al agua** to jump into the water. | **saltar en paracaídas** to parachute.
salto *m.* jump, leap, shift of wind, change of wind. | **salto de agua** chute.
salvachía *f.* selvagee.
salvador *m.* rescuer.
salvamento *m.* rescue, saving, salvage. | **operaciones de salvamento** rescue operations. | **equipo de salvamento** survival craft.
salvar *vt.* to clear, to save, to rescue.
salvavidas *m.* life buoy, life belt, lifeboat.
sanear *vt.* to drain, to dry out, to put right, to mend.
sanidad *f.* health.
sargazo *m.* sargasso, gulfweed.
satélite *m.* satellite.
Saturno Saturn.
secante *m.* siccative. | *adj.* drying.
sección *f.* section, cutting.
seco *adj.* dry.
sector *m.* sector.
segmento *m.* segment.
seguir *vt.* to follow, to continue.
segundo *m./adv./adj.* second.
seguridad *f.* security, safety.
seguro *m.* insurance.
selector *m.* selector.
sellado *adj.* sealed.
semáforo *m.* semaphore.
semicircunferencia *f.* semicircumference.
semiesfera *f.* hemisphere.

semirrígido *adj.* semirigid.
seno *m.* trough, bay, gulf, belly.
sensibilidad *f.* sensitivity.
sensor *m.* sensor.
sentido contrario a las agujas del reloj *adv.* counterclockwise.
sentina *f.* bilge.
señal *f.* signal, trace, track. | **señal horaria** time signal. | **señal acústica** sound signal. | **señal visual** visual signal.
señalización *f.* signposting.
separación *f.* separation, space, gap.
septentrional *adj.* northern, north.
serpentín *m.* worm, coil.
serreta *f.* small saw.
servicio *m.* service. | **servicio móvil marítimo** maritime mobile service. | **servicio de escucha** listening watch. | **servicio de remolque** towage service. | **servicio de guardacostas** coast-guard service.
serviola *f.* cathead. | **serviola de un pesquero** conder.
servomotor *m.* servomotor.
sexagesimal *adj.* sexagesimal.
sextante *m.* sextant.
sí *adv.* yes, aye.
sicigia *f.* syzygy.
siempre *adv.* always.
¡sí señor! aye sir!
sierra *f.* saw.
signo *m.* sign.
silbato *m.* whistle.
silicona *f.* silicone.
silla *f.* chair.
símbolo *m.* symbol.
simultáneo *adj.* simultaneous.
sin *prep.* without.
sincronización *f.* synchronization.
sincronizar *vt.* synchronize.
sindicato *m.* trade union, syndicate.
singladura *f.* day's run.
singlar *vi.* to steer, to navigate.
siniestro *m.* catastrophe, disaster, accident.
sintonía *f.* signature tune.
sintonización *f.* tuning.
sintonizar *vt.* to tune in.
sirena *f.* siren.
sirga *f.* owrope.
sirgar *vt.* to tow.
sistema *m.* system, method. | **sistema de navegación Deca** Decca. | **sistema de navegación por sónar** doppler sonar system.
situación *f.* position.
situado *adj.* situated.
situar *vt.* to place, to put, to be situated, to adopt.
sobrecarga *f.* overload.
sobrecargo *m.* supercargo.
sobrejuanete *m.* royal mast. | **sobrejuanete de proa** fore royal mast. | **sobrejuanete mayor** main royal mast.
sobremesana *f.* mizzen topsail. | **sobremesana baja** lower mizzen topsail. | **sobremesana alta** upper mizzen topsail.
sobreperico *m.* mizzen royal sail.

sobreplán *m.* rider.
sobrequilla *f.* keelson.
sobrestadía *f.* demurrage.
socaire *m.* lee. | **al socaire** leeward. | **al socaire de** protected by. | **estar al socaire** to swing the lead, to malinger. to scull around. | **ponerse al socaire de** to run under the lee of. | **tomar socaire** to take lee.
socollada *f.* flap.
socorro *m.* help, aid, assistance.
soga *f.* rope, cord.
sol *m.* sun.
solar *adj.* solar, of the sun.
soldador *m.* soldering iron.
soldadura *f.* welding, soldering, soldar. | *vt.* to weld, to solder.
solera *f.* girder, support, proa, dunnage.
solitario *adj.* solitary, deserted, secluded.
sollado *m.* orlop.
soltar *vt.* to release, to untie. | **soltar amarras** to cast off.
sombrerete *m.* cape, cowl. | **sombrerete del cabestrante** drumhead.
sombrero (del cabestrante) *m.* head.
sonar *m.* sonar.
sonda *f.* sounding, sounding line, sounding lead.
sondador *m.* sonic depth finder, echo sounder.
sondaleza *f.* sounding line, sounding lead.
sondear o sondar *vt.* to sound, to take soundings in.
sondeo o sondaje *m.* sounding.
sonoro *adj.* loud, sonorous, soplar *vi.* to blow.
soplete *m.* blowlamp, blowtorch.
soporte *m.* base, stand, hanger, pillar.
sosa *f.* saltwort, soda.
sotabalón *m.* blooper.
sotavento *m.* leeward. | **a sotavento** *adv.* alee, down wind, leeward.
submarinismo *m.* scuba diving.
submarino *m.* submarine. | *adj.* submarine, underwater.
subsuelo *m.* subsoil.
succión *f.* suction.
sucesivo *adj.* successive, following, consecutive.
sujeción *f.* subjection, fastening.
sujetar *vt.* hold. | **sujetar con abrazadera** *vt.* to clamp. | **sujetar con rebenques** *vt.* to lash.
sulfatación *f.* sulphating.
sumergible *adj.* submersible. | *m.* submarine.
sumergir *vt.* to submerge.
sumergirse *vpr.* to subside.
sumersión *f.* submersion.
suministrar *vt.* to provide.
superestructura *f.* superstructure.
superficie *f.* surface. | **salir a la superficie** to surface, to come to the surface, to float to the surface. | **superficie vélica** sail area.
superior *adj.* upper, superior.
superpetrolero *m.* supertanker.
supervivencia *f.* survival.

supresión *f.* removal.
sur *m.* south, south wind. | *adj.* south, southern, southerly.
sureste o sudeste *m.* southeast, southeast wind. | *adj.* southeast, southeastern, southeasterly, southeast.
surf *m.* surfing. | **plancha de surf** *f.* surfboard.
suroeste o sudoeste *m.* southwest, southwest wind. | *adj.* southwest, southwestern, southwesterly.
surtidor *m.* petrol pump, petrol station.
suspender *vt.* to suspend, to hang.
suspensión *f.* suspension, hanging. | **suspensión cardánica** gimbals.
sustentación o sustentamiento *f.* support.
sustitución o substitución *f.* substitution.
sustituir o substituir *vt./vi.* to substitute, to replace, to change.

T

tabla *f.* board, plank. | **tabla de surf** surfboard. | **tabla de windsurf** sailboard. | **tabla de estima** traverse table.

tablazón *m.* decking, planking. | **tablazón del pantoque** bilge plank.

tablilla *f.* small board.

tablón *m.* board. | **tablón de aparadura** plank, garboard. | **tablón de retenida** garboard planning, garboard strake. | **tablón de sentina** tie plank. | **tablazón de estiba** sole piece, bilge board, dunnage.

tabular *vt.* to tabulate. | *adj.* tabular.

tacómetro *m.* tachometer.

táctica *f.* tactics.

táctico *m/f.* tactician. | *adj.* tactical.

tajamar *m.* cutwater, dike, seawall, dam.

taladrar *vt.* to drill.

taladro *m.* drill.

taller *m.* workshop.

talón *m.* heel. | **talón del codaste** *m.* propeller strut.

tambor *m.* barrel. | **tambor del cabestrante** barrel of capstan.

tamborete *m.* cap, mast cap.

tambucho *m.* booby hatch.

tangente *f.* tangent.

tangón *m.* boom.

tanque *m.* tank, reservoir. | **tanque de agua** water store.

tapa ciega *f.* dead light. | **tapa de regala** gunwale's lid. | **tapa de la chimenea** umbrella.

tapacete *m.* companion lid.

tapicería *f.* upholstery.

tapín *m.* bung, plug, dowel.

tapón *m.* plug. | **tapón de achique** seacock.

taquilla *f.* locker.

tara *f.* tare.

tarifa *f.* tariff.

tarjeta *f.* title and imprint. | **tarjeta de embarque** boarding pass, boarding card.

tarquina *f.* spritsail.

tasa *f.* valuation, estimate, measure, standard, appraisal.

Tauro Taurus.

taxímetro *m.* dumb compass, pelorus.

teca *f.* teak.

techo *m.* roof, ceiling.
técnica *f.* tecnique.
técnico *adj.* technical. | *m./f.* technician, technical expert.
tecnología *f.* technology. | **tecnología punta** high techonolgy [high tech].
tejido *m.* weave, fabric.
tela *f.* cloth, fabric.
telecomunicación *f.* telecommunication.
telefonía *f.* telephony.
teléfono *m.* telephone, phone.
telegrafía *f.* telegraphy.
telégrafo *m.* telegraph.
telémetro *m.* range finder, telemeter.
telemotor *m.* telemotor.
telera *f.* euphroe, uphroe.
telescopio *m.* telescope.
telex marino *m.* marine telex.
temperatura *f.* temperature.
tempestad *f.* storm, tempest. | **tempestad de arena** sandstorm.
templado *m.* tempering, hardening.
templar *vt.* to temper, to moderate, to soften.
temple *m.* tempering.
temporada *f.* season.
temporal *m.* storm, tempest, rainy spell. | **capear el temporal** to weather the storm.
tenaza, tenazas *f.* pliers, pincers.
tendencia *f.* tendency, inclination.
tender *vt.* to spread, to lay, to set. | *vi.* to stretch out, to reach out.
tenedero *m.* anchorage, anchoring berth.
tenida *f.* uniform.
tensar *vt.* to harden in, to tauten.
tensión *f.* tension, tautness, tightness, stress, strain.
tensor *m.* rightener, rigging screw. | **tensor a tornillo** stretching screw.
terminal *m./adj.* terminal.
terminar *vt.* to finish.
termógrafo *m.* thermograph.
termómetro *m.* thermometer.
termostato *m.* thermostat.
terraja *f.* die.
terral *adj.* land. | **viento terral** *m.* land wind.
terrestre *adj.* terrestrial, earthly, land.
terylene *m.* terylene.
tesar *vt.* to tauten, to tighten.
tiempo *m.* time, weather. | **correr el mal tiempo** to weather. | **aguantar el mal tiempo** to weather a storm. | **tiempo aparente o solar** apparent time. | **tiempo astronómico** astronomical time. | **tiempo sidéreo** sideral time. | **tiempo medio de Greenwich** universal time. | **tiempo compensado** corrected time. | **tiempo real** real time.
Tierra *f.* the Earth. | **tierra** land, ground. | **a tierra** *adv.* ashore.
tifón *m.* typhoon.
tijera *f.* fork, scissors.

timbre *m.* buzzer.
timón *m.* rudder, helm. | **timón compensado** balanced rudder. | **timón con tobera** steering nozzle. | **timón de fortuna** jury rudder. | **timón de inmersión** hydroplane. | **timón de proa** bow rudder. | **timón suspendido** spade rudder. | **caña del timón** rudder bar. | **brazo del rimón** rudder arm. | **pala del timón** rudder plate. | **tope del timón** rudder hole. | **mecha del rimón** rudder stock.
timonear *vi.* to be at the helm, to steer.
timonel *m.* helmsman, steersman, coxswain.
timonera *f.* wheelhouse, pilot house.
timonero *m.* steersman. | *adj.* helmsman, beam.
tingladillo *m.* lapstrake, lapstreak, clincher, clinker-built, clincher-built. | **construcción del tingladillo** clincher building, clinker building.
tinglado *m.* warehouse shed, boathouse.
tintero *m.* socket.
tipo *m.* type, model, sort, kind.
tira *f.* fall, strip.
tiramollar *vi.* to overhaul, to fleet, to slacken.
tirar *vt.* to throw, to throw away, to knock over, to fire, to spill, to pull. | *vi.* to tug, to work, to run.
tiravira *f.* parbuckle.
titulación *f.* degrees and diplomas, qualifications.
titulado *adj.* with a degree, qualified.
titulín *m.* mini captain's licence.
título *m.* qualification.
todo *adj.* all. | **¡todo el mundo a cubierta!** all hands on deck!
toldilla *f.* awning, poop deck.
toldo *m.* awning. | **cumbre de un toldo** awning ridge. | **candelero de un toldo** awning stanchion.
tolete *m.* tholepin, thole.
toma de agua *f.* tap, outlet. | **toma de aire** inlet, intake. | **toma de corriente** socket, plug.
tomador *m.* gasket.
tomar *vt.* to take. | **tomar una marcación** to take a bearing.
tonel *m.* cask.
tonelada *f.* ton. | **tonelada de arqueo** register ton. | **tonelada de arqueo neto** net register ton. | **tonelada de arqueo bruto** gross register ton. | **tonelada métrica** metric ton. | **tonelada de desplazamiento** displacement ton.
tonelaje *m.* tonnage. | **tonelaje bruto** gross tonnage. | **tonelaje neto** net tonnage.
tope *m.* masthead, topman. | **tope del timón** rudder stop.
topografía *f.* topography.
torbellino *m.* swirl. | **formar torbellinos** to swirl.
tormenta *f.* storm.

tormentín *m.* small mast on the bowsprit.
tornado *m.* tornado.
tornapunta *f.* dagger, dagger board.
torpedero *m.* torpedo boat.
torre *f.* tower. | **torre de vigía** crow's nest. | **torre de mando** conning-tower.
torreta (submarino) *f.* conning-tower.
tórrido *adj.* torrid.
torsiómetro *m.* torsiometer, torsion meter.
total *adj.* total, complete | *m.* total, sum, whole.
totalizador *m.* totalizator, totalizer.
tóxico *adj.* poisonous.
trabazón *m.* joining, joint, connection.
traca *f.* strake. | **traca de aparadura** *f.* bottom plank.
tracción *f.* pull.
tráfico traffic, trade. | **tráfico marítimo** *m.* maritime trade.
trainera *f.* trawler, drifter, sardine fishing boat.
tramo *m.* section, stretch.
tramontana *f.* tramontana, tramontane.
trancanil *m.* waterway.
transatlántico o trasatlántico *m.* liner, ocean liner. | *adj.* transatlantic.
transbordador *m.* ferry.
transbordar o trasbordar *vt.* to tranship, to ferry across.
transbordo o trasbordo *m.* ferrying, transshipment. | **hacer transbordo** to change.
transductor *m.* transducer.
transformador *m.* transformer.
transmisión *f.* transmission.
transmisor *m.* transmitter. | *adj.* transmitting.
transmitir *vt.* to transmit, to broadcast.
transportador *m.* conveyor, transporter. | **transportador de ángulos** protector.
transportar *vt.* to ship, to transport, to carry. | **transportar en barcaza** to barge.
transporte *m.* transport, freight, freightage. | **buque de transporte** transport ship. | **transporte a flote** floating. | **transporte terrestre de barcos y sus mercancías** portage. | **coste de transporte** portage.
trapa *f.* spilling line, kicking strap, preventer. | *pl.* tackle used to fasten, lifeboats on ships.
trapecio *m.* trapezium, trapeze.
trapo *m.* canvas, sails. | **a todo trapo** with all sails set, under full sail.
traqueteo *m.* rattle.
traslación o translación *f.* movement, passage.
trasladar *vt.* to carry, to take, to transport. | *vpr.* to travel.
trasluchada *f.* gybe, jibe.

trasluchar *vi.* to gybe, to jibe.
través *m.* beam. | **a través** *adv.* athwart. | **al través** *adv.* abeam, abreast, across, crossways. | **de través** abeam, athwart. | **dar al través** to hit broadside on. | **ir de través** to drift off course.
travesía *f.* crossing, voyage, crosswind, traverse wind.
trayecto *m.* ride.
trayectoria *f.* trajectory, path, course, direction.
trazado *m.* course, drawing.
trazador *m.* plotter. | **trazador de cartas** chartplotter.
trazar *vt.* to draw, to trace, to design, to plan, to plot.
triangular *adj.* triangular.
triángulo *m.* triangle.
tribunal marítimo *m.* maritime court.
trimado *m.* trim.
trimador *m.* trimmer.
trimar *vt.* to trim.
trimarán *m.* trimaran.
trinca *f.* lashing.
trincafiar *vt.* to marl.
trincar *vt.* to lash.
trinquete *m.* foremast, foresail, pawl. | **colocar los trinquetes** to pawl.
trinquetilla *f.* fore-topmast staysail, small jib.
tripulación *f.* crew. | **con tripulación insuficiente** *adj.* undermanned.
tripulante *m.* crew member | *pl.* crew, crewman.
tripular *vt.* to crew, to steer.
trofeo *m.* trophy.
tromba *f.* watersprout.
trópico *m.* tropic. | *adj.* tropic, tropical. | **trópico de Cáncer** tropic of Cancer. | **trópico de Capricornio** tropic of Capricorn.
tropopausa *f.* tropopause.
troposfera *f.* troposphere.
troquel *m.* punch.
troza *f.* truss.
trozo *m.* detail.
trueno *m.* thunder.
tubería *f.* pipe, tube, pipeline.
tubo *m.* pipe. | **tubo acústico** speaking tube. | **tubo de escape** exhaust pipe. | **tubo de sonda** sounding pipe.
tuerca *f.* nut.
tumba en la mar *f.* Davy Jones's locker.
tumbar *vt.* to keel.
túnel *m.* tunnel, alley. | **túnel del eje** shaft tunnel, screw alley. | **túnel de tuberías** pipe tunnel.
turba *n.* peat.
turbina *f.* turbine.
turboalimentación *f.* turbocharge.
turbonada *f.* squall, downpour, strong wind.
turborefrigeración *f.* turborefrigeration, turbocooling.
turbulencia *f.* turbulence.
turno de timón de dos horas *m.* trick.

U

udómetro *m.* udometer.
ultramarino *adj.* ultramarine.
ultrasónico *adj.* ultrasonic.
ultrasonido *m.* ultrasound.
unidad *f.* unit.
unión *f.* union, joint.
unir *vt.* to unite, to join, to tie together.
uña *f.* anchor fluke, palm.
Urano Uranus.
uranografía *f.* uranography.
urdimbre o urdiembre *f.* warp, warping.
urgencia *f.* urgency, emergency.
urgente *adj.* urgent.
usar *vt./vi.* to use, to make use.
uso *m.* use, application.
usuario *m./f.* user.
utensilio *m.* utensil.

V

vaciante *f.* ebb tide.
vacío *m.* vacuum.
vagra *f.* stringer, girder.
vaguada *f.* watercourse, stream bed.
vaina *f.* tabling.
vaivén *m.* sway.
valle *m.* valley.
valor *m.* value.
válvula *f.* valve.
vapor *m.* vapor, steamer, steamship.
varada *f.* beaching, running aground.
varadero *m.* dry dock, shipyard. | **varadero del ancla** anchor living, bow doubling, billboard.
varado *adj.* aground. | **estar varado** to be aground. | **varado en la bajamar** beneaped.
varar *vt.* to launch, to beach, to run aground, to haul out. | *vi.* to drop anchor.
varenga *f.* floor timber. | **varenga alta** deep floor.
vareta *f.* batten.
vareta *f.* small pole, staff.
variación *f.* variation. | **variación magnética** magnetic declination.
varilla *f.* rib, rod, small stick.
vaselina *f.* vaseline.
vaso graduado *m.* graduated drinking vessel.
vástago *m.* rod.
vatio (W) *m.* watt.
vector *m.* vector.
vela *f.* sail. | **a toda vela** under full sail. | **barco de vela** sailing ship. | **vela al tercio** lugsail. | **vela de abanico o tarquina** spritsail. | **vela de estay** staysail. | **vela marconi** bermudian sail. | **vela áurica** boom sail. | **vela cuadra** square sail. | **vela cangreja** spencer. | **vela de cuchillo** fore-and-aft-sail. | **vela mayor** mainsail. | **a velas desplegadas o tendidas** under full sail. | **vela ligera** light sail. | **hacerse a la vela** to set sail. | **cambiar la vela** to shift sail. | **dar la vela** to set sail. | **alzar velas** to set sail. | **largar las velas** to set sail. | **dar vela** to set sail.
velacho *m.* fore-topsail. | **velacho bajo** lower fore-topsail. | **velacho alto** upper fore-topsail.

velamen *m.* sails, canvas.
velar *vi.* to match, to show.
velero *m.* sailmaker, sailing ship, sailing boat. | *adj.* sailing.
veleta *f.* weather vane, weathercock, float.
velocidad *f.* speed, velocity. | **velocidad de crucero** cruising speed.
velocímetro *m.* speedometer.
venda *f.* bandage.
vendaje *m.* bandage.
vendaval *m.* gale, strong wind, storm.
venenoso *adj.* poisonous.
ventaja *f.* advantage.
ventarrón *m.* gale, strong wind.
ventilación *f.* ventilation. | **manguera de ventilación** windsail, air intake.
ventilador *m.* blower.
ventilador *m.* ventilator, fan.
ventilar *vt.* to ventilate, to air out.
ventisca *f.* blizzard, snowstorm.
ventolina *f.* light and variable wind.
Venus Venus.
verano *m.* summer.
verdadero *adj.* true, real.
verde *adj.* green.
verdín *m.* moss.
verduguillo *m.* rubber, moulding, nosing, ribband.
verga *f.* yard. | **verga de bandera** signal yard.
verificador *m.* tester.
veril *m.* fathom line, isobath, depth contour.
vertedor *m.* chute.
vertello *m.* parrel truck.
vertical *adj.* vertical. | *f.* vertical. | *m.* vertical, azimuth circle.
verticalidad *f.* verticality.
vértice *m.* vertex.
vertido *m.* discharge, dumping.
vespertino *adj.* evening, vespertine.
vía *f.* leak. | **abrirse una vía de agua** to spring a leak. | **a la vía** *adv.* amidship (helm), right the helm, steady.
viaje *m.* voyage (long), boat trip (short).
vibración *f.* vibration.
vibrar *vi.* to pant.
vicealmirante *m.* viceadmiral.
videosonda *f.* videosounder.
viento *m.* wind. | **viento aparente** apparent wind. | **viento favorable** favourable wind. | **viento en contra** head wind. | **viento flojo** gentle breeze. | **vientos alisios** trade winds. | **a favor del viento** before the wind, downwind, off the wind. | **contra el viento** against the wind. | **ganar el viento** to sail with the wind. | **hurtar el viento** to sail against the wind. | **ir viento en popa** wind aft, to sail before the wind. | **vientos del moco** martingale guys. | **viento sur** auster. | **viento de sol** round wind. | **viento marero** sea breeze. | **viento de aleta** quartering wind. | **viento variable** baffling wind. | **viento**

dominante prevailing wind. | **viento local** local wind. | **viento de través** wind abeam.
vigía *m.* reef, watch.
vigilancia *f.* vigilance, surveillance.
vigota *f.* deadeye. | **vigota ciega** dead block.
vinatera *f.* rope joining two cables or spars.
violín *m.* jumper strat, bee.
virada *f.* tacking, putting about.
virador *m.* turning gear, turning engine, mast rope, messenger. | **virador grueso** voyal, voyol.
viraje *m.* tack, putting about.
virar *vt./vi.* to put about, to tack. | **virar a babor** to turn to port. | **virar de bordo** to put about, to tack. | **virar en redondo** to veer. | **virar con viento en popa** to veer. | **¡Listos para virar!** ready about, about-ship.
virazón *f.* sea breeze.
Virgo Virgo.
visado *m.* visa.
viscosidad *f.* viscosity.
viscosímetro *m.* viscometer.
visera *f.* visor, peak.
visibilidad *f.* visibility.
visible *adj.* visible.
visión *f.* sight, vision.
vista *f.* sight, view. | **a la vista** *adv.* in sight, at sight.
visual *adj.* visual.
vituallas *fpl.* provisions.
víveres *mpl.* provisions.
vivero *m.* fish hatchery, fishpond.
volante *m.* (steering) wheel.
volcán *m.* volcano.
volcánico *adj.* volcanic.
volcar *vt.* to capsize, to upset. | **volcar en el sentido longitudinal** to pitchpole.
voltaje *m.* voltage.
voltear o voltejear *vt.* to turn over. | *vi.* to tumble, to capsize, to turn turtle, to upset.
voltímetro *m.* voltmeter.
voltio *m.* volt.
volumen *m.* volume, size.
vórtice *m.* whirlpool, vortex, whirlwind, cyclone, hurricane.
vuelco *m.* capsizing.
vuelta *f.* turn. revolution. | **vuelta de cabo** hitch. | **vuelta mordida** riding turn. | **vuelta redonda** round turn. | **vuelta de braza** timber hitch. | **vuelta de encapilladura** three-strand Turk's head. | **vuelta de escota doble** double bend. | **vuelta de lobo** running bowline. | **vuelta redonda** midshipman's hitch. | **vuelta sencilla de escota** sheet bend. | **cambiar de vuelta** to tack, to go about, to put about. | **tomar vuelta** to belay, to take a turn.

W, Y, Z

weber *m.* weber.
yanqui *m.* yankee, yank.
yarda *f.* yard.
yate *m.* yacht. | **yate de motor** motor yacht. | **yate de recreo** pleasure yacht. | **yate de regatas** racing yacht. racer. | **yate de vapor** steam yacht. | **yate de vela** sailing yacht.
yola *f.* yawl.
yugo *m.* transom.
yuyú *m.* dinghy.
zafada *f.* unbending.
zafar *vt.* to unbend.
zafarrancho *m.* clearing for action.
zaga *f.* stray line.
zallar *vt.* to swing out (board).
zambullida *f.* plunge.
zambullir *vt.* to plunge.
zapata *f.* false keel, shoe.
zarpar *vi.* to weigh anchor. | **zarpar del puerto** to sail out of port.
zigzag *m.* zigzag.
zinc *m.* zinc.
zona *f.* zone, area. | **zona de dragado** dredging site. | **zona de calmas** doldrums. | **zona portuaria** dockland. | **zona de lluvias** rain belt. | **zona costera** coastal area. | **zona del compás** compass platform, monkey island. | **zona de pilotaje** pilotage ground. | **zona entre bulárcamas** bay. | **zona franca** free zone. | **zona glacial** frigid zone. | **zona marítima** sea area. | **zona templada** temperate zone. | **zona tórrida** torrid zone. | **zona tropical** tropical zone.
zozobra *f.* shipwreck, capsizing, sinking, very bad weather.
zozobrar *vi.* to be shipwrecked, to capsize, to sink, to go down. | **hacer zozobrar** to capsize.
zumbador *m.* buzzer.
zuncho *m.* metal hoop, metal band. | **zuncho del penol** yard arm hoop. | **zuncho de suspensión** sling-hoop. | **zuncho de un palo** mast-hoop. | **zuncho de una verga** hoop of a yard. | **zuncho de las arraigadas** futtock hoop. | **zuncho de obenque** shroud hoop. | **zuncho de tintero de coz** gooseneck hoop.

INGLÉS - ESPAÑOL

A

aback *adv.* en facha.

abaft. *adv.* a popa, en popa. | **abaft the beam** entre la cuadra y la aleta.

abandon *vt.* abandonar.

abandonment *n.* abandono.

abate *vi.* amainar.

abeam *adv.* de través, por el través.

aberration *n.* aberración. | **diurnal aberration** aberración diurna. | **annual aberration** aberración anual. | **secular aberration** aberración secular. | **chromatic aberration** aberración cromática.

aboard *adv.* a bordo.

about *prep.* sobre. | **to put about** virar. | **about-ship** ¡Listos para virar!

above *adv.* encima, arriba. | **above deck** sobre cubierta.

abox *adj./adv.* en facha.

abrade *vt.* esmerilar, lijar, desgastar.

abrasion *n.* abrasión.

abrasive *adj.* abrasivo.

abreast *adv.* al costado de, al lado de, por el través.

abroad *adv.* fuera, en el extranjero.

abscissa *n.* abscisa.

absolute *adj.* absoluto.

abyss *n.* abismo, sima.

abyssal *adj.* abisal, abismal.

acalephan *n.* acalefo.

accelerate *vt./vi.* acelerar.

acceleration *n.* aceleración.

accelerator *n.* acelerador.

accept *vt.* aceptar.

acceptance *n.* admisión, aceptación.

acces hole *n.* registro.

accessible *adj.* accesible.

accessory *n.* accesorio.

accident *n.* accidente.

accommodation *n.* alojamiento.

accostable *adj.* accesible.

accuracy *n.* exactitud, precisión.

accurate *adj.* exacto, preciso.

acetone *n.* acetona.

acetylene *n.* acetileno.

acid *n.* ácido.

aclinic *adj.* áclino. | **aclinic line** línea áclina, ecuador magnético.

a-cockbill, a-cockbell *adv.* a la pendura (el ancla).

actual time tiempo real.

across *adv.* al través, a través, de través, al otro lado de. | **across the sea** ultramar.

adapter o adaptor *n.* adaptador.

addendum *n.* adenda, artículo suplementario.

adherent *adj.* adherente.

adiabatic *adj.* adiabático.

adjourn *vt.* aplazar.

adjust *vt.* ajustar.

adjustable *adj.* ajustable. | **adjustable spanner** llave inglesa.

adjustment *n.* ajuste, reglaje.

admeasurement *n.* arqueo, dimensiones.

admiral *n.* almirante.

Admiralty *n.* Almirantazgo, Ministerio de Marina. | **admiralty law** derecho marítimo. | **admiralty court** tribunal marítimo.

admission *n.* admisión.

adrift *adj.* a la deriva.

advantage *n.* ventaja, provecho.

advection *n.* advención. | **advection fog** niebla de advención.

adventure *n.* aventura.

advice *n.* consejo.

advise *vt.* aconsejar.

adze o adz *n.* azuela.

aerial navigation *n.* aeronavegación.

aerodynamic *adj.* aerodinámico.

aerodynamics *n.* aerodinámica.

aeromarine *adj.* aeromarítimo.

aeronaut *n.* aeronauta.

aflame *adj.* en llamas.

afloat *adv.* a flote.

aft *adv.* a popa, en popa. | **fore and aft** de proa a popa. | **aft spring** esprín de popa.

after *adv.* de popa. | **after piece of the rudder** azafrán.

aftercabin *n.* cabina de popa.

afterdeck *n.* cubierta de popa.

after-leading *adj.* reenvío a popa.

aftermast *n.* mástil de popa.

aftermost *adj.* de popa, a popa.

against *adv.* contra. | **against the sun** en sentido contrario a las manecillas del reloj.

age *n.* edad, época. | **age of the tide** intervalo de marea.

agonic *adj.* agónico. | **agonic line** línea agónica.

agreement *n.* acuerdo, contrato.

aground *adj.* encallado, varado. | **to be aground** estar encallado, estar varado. | **to run aground** encallar, varar, embarrancar.

ahead *adv.* adelante, delante, por la proa, avante.

ahoy! *interj* ¡ah! | **ahoy there!** ¡ah del buque! | **ship ahoy!** ¡barco a la vista!

ahull *adv.* a la capa.

aid *n.* ayuda, auxilio, ayudar. | **aid to navigation** *vt.* instrumentos de navegación.

air *n.* aire. | **air inlet** inyección de aire. | **air mass** masa de aire. | **air conditioning** aire acondicionado.

alarm *n.* alarma. | **alarm call** voz de alarma. | **alarm signal** señal de alarma. | **red alarm** alerta roja.

albatross *n.* albatros.

alee *n.* a sotavento.

alert *n.* alerta. | **to be on the alert** estar alerta. | **to raise the alarm** dar la alerta.

alidade o alidad *n.* alidada.

all *adj.* todo, entero, totalmente. | **all hands on deck!** ¡todo el mundo a cubierta! | **all in the wind** flamear todas las velas.

all-around light luz todo horizonte.

allison *n.* colisión.

alloy *n.* aleación. | *vt.* alear.

almanac *n.* almanaque.

aloft *adv.* en la arboladura, arriba, en lo alto.

alone *adj.* aislado, solo.

alongside *adv.* de costado, al costado.

aloof *adv.* lejos, a distancia, a barlovento.

alow *adv.* abajo.

altazimuth *n.* altazimut, altura más azimut. Instrumento para medir la altura y el azimut de los cuerpos celestes.

alter *vt.* alterar. | **to alter course** alterar el rumbo.

alteration *n.* alteración.

alternating *adj.* alterno. | **alternating current** corriente alterna.

alternator *n.* alternador.

altitude *n.* altura, altitud.

aluminium *m.* aluminio.

amas *npl.* cascos laterales del trimarán, flotador.

America's Cup Copa América.

amidship (*véase* midship.)

ammeter *n.* amperímetro.

amperage *n.* amperaje.

ampere o amp *n.* amperio.

amplitude *n.* amplitud. | **occiduous amplitude** amplitud occidua.

anchor *n.* ancla, áncora. | *vi.* anclar, fondear. | **anchor ball** bola de fondeo. | **anchor bed** varadero del ancla. | **anchor buoy** boyarín del ancla. | **anchor buoy rope** orinque. | **anchor light** luz de fondeo. | **anchor ring** arganeo. | **anchor warp** cabo del ancla. | **anchor watch** guardia de cubierta. | **anchor wind-lass** molinete del ancla. | **anchor arm** brazo del ancla. | **anchor shank** caña del ancla. | **anchor fluke** uña del ancla. | **at anchor** fondeado. | **to be at anchor (or to be anchored)** estar fondeado, estar en franquía.

anchorage *n.* anclaje, fondeadero, ancladero.

anchoring *n.* fondeo, anclaje.

anemometer *n.* anemómetro.

aneroid *adj.* aneroide. | **aneroid barometer** barómetro aneroide.

angle *n.* ángulo, apertura. | **angle of attack** ángulo de ataque. | **angle of cut** ángulo de intersección de dos líneas de posición. | **angle of heel** ángulo de escora.

anode *n.* ánodo.
anomaly *n.* anomalía.
answer *n.* respuesta. | *vt.* responder.
anticlockwise *adv.* en sentido contrario a las agujas del reloj.
anticyclone *n.* anticiclón.
antifouling *n.* antiincrustante. | **antifouling paint** pintura antiincrustante.
antimeridian *n.* antimeridiano.
antiskid *adj.* antideslizante.
antislip adj. antideslizante.
antisubmarine *adj.* antisubmarino.
apeak *adv. adj.* a pique, embicado.
apnoea o apnea *n.* apnea.
apostle *n.* apóstol.
apparent *adj.* aparente. | **apparent wind** viento aparente.
appendage *n.* apéndice.
apply *vt.* aplicar.
approach *n.* acceso. | **approach channel** *vt.* acercarse, aproximarse. | **approach the land** canal de acceso, recalar.
approximate *adj.* aproximado.
apron *n.* contrarroda, contrabranque, albitana.
aqualung *n.* escafandra autónoma.
aquaplane *n.* acuaplano.
aquatic *adj.* acuático.
arbitration *n.* arbitraje.
arching *n.* arqueo.
archipelago *n.* archipiélago.
arctic *adj.* ártico. | **Arctic circle** Círculo Polar Ártico. | **arctic air** aire ártico.
ardent *adj.* ardiente.
area *n.* área.
Aries *n.* Aries.
arm *n.* brazo. | **arm of the sea** brazo de mar. | **anchor arm** brazo del ancla.
armament *n.* armamento.
armature *n.* inducido.
armour o armor *n.* blindaje. | *vt.* blindar.
arrival *n.* arribada, llegada, arribo.
arrive *vi.* arribar, llegar.
article *n.* artículo. | **articles of war** código militar.
artificial *adj.* artificial. | **artificial horizon** horizonte artificial.
ascensión *n.* ascensión. | **oblique ascension** ascensión oblicua. | **right ascension** ascensión recta.
ashore *adv.* a tierra, en tierra. | **to go ashore** desembarcar. | **to step ashore** desembarcar.
aspect *n.* aspecto. | **aspect ratio** relación de aspecto.
asphyxia *n.* asfixia.
assist *vt./vi.* asistir, ayudar.
assistance *n.* ayuda, auxilio.
astern *adv.* a popa, de popa, por popa.
asteroid *n.* asteroide.
astrolabe *n.* astrolabio.
astronomy *n.* astronomía.
asymmetrical o asymmetric *adj.* asimétrico.

athwart *adv.* a través, de través.
athwartship *adv.* de babor a estribor, de banda a banda.
atmosphere *n.* atmósfera.
atmospheric *adj.* atmosférico. | **atmospheric pressure** presión atmosférica.
atoll *n.* atolón.
atrip *adj.* libre del fondo (el ancla).
attempt *n.* intento, tentativa. | *vt.* intentar.
attention *n.* atención.
attraction *n.* atracción. | **lunar attraction** atracción lunar. | **sun's attraction** atracción solar.
auster *n.* viento sur.
authority *n.* autoridad.
autonomy *n.* autonomía.
autopilot *n.* piloto automático.
autorighting *adj.* autoadrizante.
auxiliary *adj.* auxiliar. | **auxiliary halyard** contradriza.
avast! orden de parar o dejar de hacer lo que se está haciendo.
average *n.* media, término medio, promedio, avería. | *vi.* ser por término medio, hacer por término medio. | **general average** avería gruesa. | **particular average** avería particular. | **petty average** avería menor.
avoid *vt.* evitar, salvarse de.
awash *adj./adv.* inundado, a flor de agua.
aweigh *adj.* libre del fondo (el ancla).
awning *n.* toldilla, toldo.
axis *n.* eje.
axle *n.* eje (giratorio).
aye *adv.* siempre. | **aye sir!** ¡sí, señor!
azimuth *n.* acimut, azimut.
azimuthal compass *n.* aguja azimutal.

B

baboon watch *n.* marinero que se queda de guardia a vigilar el barco cuando los demás libran.

baby stay *n.* estay secundario que proporciona estabilidad longitudinal al mástil y sirve para aplanar la mayor (en español se usa el término inglés).

back *adj.* atrás, trasero, posterior. | *adv.* atrás, hacia atrás. | *vt.* cambiar (el viento), retroceder (el viento), girar (en el sentido de las borrascas). | *vi.* retroceder. | **back and fill** al pairo. | **back the sail** acuartelar. | **back splice** pata de conejo (nudo). | **back the oars** ciar. | **backwater** contracorriente.

backspring *n.* esprín de popa.

backstaff *n.* ballestilla.

backstay *n.* estay de popa.

backward *adv.* atrás, hacia atrás. | **backward movement, backward motion** marcha atrás.

backwash *n.* remolino de agua, agua de rechazo, corriente de expulsión.

backwater *n.* remanso.

backwind *n.* desvente. | *vt.* desventar.

bad *adj.* malo. | **bad air** cono de desvente. | **bad weather** mal tiempo.

baffling *adj.* desconcertante. | **baffling wind** viento variable.

bag *n.* bolsa, saco.

baggywrinkle *n.* protecciones para las velas.

bagreef *n.* primer rizo.

bail out *vt.* achicar.

bailer *n.* achicador. | bomba de achique.

balance *n.* equilibrio, distribución de fuerza. | *vt.* equilibrar, compensar. | **balance frames** cuadernas de cuadratura. | **balance-reef** antagalla.

balanced *adj.* compensado, equilibrado. | **balanced rudder** timón compensado.

balcony *n.* balcón, galería.

bale *n.* fardo. | *vt.* achicar. | **bale out** *vt.* achicar.

ballast *n.* lastre, empuje. | *vt.* lastrar. | **ballast tank** tanque de lastre.

ball-bearing *n.* cojinete de bolas, rodamiento de bolas.

balloon jib *n.* foque balón.

band *n.* banda, frecuencia, faja, tira, cinta.

bandage *n.* venda, vendaje.

bank *n.* banco, restinga, ribera.

bar *n.* barra (de arena), alfaque. | **bar taut** tensión límite. | **bar hole** bocabarra. | **bar stringer** palmejar.

barber hauler *n.* aparejo sencillo para variar el ángulo de cazado de una vela de proa.

bare *adj.* desnudo, descubierto, desprovisto. | **bare boat charter** chárter sin tripulación. | **bare pole** a palo seco.

barge *n.* barcaza, lancha a remolque, gabarra, falúa, *vt.* transportar en barcaza.

bargee *n.* patrón de falúa, patrón de barcaza, barquero.

bargeman (*véase* bargee.)

bargepole *n.* pértiga.

bark (*véase* barque.)

barnacle *n.* percebe, lapa.

barograph *n.* barógrafo.

barometer *n.* barómetro.

barometric *adj.* barométrico. | **barometric pressure** presión barométrica.

barque *n.* barca, bergantín, corbeta.

barquentine o barquantine *n.* bergantín goleta.

barratry *n.* baratería.

barrel *n.* barril.

base *n.* base, basar. | *vt.* fundar.

basin *n.* cuenca, dársena.

bath *n.* baño. | *vt.* bañar. | *vi.* tomar un baño. | **bath ladder** escalera de baño.

bathyscaphe or bathyscaph or bathyscape *n.* batiscafo.

bathysphere *n.* batisfera.

batten *n.* vareta, sable, listón. | *vt.* listonar, reforzar con listones. | **batten down (the hatches)** atrancar las escotillas. | **batten pocket** bolsa de sable. | **batten cleat** galápago de la escotilla.

battering *n.* cañoneo. | **battering ram** ariete.

battery *n.* batería, pila.

battleship *n.* acorazado.

bay *n.* bahía.

be *v.* ser, estar. | **be aground** estar embarrancado, estar encallado, estar varado. | **be anchored (be at anchor)** estar fondeado, estar en franquía. | **be in the clear** ceñir. | **be headed** hacer popa. | **be lifted** ir caído, ir arribado. | **be lying to** estar al pairo. | **be shipwrecked** zozobrar. | **be worm-eaten** abromarse. | **be in command** estar al mando.

beach *n.* playa. | *vt.* varar, embarrancar, encallar.

beachcomb *vi.* raquear.

beachcomber *n.* raquero, ola.

beacon *n.* baliza, fanal, faro. | *vt.* balizar, abalizar.

beak *n.* espolón, rostro. | **beak of land** promontorio.

beakhead *n.* espolón.

beam *n.* bao, haz, manga. | *vt.* emitir (luz, señal). | **beam of waterline** manga de flotación. | **beam reach** navegación de través. | **beam sea** mar de través. | **beam wind** viento de través. | **beam-ends** cabezas de los baos. | **on her beam-ends** muy escorado. | **beam bracket, beam frame** brusca del bao. curvatón del bao. | **beam head** cabeza del bao. | **beam lever** balancín. | **on the beam** por el través.

beamy *adj.* ancho, mangudo.

bear *vt.* llevar. | *vi.* girar, demorar, arrumbar. | **bear away** caer, abatir. | **bear off** arribar, **bear down** desatracar. | **Great Bear** Osa Mayor. | **Little Bear** Osa Menor.

bearing *n.* demora, rumbo, rodamiento, cojinete, chumacera. | **relative bearing** marcación. | **true bearing** demora.

beat *vt.* voltejear, dar bordadas, virar. | **beat on** batir. | **beat to windward** dar bordadas barloventeando. | **beat down** ceñir. | **beat about** virar por avante.

beating *n.* embate, virada.

becalm *vt.* detener por falta de viento, encalmar.

becket *n.* gaza, estrobo, eslinga.

bee *n.* gavieta. | **bee block** cachola. | **bowsprit bee** gavieta del bauprés.

beetle *n.* maza, mandarria, maza del martinete.

before *n.* a proa, delante, antes. | **before the wind** viento en popa, de popa.

behind *adv.* atrás, detrás.

belay *vt.* amarrar.

belaying *n.* amarradura. | **belaying cleat** cornamusa. | **belaying pin** cabilla.

bell *n.* campana. | **bell buoy** boya de campana. | **bell mouthed** abocardado. | **diving bell** campana de buceo. | **fog bell** campana de niebla.

belly *n.* seno, bolsa. | *vi.* hacer bolsa (una vela), llenarse de viento (una vela).

below *prep.* debajo, bajo. | *adv.* abajo.

belt *n.* correa, cinta, ceñidor.

bend *n.* gaza, curva, recodo, ciaboga. | *vt.* envergar, encorvar, doblar, torcer.

beneaped *adj.* varado en la bajamar.

bent *n.* tendencia, inclinación. | *adj.* curvado, torcido.

berg *n.* iceberg.

bermudian vela marconi, bermudiana.

berth *n.* amarradero, punto de atraque, lugar de fondeo, camarote, litera, resguardo. | *vt./vi.* atracar, amarrar, fondear. | **berth request** solicitud de embarque.

beset *adj.* bloqueado por el hielo.

best *adj.* mejor. | **best bower** ancla de estribor.
between *prep.* entre.
between-deck entrepuente.
bevel *n.* bisel, chaflán. | *vt.* biselar.
bibb *n.* cachola.
big *adj.* gran, grande, de gran eslora.
big-boy *n.* vela de sotabalón.
big-end *n.* cabeza de biela.
bight *n.* ensenada, cala, gaza, seno.
bilboe *n.* cepo de castigo.
bilge *n.* sentina, pantoque. | **bilge water** agua de sentina, agua de pantoque. | **bilge keel** quilla de balance. | **bilge pump** bomba de sentina. | **bilge strum** alcachofa de sentina. | **bilge block** picadero.
bill *n.* pico de loro (del ancla). | **bill of health** patente de sanidad. | **bill of lading** conocimiento de embarque. | **bill board** apeadero del ancla.
billow *n.* oleada.
bind *vt.* ceñir, atar.
binnacle *n.* bitácora.
binocular *adj.* binocular, gemelos. | **binoculars** *mpl.* prismáticos, binoculares.
bird's nest *n.* cofa.
bisector *n.* bisectriz.
bit *n.* broca.
bite *vt.* agarrar, morder.
bitt *n.* bita, noray, barraganete.
bitter *n.* bitadura, vuelta de abitón. | **bitter end** parte del cable desde la bitadura al chicote.
black *adj.* negro. | **black cargo** mercancía peligrosa. | **black gang** personal de máquinas. | **black water** aguas negras. | **black balls** bolas de señal de fondeo o sin gobierno. | **black squall** chubasco seco. | **black down** embrear.
blackjack *n.* bandera pirata.
blanket *vt.* desventar.
blast *n.* ráfaga, soplo, chorro.
bleed *vt.* sangrar, purgar.
blinker *n.* luz de destellos.
blip *n.* imagen de radar.
blizzard *n.* ventisca.
block *n.* motón, polea, corredera, patín. | *vt.* bloquear, cuadernal. | **block and tackle** motón y aparejo. | **block coefficient** coeficiente de afinamiento.
blockade *n.* bloqueo. | *vt.* bloquear.
blooper *n.* sotabalón.
blow *n.* soplo, borrasca de poca duración. | *vi.* soplar. | **blow off** descargar, purgar. | **blow out** cesar (la tormenta).
blower *n.* ventilador.
blowlamp, blowtorch *n.* soplete.
blue *adj.* azul. | **navy blue** azul marino. | **blue peter** bandera de salida. | **blue ensign** bandera de la reserva naval inglesa.
bluejacket *n.* marinero de la Armada británica o estadounidense.
bluewater *adj.* de altura, pelágico.
bluff *n.* risco, peñasco.

blustery *adj.* tempestuoso, de mucho viento.

board *n.* tabla, tablón, bordo, bordada, cuadro. | *vt.* embarcar, abordar, abarloar, virar de bordo, entarimar. | **on board** a bordo. | **to go on board** embarcarse, ir a bordo. | **board and board** abarloados.

boarding *n.* abordaje. | **boarding party** pelotón de abordaje, dotación de reconocimiento.

boat *n.* bote, lancha, embarcación, navío, buque, barca. | *vt.* barquear. | **boat-hook** bichero. | **boat length** eslora. | **boat pin** cabilla. | **boat race** regata. | **boat house** hangar.

boatbuilder *n.* constructor de barcos, astillero.

boatbuilding *n.* construcción de barcos.

boater *n.* canotié, canotier.

boatload *n.* barcada.

boatman *n.* botero, barquero.

boatswain *n.* contramaestre. | **boatswain's chair** guindola, balso.

boatyard *n.* astillero.

bobstay *n.* barbiquejo. | **bobstay piece** tajamar.

bodkin *n.* punzón.

body *n.* cuerpo, cadáver, caja, casco, bastidor, armazón. | **body plan** trazado de las cuadernas.

boiler *n.* caldera.

bollard *n.* noray, bolardo, amarradero. | **bollard timber** *n.* apóstol, guardabauprés.

bolster *n.* travesaño, almohada de cabeza de palo. | *vt.* reforzar.

bolt *n.* perno, tornillo. | **bolt ring** *vt.* atornillar, empernar, cáncamo.

bolter *n.* palangre. | *vt.* pescar con palangre.

boltrope *n.* relinga.

bonded *adj.* en la aduana. | **bonded goods** mercancías en depósito de Aduanas. | **bonded warehouse** almacén aduanero.

bone *n.* espina.

bonnet *n.* boneta.

booby hatch *n.* tambucho, escotilla.

book *n.* libro. | *vt.* registrar, reservar. | **log book** cuaderno de bitácora. | **chart book** derrotero.

boom *n.* botalón, botavara | **boom crotch, boom crutch** horquilla de puntal. | **boom iron** zuncho de botalón. | **boom preventer** retenida. | **boom vang** contra.

boomkin *n.* serviola.

boot stripe, boot top *n.* traca de flotación, línea de flotación.

booty *n.* botín.

border *n.* ribete, revestimiento.

bore *n.* ola de marea, diámetro interior. | *vt.* perforar, taladrar.

boss *n.* núcleo, chapitel, tapacete, cubo de la hélice.

bosun *n.* contramaestre. | **bosun's chair** guindola. | **bosun's locker** pañol de cabos.

bottle *n.* botella, frasco. | **bottle-screw** tensor.

bottom *n.* fondo, obra viva, carena. | *adv.* más bajo, inferior. | **bottom-end** cabeza de biela. | **bottom-end bearing** cojinete de biela. | **bottom plank** traca de aparadura. | **bottom log** corredera de fondo.

bottomry *n.* a la gruesa. | **bottomry bond** contrato a la gruesa. | **bottom loan** préstamo a riesgo marítimo, dar en prenda (un barco), hipotecar.

bound *n.* límite. | **to be bound for** navegar con rumbo a, dirigirse a.

boundary *n.* límite, lindero, frontera.

bow *n.* amura, proa, arco, abrazadera. | **bow & beam bearing** demora de amura y través. | **bow breast** través de proa. | **bow fast, bow line** amarra, de proa. | **bow thruster** largo de proa, hélice de proa.

bower *n.* ancla de leva, ancla de proa.

bowl *n.* mortero (de la aguja).

bowline *n.* bolina. | **bowline hitch** as de guía.

bowman *n.* marinero proel de un bote, bowse. | *vt.* halar, zallar.

bowsprit *n.* bauprés. | **bowsprit horse** guardamancebos de bauprés. | **bowsprit shroud** mostacho.

box *n.* caja, caja de cambios, caja de empalmes, caja de fusibles, caja de herramientas, estuche de pesca. | **box off** abroquelar. | **box the compass** cuartear la rosa. | **box haul** virar por redondo.

boxing-off *n.* broquel.

brace *n.* braza, abrazadera, apoyo, berbiquí. | *vt.* asegurar, reforzar, bracear. | **brace to** poner al pairo. | **brace up** descargar.

bracing *n.* braceo.

bracket *n.* soporte, abrazadera.

brackish *adj.* salobre.

braid *n.* galón. | *vt.* acalabrotar.

brail *n.* candaliza, candeleta, cargadera, apagapenol. | *vt.* cargar (las velas).

brake *n.* freno. | *vt.* frenar.

brash *n.* pedazos de hielo pequeños.

brass *n.* latón, cojinete.

breach *n.* abertura, brecha, infracción. | *vt.* romper (las olas).

breadth *n.* manga, anchura.

break *n.* saltillo de cubierta, ruptura. | *vt.* romper, interrumpir, cambiar (el tiempo). | **break contact** abrir un circuito. | **break corners** achaflanar. | **break deck** cubierta elevada. | **break ground** zarpar el ancla. | **break out** desaferrar, desestibar. | **break sheer** bornear sin mantener la alineación con el fondeo. | **break up** desguazar.

breaker *n.* ola rompiente, golpe de mar, cachón.

breaking *adj.* rotura, rompimiento. | **breaking-up** desguace. | **breaking-poing** punto de ruptura, carga de rotura. | **breaking strength** resistencia a la rotura.

breakwater *n.* escollera, espigón, rompeolas.
bream *n.* besugo. | *vt.* flamear la pintura para rascarla.
breast *n.* costado, través. | *vt.* arrostrar (las olas). | *vi.* atravesarse a la mar. | **breast of** desatracar paralelo al muelle. | **breast hook, breasthook** buzarda, bulárcama, **breast line** línea de frente. | **breast fast** través (amarra).
breastwork *n.* propao.
breech *n.* recámara, culata.
breeches buoy *n.* canasta salvavidas.
breeching *n.* braga, eslinga.
breeze *n.* brisa, ventolina.
bridge *n.* puente, puente de mando.
bridle *n.* poa.
brig *n.* bergantín.
brigantine *n.* bergantín goleta.
bright *adj.* claro. | **bright weather** tiempo claro.
brigsail *n.* cangreja.
bring *vt.* traer. | **bring alongside** atracar, abarloar. | **bring afloat** desencallar, reflotar. | **bring out an anchor** tender un ancla. | **bring round** pairear. | **bring up** fondear.
brisk *adj.* vigoroso, activo. | **brisk wind** frescachón.
broach *vi.* atravesarse. | **broach to** orzar.
broadcast *n.* emisión. | *vt.* transmitir, radiar.
broadseam *n.* costura en pinza de la vela.
broadside *n.* andanada, través, flanco, costado. | *adv.* de través.
broker n. agente marítimo. | **broker´s order** permiso de embarque.
bronze *n.* bronce.
brow *n.* plancha, pasarela.
brush *n.* escobilla, cepillo, brocha.
buccaneer *n.* bucanero.
bucentaurus *n.* bucentauro.
bucket *n.* balde, émbolo.
buckle *vt.* combar, curvar.
buff *vt.* pulir, bruñir.
buffer *n.* amortiguador.
build *vt.* construir. | **build-up** ensamblar.
bulb *n.* bulbo, bombilla, ampolleta. | **bulb keel** quilla de bulbo.
bulge *vi.* combar, hacer agua.
bulkhead *n.* mamparo.
bull *n.* toro. | **bull's eye** ojo de buey, guardacabo de madera. | **bull's eye of storm** ojo de ciclón.
bulletin *n.* boletín.
bulwark *n.* amurada, batayola, empavesada. | **bulwark stanchion** barragante.
bundle *n.* abarrote.
bunk *n.* litera.
bunker *n.* pañol del carbón, carbonera, búnker. | *vt.* abastecer de combustible, proveer de carbón.
bunt bolsa (de la vela), seno (de la vela).

buntline *n.* briol, apagapenol. | **buntline cloth** refuerzo (de una vela).

buoy *n.* boya. | *vt.* aboyar, señalar con boyas, balizar. | **buoy up** mantener a flote. | **buoy rope** orinque. | **mooring buoy** boya de amarre. | **life buoy** boya de salvamento, salvavidas.

buoyage *n.* balizamiento.

buoyancy *n.* flotabilidad.

buoying balizamiento.

burden *n.* arqueo, carga. | *vt.* cargar.

burgee *n.* bandera del armador, gallardete.

burst *n.* estallido, explosión, reventón. | *vi.* estallar, explosionar, reventar.

burton *n.* polipasto, polispasto.

bury *vt.* enterrar, clavar (el ancla).

bush *n.* cojinete. | *vt.* guarnir.

buss *n.* pesquero de arenques.

buttock *n.* cucharro, llenos de popa.

buzzer *n.* timbre.

by *prep.* por. | **by stress of weather** por capa forzada. | **by the head** aproado. | **by the log** por estima. | **by the stern** apopado. | **by the wind** con el viento de bolina.

bye-law, by-law *n.* reglamento local.

C

cabin *n.* cabina, camarote. | **cabin boy** grumete.
cable *n.* cable, unidad de distancia náutica (1 cable = 1/10 milla náutica). | **cable core** alma. | **cable lifter** barbotén. | **cable holdfast** arraigado de amarra.
cablechain *n.* cadena.
caboose *n.* cocina, fogón.
cabotage *n.* cabotaje.
caisson *n.* cajón de suspensión, puerta de dique.
calculate *vt.* calcular.
calculation *n.* cálculo.
calculator *n.* calculadora.
calculus *n.* cálculo.
calendar *n.* calendario.
calibrate *vt.* calibrar.
calibration *n.* calibración.
call *n.* escala, recalada, llamada. | *vt.* llamar. | **call at** atracar. | **call sign** indicativo de llamada.
calliper *n.* calibrador.
calm *n.* calma, *vt.* calmar, *vi.* calmarse. | **dead calm** calma chicha. | **calm down** encalmar.
cam *n.* leva.
camber *n.* combadura, arco, flecha, brusca, arrufo, *vt.* combar, arquear, arrufar.
camshaft *n.* árbol de levas.
can *n.* lata, bidón.
canal *n.* canal.
candle, candela *n.* candela.
canoe *n.* canoa, piragua.
canoeing *n.* piragüismo.
cant *n.* inclinación, desvío. | *vi.* escorar. | **cant frame** cuaderna revirada.
canvas *n.* trapo, velamen, velas.
cap *n.* gorro, gorra, casquete, chapitel (del compás).
capacity *n.* capacidad. | **cubic capacity** capacidad cúbica.
cape *n.* cabo, sombrerete. | **Cape Horn** Cabo de Hornos. | **Cape of Good Hope** Cabo de Buena Esperanza.
cappanus *n.* broma.
capsize *vt.* hacer zozobrar, tumbar, volcar. | *vi.* zozobrar.
capasizing vuelco.
capstan *n.* cabrestante.
captain *n.* capitán. | *vt.* capitanear, ser el capitán de.

captaincy *n.* capitanía.
carack, carrack *n.* carraca.
caravel, carvel *n.* carabela.
carbide *n.* carburo.
carbon *n.* carbono. | **carbon fiber** fibra de carbono. | **carbon steel** acero al carbono.
carburation *n.* carburación.
carburettor, caburetor *n.* carburador.
careen *n.* carena, carenadura. | *vt.* inclinar, volcar, carenar, dar en banda, escorar.
cargo *n.* carga, cargamento, flete. | **cargo boat, cargo ship** carguero, barco de carga. | **cargo vessel** buque mercante. | **cargo tank** cisterna de carga. | **cargo hatch** escotilla de carga. | **cargo hold** bodega de carga. | **cargo plan** plano de estiba.
carling *n.* mallete, entremiche, carlinga.
carpenter *n.* carpintero. | **carpenter's brace** berbiquí.
carpentry *n.* carpintería.
carronade *n.* carronada.
carry *vt.* transportar, llevar, portar, **carry out** llevar a cabo, realizar. | **carry away** rendirse.
carrying *adj.* porteador. | **carrying vessel** buque porteador. | **carrying capacity** capacidad de carga.
cartography *n.* cartografía.
cartridge *n.* cartucho.
cask *n.* tonel, cuba, bocoy, barril.
Cassiopeia Casiopea.
cast molde, fundición. | *vt.* echar, lanzar, largar, moldear, fundir. | **cast off** soltar las amarras, desamarrar. | **cast anchor** fondear. | **cast away** naufragar.
castle *n.* castillo.
casualty *n.* accidente, siniestro, víctima, baja.
cat *n.* gata. | **cat beam** bao del frontón de proa. | **cat block** cuadernal de gata. | **cat hook** gancho del cuadernal de gata. | **cat davit** pescante de gata.
catamaran *n.* catamarán.
catch *n.* captura, ataque. | *vt.* agarrar, coger, enganchar.
catenary *n.* catenaria.
cathead *n.* serviola, pescante de gata.
cathode *n.* cátodo.
cathole *n.* gatera.
catwalk *n.* puente volante.
caulk *vt.* calafatear.
caulker *n.* calafate.
caulking *n.* calafateo.
caution *n.* cautela, prudencia.
cavitation *n.* cavitación.
cay *n.* cayo.
ceiling *n.* techo. | **ceiling stringer** palmejar.
celestial *adj.* celeste. | **celestial body** cuerpo celeste. | **celestial horizon** horizonte celeste. | **celestial sphere** esfera celeste. | **celestial navigation** navegación astronómica.
centesimal *adj.* centesimal.

center, centre *n.* centro. | *vt.* centrar. | **center-board** orza de deriva, orza de quilla. | **centre of buoyancy** centro de flotabilidad. centro de carena. | **centre of flotation** centro de flotación. | **centre of gravity** centro de gravedad. | **centre of push, centre of drive** centro de empuje. | **centre pin** pivote. | **centre line** línea de crujía. | **centre girder** quilla vertical. | **centre keel** quilla central. | **centre keelson** sobrequilla.

centerboard, centreboard *n.* orza. | **centerboard box** caja de orza.

central *adj.* central.

centrifugal *adj.* centrífugo. | **centrifugal force** fuerza centrífuga. | **centrifugal action** acción centrífuga.

chafe *n.* desgaste. | *vt.* rozar, desgastar.

chain *n.* cadena. | *vt.* encadenar. | **chain cables** cadenas. | **chain plate** cadenote. | **chain pipe** gatera. | **anchor chain** cadena del ancla.

change *n.* cambio, modificación. | *vt.* cambiar, modificar. | **change tacks** virar.

changing *adj.* cambiante, variable, mudable. | **changing tide** marea cambiante. | **changing of the guard** relevo de la guardia. | **changing wind** viento variable.

channel *n.* canal, cauce, perfil acanalado. | **English Channel** Canal de la Mancha. | **channel buoy** boya de canal.

chart *n.* carta de navegación. | **chart table** mesa de derrota, mesa de cartas. | **chart room** cuarto de derrota, cuarto de cartas.

charter *n.* alquiler, fletamento, flete. | *vt.* alquilar, fletar.

chartplotter *n.* trazador de cartas.

check *n.* retenida. | *vt.* comprobar. **check stay** burda baja.

chock *n.* calzo, cuña.

chop *n.* chapoteo.

choral *n.* coral.

chord *n.* fibra, solera, cuerda.

chronometer *n.* cronómetro. | **chronometer error** estado absoluto del cronómetro.

chuck *n.* mandril.

chuffing, chugging *n.* combustión irregular.

chute *n.* salto de agua, rampa, chupón, aspirador, vertedor.

circle *n.* círculo. | **azimuth circle** círculo acimutal. | **great circle** círculo máximo. | **Arctic circle** círculo polar ártico. | **Antarctic circle** círculo polar antártico.

circuit *n.* circuito. | **starting circuit** circuito de arranque. | **cooling circuit** circuito de refrigeración. | **circuit breaker** disyuntor. | **circuit changer** conmutador.

circular *adj.* circular. | **circular sailing** navegación por el círculo máximo.

circumference *n.* circunferencia.

circummeridian *adj.* circunmeridia-

no. | **circummeridian altitude** altura circunmeridiana.
circumnavigation *n.* circunnavegación.
cirrus *n.* cirro.
clamp *n.* motón, mordaza, empalme, durmiente, abrazadera. | *vt.* sujetar con abrazaderas.
clasp *n.* abrazadera, anillo, garfia. | *vt.* agarrar, sujetar.
class *n.* clase. | *vt.* clasificar. | **class signal** bandera de clase.
classification *n.* clasificación.
clay *n.* arcilla. | **clay mud** lama.
clear *adj.* claro, despejado. | *vt.* aclarar. | **clear astern** libre a popa. | **clear ahead** libre a proa. | **to be in the clear** ceñir.
clearance *n.* holgura, despacho de aduana.
clearing *n.* claro. | **clearing for action** zafarrancho.
cleat *n.* galápago, cornamusa, abrazadera, listón. | **aladdin cleat** cornamusa de aladino.
clew puño de escota, anillo del puño de escota. | **clew up** cargar (una vela) | **clew-line** *n.* chafaldete.
cliff *n.* acantilado.
climate *n.* clima.
climatology *n.* climatología.
clinch *n.* entalingadura. | *vt.* entalingar.
clincher, clencher *n.* tingladillo. | **clincher building, clinker building** construcción de tingladillo.
clinometer *n.* clinómetro.
clip *n.* grapa.
clipper *n.* clíper.
clockwise *adv.* en el sentido de las manecillas del reloj, dextroso.
clog *n.* obstrucción. | *vt.* atorar, obstruir, trabar.
close *adv.* cerca. | *vt.* cerrar. | **close up** arrimar. | **close bending** curvatura de poco radio. | **close-hauled** de bolina.
closed *adj.* cerrado. | **closed-chock** cuña cerrada, gatera.
cloud *n.* nube. | *vi.* nublarse.
cloudy *adj.* nuboso.
clove-hitch *n.* ballestrinque, ballestilla.
club *n.* club. | **yacht club** club náutico.
clue *n.* puño de escota. | **clue-rope** relinga del puño.
clutch *n.* embrague.
coaming *n.* brazola.
coast *n.* costa, litoral. | **coast fishing** *vt.* costear, hacer cabotaje, bordear la costa, pesca de bajura.
coastal *adj.* costero. | **coastal traffic** costanero, de cabotaje, tráfico de cabotaje.
coaster *n.* barco de cabotaje, buque de cabotaje.
coastguard *n.* guardacostas. | **coastguard vessel** buque guardacostas.
coastline *n.* litoral, costa.
coat *n.* brea, capa, mano (de pintura). | *vt.* forrar, encapillar.

cock *n.* grifo, llave. | **pet cock** grifo de purga. | **sea cock** grifo de fondo.

cockbill *vt.* estar a la pendura.

cockboat *n.* bote, chinchorro.

cockpit *n.* bañera.

cockswain *n.* patrón de bote.

cod *n.* bacalao. | **cod fishing vessel** bacaladero.

code *n.* código. | **code signals** código de señales.

coefficient *n.* coeficiente. | **coefficient of dead weight** coeficiente de peso muerto. | **coefficient of fineness, block coefficient** coeficiente de afinamiento. | **coefficient of stability** coeficiente de estabilidad.

coffer *n.* coferdam, dique flotante.

cofferdam *n.* coferdam.

coil *n.* aduja, serpentín, bobina. | *vt.* adujar, bobinar, enrollar.

cold *adj.* frío. | **cold front** frente frío. | **cold wave** ola de frío. | **cold draw** trefilado en frío. | **cold bending** curvado en frío. | **cold strainghtening** enderezado en frío.

collar *n.* collar, corbata, collarín.

collection *n.* recogida, cobranza.

collide *vt.* abordar. | *vi.* chocar, colisionar.

collier *n.* barco carbonero.

collimator *n.* colimador.

collision *n.* colisión, abordaje. | **collision bulkhead** mamparo de colisión. | **collision regulations** reglamento de abordajes.

colure *n.* coluro.

comb *n.* peine. | **comb cleat** manigueta.

combustion *n.* combustión. | **combustion chamber** cámara de combustión.

comet *n.* cometa.

command *n.* comandancia, jefatura, mando. | *vt.* mandar, ordenar, comandar. | **be in command** estar al mando.

commercial *adj.* comercial.

commodore *n.* comodoro, brigadier.

communication *n.* comunicación.

commutator *n.* conmutador, colector.

companion *n.* carroza, tambucho, tapacete. | **companion lid** escalera de toldilla. | **companion way** bajada de una cubierta a otra. | **hatchway companion** carroza de escotilla.

company *n.* compañía. | **in company** en conserva.

compartment *n.* compartimento.

compass *n.* compás, brújula, aguja. | **compass card** rosa (de los vientos). | **compass bearing** rumbo, marcación. | **compass bridge** caseta del compás. | **compass deviation** desvío de la aguja. | **compass error** corrección total.

compensation *n.* compensación.

compensator *n.* compensador.

competition *n.* competición.

composite *n.* compuesto. | **composite build** construcción mixta.

compressed *adj.* comprimido. | **compressed air** aire comprimido.
compression *n.* compresión. | **compression pressure** presión de compresión. | **compression ratio** razón de compresión.
compressor *n.* mordaza, estopor, compresor.
computer *n.* ordenador.
condensation *n.* condensación.
condenser *n.* condensador.
conder *n.* serviola de un pesquero.
condition *n.* estado, condición.
conduct *n.* manejo.
conductor *n.* conductor. | **lightning conductor** pararrayos. | **conductor of heat** conductor de calor.
conduit *n.* acueducto, canalización, conducto.
cone *n.* cono.
conehead *n.* cabeza cónica.
confirmation *n.* confirmación.
connect *vt.* conectar, empalmar.
connecting *n.* connexion, transmission. | **connecting rod** biela.
conning-tower *n.* torreta (submarino), torre de mando (de un buque de guerra).
console *n.* consola.
constant *n.* constante. | *adj.* constante, continuo. | **constant bearing** demora constante. | **constant force** fuerza constante.
constellation *n.* constelación.
consumption *n.* consumo.
container *n.* contenedor. | **container ship** buque porta-contenedores.
continent *n.* continente.
continental *adj.* continental. | **continental rise** elevación continental. | **continental slope** declive continental.
contra *prep.* contra. | **contra propeller** contrahélice. | **contra-rotating propeller** hélice contrarrotante.
contraband *n.* contrabando.
contract *n.* contrato. | **c.i.f. contract (cost, insurance & freight)** contrato de coste, seguro y flete.
control *n.* control, inspección. | *vt.* controlar, inspeccionar, mandar. | **control lever** palanca de control. | **control room** sala de mando.
controller *n.* controlador, estopor.
conversion *n.* conversión.
convert *vt.* convertir, transformar.
converter *n.* convertidor.
conveyor *n.* transportador.
convoy *n.* convoy.
cool *n./adj.* fresco. | *vt.* refrigerar.
coolant *n.* refrigerante, líquido refrigerante.
cooler *n.* enfriador.
cooling *n.* refrigeración. | **cooling pump** bomba de refrigeración. | **cooling system** sistema de refrigeración. | **cooling pipe** tubo refrigerante.
coordinate *n.* coordenada.
copilot *n.* copiloto.
copper *n.* cobre. | *vt.* forrar en cobre.

coral *n.* coral. | **coral reef** barrera de coral.
cordage *n.* jarcia, cordaje.
core *n.* alma (de un cable), núcleo.
Coriolis effect *n.* efecto de Coriolis.
cork *n.* corcho.
cormorant *n.* cormorán.
corner *n.* esquina, puño (de una vela).
cornet *n.* corneta, gallardetón.
corrected time tiempo compensado.
correction *n.* corrección, rectificación.
corrode *vt.* corroer.
corrosion *n.* corrosión. | **corrosion resisting** resistente a la corrosión. | **corrosion test** ensayo de corrosión.
corrugate *vt.* corrugar.
corrugated *adj.* corrugado.
corsair *n.* corsario.
corvette *n.* corbeta.
cosine *n.* coseno.
cosmic *adj.* cósmico.
cosmology *n.* cosmología.
cotter *n.* chaveta, pasador.
counter *n.* bovedilla, contador.
counterclockwise *adv.* en sentido opuesto a las agujas del reloj, sinistrórsum.
countersunk *vt.* fresar.
counterweigh *vt.* contrapesar, compensar.
counterweight *n.* contrapeso.
couple *n.* par, pareja. | *vt.* acoplar.
coupling *n.* acoplamiento, conexión. | **coupling bolt** perno de acoplamiento. | **coupling nut** tuerca de acoplamiento.
course *n.* derrota, rumbo, ruta. | **course recorder** derrotero, registro de rumbo, trazador de rumbos. | **true course** rumbo verdadero. | **proper course** rumbo debido. | **course area** área de regata.
courtesy flag *n.* bandera de cortesía.
cove *n.* ensenada, caleta.
cover *n.* cubierta, protección, funda. | *vt.* cubrir, proteger.
cowl *n.* sombrerete.
cox *n.* timonel. | *vt.* timonear.
coxswain *n.* timonel.
crab *n.* cangrejo, cabria.
crack *n.* fractura, grieta, hendidura.
cradle *n.* basada, cuna.
craft *n.* embarcación, navío, barco.
crane *n.* grúa, cabrestante. | **crane hook** gancho de grúa. | **deck crane** grúa de cubierta.
crank *n.* manivela, buque blando. | *vt.* arrancar.
crankcase *n.* carter, caja de cigüeñal.
crankshaft *n.* cigüeñal, árbol del cigüeñal.
creek *n.* ría, caleta.
crest *n.* cresta.

crew *n.* tripulación. | **crew's quarters** *vt.* tripular, alojamiento de la tripulación.

crewman *n.* tripulante.

crewmember *n.* miembro de la tripulación.

cringle *n.* garrucho.

cross *n.* cruz. | *vt.* cruzar, atravesar. | **cross jack** mesana. | **cross section** sección transversal, plano de gálibos.

crosshead *n.* cruceta. | **crosshead brass** cojinete de cruceta. | **crosshead guide** guía de cruceta.

crossing *n.* travesía. | **crossing vessel** barco que cruza por la proa.

crosstree *n.* cruceta, bao.

crowbar *n.* palanca.

crown *n.* corona, cumbre.

cruise *n.* crucero, viaje por mar. | *vi.* hacer un crucero, cruzar, navegar.

cruiser *n.* crucero. | **cruiser-racing boat** barco de crucero-regata.

cruising *n.* crucero. | *adj.* de crucero. | **cruising speed** velocidad de crucero.

crushing *n.* aplastamiento. | **crushing test** ensayo de aplastamiento.

crutch *n.* candelero.

cuddy *n.* camarote pequeño.

cumulonimbus *n.* cumulonimbo.

cumulus *n.* cúmulo.

Cunningham *n.* ollao de Cunningham, ollao de grátil.

curl *vt.* rizar, encrespar.

current *n.* corriente. | **current chart** carta de corrientes. | **current inverter** inversor de corriente. | **current log** corredera de corriente. | **submarine current** corriente submarina. | **surface current** corriente superficial. | **tidal current** corriente de marea.

cursor *n.* cursor.

cushion *n.* amortiguador.

customs *n.* aduana. | **customs house** aduana. | **customs clearance** despacho de aduana.

cut *n.* corte. | *vt.* cortar, soltar, largar, picar.

cutlass *n.* alfanje, machete, chafarote.

cutter *n.* cúter, patrullero guardacostas.

cutwater *n.* tajamar.

cyclonal, cyclonic, cyclonical *adj.* ciclónico.

cyclone *n.* ciclón.

cylinder *n.* cilindro. | **cylinder block** bloque de cilindros. | **cylinder bore** diámetro del cilindro.

D

dagger *n.* tornapunta. | **dagger board** tornapunta, contrete.

dam *n.* dique, presa.

damage *n.* daño, avería.

damper *n.* amortiguador, registro.

dandy *n.* balandra.

Danforth anchor *n.* ancla Danforth.

danger *n.* peligro.

dangerous *adj.* peligroso.

datum *n.* dato.

davit *n.* pescante, serviola, gaviete. | **davit collar** collarín del pescante. | **davit keeper** seguro des pescante.

day *n.* día. | **day's run** singladura. | **astronomical day** día astronómico. | **sideral day** día sidéreo.

dead *n.* muerto. | **dead works** obra muerta. | **dead ahead** a fil de roda. | **dead astern** a fil de popa. | **dead block** vigota ciega. | **dead calm** calma chicha. | **dead light** tapa ciega. | **dead reckoning** estima.

deadeye *n.* vigota.

deadweight *n.* peso muerto, carga máxima.

deballast *vt.* deslastrar.

deballasting *n.* deslastre.

debark *vt./vi.* desembarcar.

Decca *n.* sistema de navegación Decca. | **Decca navigator** navegador Decca, piloto Decca.

deck *n.* cubierta. | **deck beam** bao de cubierta. | **deck crane** grúa de cubierta. | **deck girder** eslora. | **deck light** lumbrera. | **deck planking** tablazón de cubierta. | **deck stringer** trancanil. | **deck dowels** tapín, cabillan. | **deck watch** puente de guardia. | **delow decks** en la bodega. | **between decks** entrepuente, entrecubierta. | **on deck** en cubierta. | **lower deck** cubierta inferior. | **upper deck** cubierta superior.

deckhand *n.* marinero de cubierta.

deckhouse *n.* camareta alta.

declination *n.* declinación. | **magnetic declination** declinación magnética. | **declination circle** círculo de ascensión recta.

decrease *n.* disminución. | *vt./vi.* disminuir, reducir.

deep *adj.* profundo. | **deep draught** calado máximo. | **deep floor** varenga alta. | **deep frame** cuaderna reforzada. | **deep waste** combés. | **deep-sea** alta mar. | **deep-sea fihing** pesca de altura. | **deep-sea ship** buque de alta mar. | **deep-sea leat** escandallo de profundidad.
deepwater *adj.* de alta mar, de altura.
degree *n.* grado, título | **degrees and diplomas** titulación.
deliver *vt.* entregar, proveer.
delivery *n.* entrega. | **delivery ship** buque proveedor.
delta *n.* delta.
demersion *n.* inmersión.
demurrage *n.* sobrestadía.
density *n.* densidad.
departure *n.* salida, diferencia de longitud contada desde el punto de partida.
depot *n.* depósito. | **depot ship** buque nodriza.
depression *n.* depresión.
depth *n.* profundidad, puntal. | **depth sounding** sonda. | **depth gauge** sonda. | **depth charge** carga de profundidad.
derelict *n.* derrelicto, pecio.
dereliction *n.* retirada.
derrick *n.* pluma de carga.
desalt *vt.* desalar.
design *n.* diseño, proyecto.| *vt.* diseñar, proyectar.
despatch, dispatch *n.* despacho. | **despatch vessel** aviso. | **despatch boat** aviso.
destination *n.* destinación, destino.
destroyer *n.* destructor.
detecting *adj.* detector. | **detecting heads** sensores.
detector *n.* detector.
deviation *n.* desvío, desviación. | **constant deviation** desvío constante. | **deviation of compass** desvío del compás. | **deviation table** tablilla de desvíos. | **heeling deviation** desvío de escora.
device *n.* aparato, dispositivo.
dew *n.* rocío.
dewater *vt.* desaguar.
diagonal *n.* diagonal.
dial *n.* cuadrante, dial. | **wind dial** anemómetro.
diameter *n.* diámetro.
die *n.* matriz, terraja.
dielectric *adj.* dieléctrico.
diesel *n.* diesel. | **diesel engine** motor diesel.
difference *n.* diferencia.
differential *n.* diferencial. | **differential switch** interruptor diferencial.
diffuser *n.* difusor. | **diffuser duct** tobera difusor.
dike, dyke *n.* dique, malecón, arroyo.
dimension *n.* dimensión.
dinghy *n.* bote, dingui, chinchorro, batel.
diode *n.* diodo.
dip *n.* calado, inmersión. | *vt.* su-

mergir, inclinar la bandera. | *vi.* sumergirse, calar. | **dip circle** aguja de inclinación. | **dip net** retel. | **dip the flag** saludar con la bandera.

dipsy *n.* escandallo de aguas profundas.

direct *adj.* directo. | *vi.* dirigir, apuntar. | **direct current** corriente continua.

direction *n.* dirección. | **direction finder (D.F.)** radiogoniómetro. | **direction heading** girocompás. | **direction of thrust** dirección de empuje.

directional *adj.* direccional. | **directional propeller** propulsor direccional.

disable *vt.* desaparejar, desmantelar.

disaster *n.* desastre, siniestro.

disburden *vt.* descargar.

discharge *n.* descarga, evacuación. | *vt.* descargar. | **discharge pipe** tubo de descarga, tubo de expulsión.

disconnect *vt.* desconectar, desembragar.

discontinue *vt.* suspender, interrumpir.

disembark *vt./vi.* desembarcar.

disembarkment, disembarkation *n.* desembarco, desembarque.

disembay *vt.* salir de la bahía.

disengage *vt.* desenganchar, desengranar, desembragar.

dismast *vt.* desarbolar, desmantelar.

dismasting *n.* desarboladura.

dispatch *n.* despacho. | *vt.* despachar. | **dispatch boat** aviso.

disperse *vt.* dispersar.

dispersion *n.* dispersión.

displace *vt.* desplazar.

displacement *n.* desplazamiento. | **load displacement** desplazamiento en carga. | **light displacement** desplazamiento en lastre.

display *n.* display.

displosion *n.* explosión.

disqualification *n.* descalificación.

disqualify *vt.* descalificar.

disrate *vt.* degradar.

distance *n.* distancia. | **distance recorder** corredera.

distant *adj.* distante. | **distant piece** pieza de extensión. | **distant signals** señales de larga distancia.

distiller *n.* destilador.

distilling *adj.* destilador. | **distilling plant** planta destiladora.

distinctive *adj.* distintivo. | **distinctive flag** bandera distintiva.

distortion *n.* distorsión.

distress *n.* peligro, apuro. | **distress signal** señal de socorro. | **distress call** llamada de socorro.

distribution *n.* distribución.

distributor *n.* distribuidor.

disturbance *n.* perturbación.

ditty bag *n.* bolsa, saco. | **ditty-box** *n.* caja pequeña utilizada por los marineros para guardar sus enseres personales.

diurnal *adj.* diurno. | **diurnal aberration** aberración diurna. | **diurnal arc** arco diurno. | **diurnal paralax** paralaje diurna. | **diurnal tide** marea diurna.

dive *n.* inmersión, sumersión. | *vi.* bucear, sumergirse, hacer inmersión.

diver *n.* buceador, buzo.

diversion *n.* desviación.

divert *vt.* desviar.

divide *n.* línea divisoria de las aguas. | *vt.* dividir.

divider *n.* compás de punta fija o seca.

diving *n.* buceo. | **diving suit** escafandra. | **diving bell** campana de buzo. | **diving planes** timones de profundidad.

dock *n.* dársena, muelle, dique, malecón. | *vt.* poner en dique, hacer entrar en dique. | *vi.* atracar al muelle, entrar en dique. | **dry dock** dique seco. | **floating dock** dique flotante. | **dock dues** tasas de muelle. | **loading dock** embarcadero. | **wet dock** dique de marea.

dockage *n.* muellaje, derechos por atracar.

docker, dockhand *n.* estibador, trabajador portuario.

docking *n.* atraque.

docklands *npl.* zona portuaria.

dockmaster *n.* jefe del muelle.

dockside *n.* muelle de carga.

dockyard *n.* astillero, arsenal.

dog *n.* gancho, garfio, grapón.

doghead *n.* mordaza.

dogshore *n.* retenida.

dogsleep *n.* cabeceo, arfada.

dogvane *n.* cataviento.

dogwatch *n.* guardia.

doldrums *npl.* zona de calmas, calmas ecuatoriales.

dolphin *n.* delfín, duque de alba. | **dolphin boom** moco del bauprés. | **dolphin striker** moco del bauprés.

donkey *n.* motor auxiliar, caldereta. | **donkey boiler** caldera auxiliar. | **donkey man** calderetero.

door *n.* puerta.

doppler sonar system *n.* sistema de navegación por sónar.

dory *n.* bote.

double *n./adj.* doble. | *vt.* doblar (un cabo). | **double-decker, two-decker** barco de dos cubiertas. | **double bottom** doble fondo. | **double ended boiler** caldera de dos frentes. | **double blackwall hitch** ahorcaperro doble. | **double luff** aparejo doble.

doubling *n.* embono, plancha de refuerzo.

Douglas scale *n.* escala Douglas.

douse, dowse *vt.* arriar, sumergir.

dovetail *n.* cola de milano, cola de pato.

dovetailing *vt.* empalmar a cola de milano, empalmar a cola de pato.

dowel *n.* clavija, llave. | *vt.* empernar, dado.

down *adv.* abajo. | **down valve** válvula de cierre.
downhaul *n.* cargadera, contra, candaliza.
downstream *adj.* a favor de la corriente.
downwind *adv.* a favor del viento, con el viento, a sotavento.
drabler *n.* boneta auxiliar.
draft *n.* calado, derrame (de una vela). | **draft marks** escala de calado. | **draft indicator** indicador de calado.
drag *n.* rastra, red barredera, resistencia al avance. | *vt.* arrastrar, dragar. | garrar, garrear.
dragger *n.* arrastrero.
dragging *n.* dragado.
dragnet *n.* brancada.
drain *n.* purga. | *vt.* sanear.
draught *n.* calado.
draw *vt.* calar, tener un calado de, cazar.
dredge *n.* draga, rastra. | *vt.* dragar, limpiar.
dredger *n.* draga.
dress *vt.* engalanar, empavesar.
drift *n.* impulso de la corriente, fuerza de la corriente, deriva, abatimiento, corriente oceánica. | *vi.* ir a la deriva, abatir. | **drift angle** ángulo de deriva. | **drift anchor** ancla flotante. | **current drift** deriva producida por la corriente. | **drift net** traína, red barredera.
drifter *n.* trainera.
drill *n.* taladro, perforadora, barrena. | *vt.* taladrar, perforar, barrenar.
drillship *n.* buque plataforma.
drive *vt.* empujar, clavar. | *vi.* derivar.
driver *n.* cangreja. | **driver boom** botavara.
drizzle *n.* llovizna. | *vi.* lloviznar.
drop *n.* caída, descenso. | *vi.* amainar (el viento), disminuir, caer. | *vt.* echar (el ancla). | **drop keel** quilla retráctil. | **drop forged** forjado a martinete. | **drop strake** traca perdida.
dross *n.* herrumbre, escoria.
drown *vt.* ahogar, anegar. | *vpr.* ahogarse.
drum *n.* bidón, tambor, colector.
drumhead *n.* sombrerete del cabrestante, cabeza del colector.
druxy *n.* madera podrida.
dry *adj.* seco. | **dry dock** varadero. dique seco.
duck *n.* pato, loneta. | *vi.* chapuzar, sumergir, zambullir.
duct *n.* conducto. | **duct keel** quilla de cajón.
dues *npl.* derechos y tasas.
dugout *n.* piragua.
dull *adj.* cubierto (el cielo).
dumb *adj.* sin propulsión. | **dumb barge** pontón.
dun *vt.* salar el pescado.
dunnage *n.* solera, estiba, entramado, tablazón de estiba.
dynamic *adj.* dinámico. | **dynamic stability** estabilidad dinámica.
dynamo *n.* dinamo. | **dynamo belt** correa de dinamo.

E

eager, eagre *n.* macareo, barra.
earing *n.* empuñidura.
Earth *n.* Tierra.
earthquake *n.* terremoto.
ease *vt.* amollar, aflojar.
east *n.* este, leste. | **east by north** este cuarta al nordeste. | **east by south** este cuarta al sudeste.
easterly *adj.* del este.
ebb *n.* reflujo, marea baja. | *vt.* bajar la marea, menguar. | **ebb tide** marea menguante. | **ebb and flood** flujo y reflujo.
eccentric *adj.* excéntrico.
echo *n.* eco. | **echo sounder** ecosonda.
eclipse *n.* eclipse.
eddy *n.* remolino, contracorriente.
edge *n.* borde, orilla.
edging *n.* vaina.
eduction *n.* emisión, descarga.
eel *n.* anguila.
effect *n.* efecto.
efficient *adj.* eficaz. | **efficient deck hand** certificado de capacidad marinera.
egress, egression *n.* salida, bocana.
ejector *n.* eyector. | **ejector pipe** tubo eyector.
elastic *adj.* elástico, flexible.
elasticity *n.* elasticidad.
elbow *n.* codo, recodo.
electric *adj.* eléctrico.
electricity *n.* electricidad.
electrode *n.* electrodo.
electromotor *n.* electromotor.
electronic *adj.* electrónico. | **electronic navigation** navegación electrónica. | **electronic governor** regulador electrónico.
ellipse *n.* elipse.
ellipsoid *n.* elipsoide. | *adj.* elipsoidal.
elongation *n.* elongación, alargamiento.
embank *n.* malecón. | *vt.* encauzar con diques, poner diques a.
embargo *n.* embargo.
embark *vt.* embarcar. | *vi.* embarcarse.
embarkment *n.* embarco.
embay *vt.* abrigar en una ensenada.
emblem *n.* emblema, símbolo.

embranchment *n.* brazo (de un río).
emerge *vi.* emerger, surgir.
emergency *n.* emergencia. | **emergency light** luz de emergencia.
empty *adj.* vacío. | *vt.* vaciar. | *vpr.* vaciarse.
end *n.* chicote, extremo, cabeza, proa. | **end connector** terminal.
endurance *n.* autonomía. | **endurance test** resistencia, prueba de resistencia.
engine *n.* motor, máquina. | **engine room** sala de motores. sala de máquinas. | **auxiliary engine** motor auxiliar. | **engine log** cuaderno de máquinas. | **main engine** motor principal.
engineer *n.* ingeniero, mecánico.
engineering *n.* ingeniería. | **marine engineering** ingeniería naval.
enlarge *vi.* alargarse (el viento).
enlist *vt.* alistar, enrolar. | *vi.* alistarse, enrolarse.
enrol *vt.* enrolar, alistar.
enrolment *n.* alistamiento, enrolamiento.
ensign *n.* pabellón, enseña, alférez.
entackle *vt.* aparejar de jarcia.
enter *vi.* entrar.
entry *n.* entrada, inscripción, registro.
environment *n.* medio ambiente.
epact *n.* epacta.
epicycle *n.* epiciclo.
epoxy *n.* epoxi.
equal *adj.* igual. | **equal altitudes** alturas correspondientes. | **equal displacement conditions** condiciones de igual desplazamiento.
equation *n.* ecuación. | **equation of time** ecuación de tiempo. | **equation of light** ecuación de la luz.
equator *n.* ecuador. | **magnetic equator** ecuador magnético.
equatorial *adj.* ecuatorial.
equinoctial *adj.* equinoccial. | **equinoctial year** año solar.
equinox *n.* equinoccio. | **autumnal equinox** equinoccio de otoño. | **hivernal equinox** equinoccio de primavera.
equip *vt.* equipar, armar, dotar.
erection *n.* montaje. | **erection shop** taller de montaje.
erode *vt.* erosionar, corroer.
erosion *n.* desgaste, erosión.
error *n.* error. | **error of chronometer** estado absoluto. | **error of compass** desvío de la aguja. | **heeling error** error de escora. | **quadrantal error** error cuadrantal. | **semicircular error** desvío semicircular.
escape *n.* escape. | **escape pipe** tubo de escape. | **escape hatch** escotilla de escape.
escort *n.* convoy, buque escolta. | *vt.* convoyar, escoltar.
escutcheon, scutcheon *n.* espejo de popa.
establish *vt.* establecer, determinar.

estimate *n.* estimación, cálculo aproximado. | *vt.* estimar, calcular aproximadamente.
estuary *n.* estuario.
evacuate *vt.* evacuar.
evaporate *vt.* evaporar. | *vi.* evaporarse.
evaporation *n.* evaporación.
evection *n.* evección.
even *adj.* igual, parejo | **even keel** calados parejos.
evening *n.* tarde, noche. | *adj.* vespertino, nocturno. | **evening star** lucero del alba, Venus.
event *n.* acaecimiento, acontecimiento.
examination *n.* registro, inspección.
exhaust valve *n.* escape, evacuación, gases de escape. | **exhaust pipe** tubo de escape. | **exhaust fans** extractores. | **exhaust turbine** turbina de escape. | **exhaust** válvula de escape.
exit *n.* salida. | **emergency exit** salida de emergencia.
expedition *n.* expedición. | **rescue expedition** expedición de salvamento.
explosion *n.* explosión.
explosive *adj.* explosivo.
export *n.* exportación. | *vt.* exportar. | **export duty** derechos de exportación. | **export license** licencia de exportación.
extinguisher *n.* extintor.
extractor *n.* extractor.
eye *n.* gaza, ojal. | **in the eye of the wind** contra el viento. | **eye plate** arraigado. | **eye of storm** ojo del huracán.
eyebolt *n.* cáncamo.
eyelet *n.* ollao, groera.

F

factor *n.* coeficiente, factor. | **stowage factor** coeficiente de estiba, factor de estiba. | **factor of safety** factor de seguridad.

facula *n.* fácula.

Fahrenheit scale *n.* escala Fahrenheit.

fail *vi.* caer (el viento).

failure *n.* falla.

fair *n./adj.* sereno, despejado, bueno, bonancible. | **fair tide** corriente favorable.

fairlead *n.* guía, galápago. | **fairlead block** pasteca, motón.

fairleader *n.* guía.

fairway *n.* canalizo.

fake *n.* aduja. | *vt./vi.* adujar.

fall *n.* reflujo, amante. | *vi.* caer. | **fall off** arribar, abatir. | **fall overboard** caer al agua, caer por la borda.

false *adj.* falso. | **false keel** zapata, quilla falsa. | **false tie** boza de ostaga.

faltboat *n.* bote plegable.

fan *n.* ventilador.

fancy line *n.* cargadera.

fantail *n.* coronamiento de popa.

fast *n.* amarra, ayuno. | *adj.* rápido, ligero, fijo, firme. | *adv.* rápidamente, deprisa. | **bow fast** amarra de proa. | **breast fast** amarra de costado. | **stern fast** amarra de popa.

fasten *vt.* amarrar, encapillar, trincar.

fathom *n.* braza. | **fathom line** sonda. | *vt.* sondar, sondear.

fathometer *n.* sondador acústico.

federation *n.* federación.

fee *n.* derecho, tasa, honorarios.

feed *n.* alimentación. | *vt.* alimentar. | **feed pump** bomba de alimentación. | **feed pipe** tubo de alimentación.

feeder *n.* alimentador.

feet *npl.* pies.

felucca *n.* falucho.

fend *vt.* poner defensas, proteger.

fender *n.* defensa.

ferrocement *n.* ferrocemento.

ferry *n.* transbordador, ferry, embracadero. | *vt.* transportar, cruzar (un río).

ferryboat *n.* transbordador.

ferryman *n.* barquero.

fetch *vt.* alcanzar. | *vi.* navegar.

| **fetch up** llegar. | **fetch away** desamarrarse.

fiberglass *n.* fibra de vidrio.

fid *n.* pasador (para separar los hilos del cabo), cuña del mastelero.

fiddle *n.* tabla de mal tiempo.

field *n.* campo. | **field of view** campo de visión. | **magnetic field** campo magnético.

figure eight knot *n.* lasca.

figurehead *n.* mascarón de proa, figurón de proa.

file *n.* lima.

fill *vt.* llenar, hinchar, cargar, portar.

filter *n.* filtro.

fin *n.* aleta.

fine *adj.* bonancible, fino. | *n.* multa, penalización.

fineness *n.* afinamiento.

finish terminar.

fiord *n.* fiordo.

fire *n.* fuego, incendio. | *vt.* encender, incendiar, disparar, lanzar. | **fire alarm** alarma de incendios. | **fire pump** bomba de incendio. | **fire fighting** contra incendios. | **fire hazard** riesgo de incendio. | **fire extinguisher** extintor.

fireboat *n.* brulote.

fireman *n.* bombero.

fireproof *adj.* incombustible.

fireroom *n.* sala de calderas.

firmament *n.* firmamento.

first *adj.* primero, original. | **first mate** primer oficial. | **first aid** primeros auxilios. | **first aid kit** botiquín.

fish *n.* pez, pescado. | *vt.* pescar. | **fish davit** pescante para pesca. | **fish spear** arpón. | **fish tackle** aparejo de pesca.

fisherman *n.* pescador.

fishery *n.* pesquería.

fishhook *n.* anzuelo.

fishing *adj.* pesquero. | **fishing boat** barco pesquero. | **fishing fleet** flota pesquera. | **fishing gear** aparejo de pesca. | **fishing ground** caladero. | **fishing vessel** buque de pesca. | **deap sea fishing** pesca de altura.

fit *vt.* ajustar, disponer. | **fit out** armar.

fitting *n.* equipo, accesorio.

fix *vt.* fijar, determinar, sujetar, reparar.

fixed *adj.* fijo. | **fixed light** luz fija. | **fixed block** motón fijo. | **fixed hook** gancho fijo. | **fixed pitch propeller** hélice de paso fijo.

fizgig *n.* arpón.

flag *n.* bandera. | *vi.* hacer señales con una bandera, señalar con banderitas. | **flag code** código de banderas. | **flag of convenience** bandera de conveniencia. | **courtesy flag** bandera de cortesía. | **flag officer** oficial superior de la marina.

flagpole *n.* asta de bandera.

flagship *n.* buque insignia.

flagstaff *n.* asta de bandera.

flake *n.* bastidor, chispa, escama.

flame *n.* llama. | **flame arrester** supresor de llama. | **flame screen** pantalla antillamas.

flan *vi.* relingar.
flange *n.* brida, collarín, pestaña.
flank *n.* flanco. | *vt.* flanquear.
flap *n.* faldón, aleta, sacudida, golpe, gualdrapazo. | *vt.* batir, sacudir, agitar. | *vi.* flamear, gualdrapear.
flare *n.* bengala, inclinación hacia fuera de la obra muerta.
flash *n.* destello (de luz).
flashing light *n.* luz de destellos. | **flashing lamp** lámpara de señales.
flat *adj.* liso, llano. | **flat-bottomed boat** batea.
flatten *vt.* acuartelar, alisar, allanar.
flaw *n.* racha, grieta.
fleet *n.* flota. | *vt.* tiramollar, tesar.
flemish *vt.* adujar. | **flemish down** adujar. | **flemish horse** marchapié.
Flinders bar *n.* barra Flinders.
float *n.* flotador. | *vi.* boyar, flotar. | **a float** *adv.* a flote.
floating *adj.* flotante. | **floating beacon** baliza flotante. | **floating line** línea de flotación.
flood *n.* inundación, pleamar, flujo. | *vt.* inundar, anegar.
flooding *n.* inundación.
floor *n.* fondo, pantoque, varenga. | **floor ceiling** forro interior del fondo. | **floor plate** plancha de varenga. | **transom floors** bovedilla.
floorboard *n.* enjaretado.
flotation *n.* flotación.
flotilla *n.* flotilla.
flotsam, flotage *n.* restos flotantes de un naufragio.
flow *n.* flujo, caudal, corriente. | **attached flow** flujo adherido. | **ebb and flow** flujo y reflujo.
flower of the winds *n.* rosa de los vientos.
flowmeter *n.* medidor de flujo.
flue *n.* conducto de gases.
fluke *n.* uña del ancla.
fluky *adj.* variable (el viento).
flush *adj.* nivelado, parejo, enrasado. | **flush deck** cubierta corrida.
flux *n.* caudal, flujo luminoso.
flying *adj.* volante. | **flying bridge** puente volante. | **flying jib** petifoque.
fog *n.* niebla. | **fog bank** banco de niebla. | **fog signals** señales de niebla. | **fog bell** campana de niebla.
foggy *adj.* abromado, calimoso.
foghorn *n.* bocina de niebla, sirena de niebla.
following *adj.* siguiente. | **following wind** viento en popa. | **following sea** mar de popa.
foot *n.* pie, pujamen.
footrope *n.* marchapié.
forced call arribo, atraque forzoso.
fore *adv.* de proa, a proa, en proa. | **fore and aft** de proa a popa. | **fore-and-aft sail** vela de cuchillo. | **fore-and-aft rigged** aparejado con velas de cuchillo. | **fore-and-aft trim** asiento. | **fore peak** pique de proa.

| **fore rake** lanzamiento de proa. | **fore sail** trinquete. | **fore topgallant sail** juanete de proa. | **fore topsail** velacho. | **fore foot** pie de roda. | **fore lower studding sail** rastrera. | **fore topmast studding sail** ala de velacho. | **fore topgallant studding sail** ala de juanete de proa. | **fore royal** sobrejuanete de proa. | **fore skysail** sosobre de mayor.

forecabin *n.* cabina de proa.

forecast *n.* pronóstico. | **weather forecast** previsión, previsión meteorológica.

forecastle *n.* castillo de proa.

foredeck *n.* antecubierta. | **foredeck hand** *n.* proel.

forefoot *n.* tajamar, pie de roda.

foreland *n.* cabo, promontorio.

foremast *n.* trinquete.

foresail *n.* trinquete.

forestaff *n.* ballestilla.

forestay, fore stay *n.* estay de proa, estay de trinquete.

foreyard *n.* verga de proa.

forward *adv.* de proa, delantero, hacia la proa, adelante, hacia delante, avante. | **forward spring** esprín de proa.

forwarding *n.* reenvío, expedición, tránsito.

fother *vt.* cegar una vía de agua.

foul *adj.* sucio, obstruido. | *vt.* enredar, atascar, encepar, cometer falta. | **foul ground** mal tenedero. | **foul tide** corriente contraria. | **foul anchor** encepado. | **foul propeller** ancla encepada.

fouling *n.* suciedad de la obra viva, obstrucción.

found *vt.* fundir, moldear.

foundation *n.* fundación, base, zapata.

founder *vpr.* irse a pique, hundirse.

foundry *n.* fundición.

fox *n.* rebenque.

fractional *adj.* fraccionario. | **fractional rig** aparejo fraccionado.

frame *n.* cuaderna, estructura, armazón, varenga, ligazón. | **frame spacing** clara de cuadernas. | **frame angle bar** angular de cuaderna.

framing *n.* armazón.

frap *vt.* atortorar.

free *adj.* libre, suelto, desocupado, gratuito, franco. | *vt.* desatar, desenredar, despejar. | **free port** puerto franco. | **free wind** viento largo.

freeboard *n.* francobordo. | **freeboard deck** cubierta de francobordo.

freeing *n.* achique, faluchera. | **freeing port** porta de desagüe.

freight *n.* carga, flete, mercancías. | *vt.* enviar por flete, fletar.

freighter *n.* buque de carga, nave de mercancías.

frequency *n.* frecuencia.

frequencymeter *n.* frecuencímetro.

fresh *adj.* fresco. | **fresh water** agua dulce.

freshen *vt.* filar, refrescar.
friction *n.* fricción, roce.
frigate *n.* fragata.
frogman *n.* hombre rana, submarinista.
from *adv.* de, desde.
front *n.* frente, parte delantera, delantero. | *adv.* anterior.
frost *n.* escarcha, helada.
froth *n.* espuma. | *vi.* cabrillear.
fuel *n.* combustible, carburante. | **fuel injector** inyector de combustible. | **fuel capacity** capacidad de combustible. | **fuel tank** tanque de combustible.
fulcrum *n.* fulcro.
full *adj.* lleno, completo. | **full and by** a todo trapo. | **full-rigged ship** fragata. | **full ahead** avante toda. | **full astern** atrás toda. | **full rudder** todo el timón. | **full load displacement** desplazamiento en carga.
function *n.* función, funcionar.
funnel *n.* chimenea.
furl *vt.* aferrar, recoger, empañicar.
furler *n.* enrollador.
further *adv.* más lejos, adicional.
fuse *n.* fusible.
futtock *n.* genol, ligazón. | **futtock shrouds** arraigadas. | **fut-tock hoop** zuncho de arraigadas. | **futtock plate** chapa de arraigadas.

G

gadget *n.* artilugio, dispositivo, aparato, accesorio.

gaff *n.* arpón, garfio, pico. | *vt.* arponear, enganchar. | **gaff sail** cangreja, aúrica. | **gaff rig** aparejo de cangreja. | **gaff topsail** escandalosa.

gage, gauge *n.* galga.

gain *n.* ganancia, aumento. | *vt.* ganar, aumentar.

gale *n.* vendaval, ventarrón, tormenta. | **gale warning** aviso de temporal.

galleass *n.* galeaza.

galleon *n.* galeón.

gallery *n.* galería. | **gallery deck** cubierta de galería.

galley *n.* cocina, galera, fogón. | **galley slave** galeote.

gallon *n.* galón.

galvanize *vt.* galvanizar. | **galvanized steel** acero galvanizado.

gammon *vt.* trincar.

gangboard *n.* plancha de costado.

gangplank *n.* plancha, portalón.

gangway *n.* portalón, pasamano.

gantry *n.* puente elevador. | **gantry crane** grúa de pórtico.

garbel *n.* aparadura.

garboard *n.* aparadura. | **garboard strake** traca de aparadura.

garland *n.* estrobo.

garnet *n.* aparejo de carga.

gas *n.* gas. | **gas leakage** fuga de gas. | **gas cutting** corte a soplete. | **gas detector** detector de gas. | **gas purge** purga de gas. | **gas welding** soldadura.

gasket *n.* junta, empaque.

gasoline *n.* gasolina.

gat *n.* canal.

gate *n.* compuerta, puerta de esclusa. | **gate valve** válvula de compuerta.

gaubline *n.* mostacho.

gauge, gage *n.* calado, calibre, indicador, manómetro. | *vt.* medir, calibrar, arquear. | **depth gauge** galga de profundidad. | **wind gauge** anemómetro.

gear *n.* aparejo, aparato, mecanismo, equipo, engranaje. | *vt.* aparejar, engranar. | **gear shift** palanca de cambios. | **gear-box** caja de velocidades, caja de engranajes. | **gear wheel** rueda dentada.

gearing *n.* engranaje.
gel coat *n.* resina de poliéster pigmentada.
general *adj.* general. | **general average** avería gruesa. | **general cargo** carga general. | **general alarm system** sistema de alarma general. | **general recall** llamada general.
generating *n.* generador. | **generating set** grupo electrógeno.
generator *n.* generador.
gennaker *n.* vela de balón amurada al bauprés (en español se usa el término inglés)
genoa, genoa jib *n.* génova.
gentle *adj.* galeno. | **gentle breeze** viento flojo.
geography *n.* geografía.
geoid *n.* geoide.
geometry *n.* geometría.
get *vt.* obtener, lograr. | *vi.* llegar. | **get stormy** aborrascarse. | **get stronger** arreciar (el viento). | **get aground** varar. | **get out** desembarcar.
gifgig *n.* chinchorro, yola.
gimbal *n.* cardán.
gin *n.* cabria, martinete.
gird *vt.* ceñir, rodear.
girder *n.* vagra.
girth *n.* cincha, contorno, perímetro.
girtline *n.* andarivel.
glacier *n.* glaciar.
gland *n.* prensaestopas.
glass *n.* barómetro.
Global Position System (GPS) *n.* situación por satélite.
globe *n.* globo terráqueo.
go *vi.* ir, acudir. | **go about** virar. | **go adrift** ir a la deriva. | **go ahead** ir adelante. | **go astern** ciar, marchar hacia atrás. | **go dead** ir en facha, ir paireando. | **go full speed** ir a toda velocidad. | **go yachting** ir en yate, tomar parte en una regata.
gobline, gobrope, gaubline *n.* mostacho.
gondola *n.* góndola.
gong *n.* gong.
gonio *n.* gonio.
goniometer *n.* goniómetro.
good *n.* bien, mercancía. | *adj.* bueno.
gooseneck *n.* pinzote, coz de la botavara.
governor *n.* regulador.
gradient *n.* gradiente. | **gradient wind** viento gradiente.
graduation *n.* graduación.
grain *n.* grano. | **grain cubic capacity** capacidad de carga a granel.
graphic *n.* gráfico.
grapnel *n.* rezón.
grapple *n.* arpeo. | *vt.* aferrar.
grappling *n.* abordaje. | **grappling iron** arpeo de abordaje.
grating *n.* enjaretado, emparrillado.
grave *vt.* carenar.
gravity *n.* gravedad.
grease *n.* grasa, lubricante.

greasing *n.* engrase.

great *adj.* grande, fuerte. | **great circle** círculo máximo. | **great circle course** derrota ortodrómica. | **great circle sailing** navegación ortodrómica.

Greenwich *n.* Greenwich. | **Greenwich meridian** meridiano de Greenwich. | **Greenwich Mean Time** (GMT) hora media de Greenwich.

griddle stand caballete.

gripe *n.* trinca.

grog *n.* grog.

grommet, grummet *n.* ollao, estrobo.

gross *adj.* bruto. | **gross tonnage** tonelaje bruto. | **gross deadweight** porte bruto. | **gross register tons (GRT)** toneladas de registro bruto.

ground *n.* fondo, suelo, tierra. | *vt.* varar. | *vi.* varar, encallar. | **ground hold** equipo de fondeo. | **ground swell** mar de fondo, resaca, marejada. | **ground tackle** equipo de anclas y cadenas.

groundage *n.* derechos de fondeo.

growler *n.* iceberg pequeño que se ha desprendido de uno mayor.

guard *n.* guarda, tope, guardia.

guardrail *n.* pasamano, barandilla.

gudgeon *n.* hembra del timón, gorrón, cuello del eje.

guide *n.* guía. | *vt.* guiar. | **guide block** guía de la cruceta. | **guide pulley** polea directriz.

guidon *n.* gallardete.

gulf *n.* golfo.

gunboat *n.* cañonero.

gundeck *n.* cubierta de cañones.

gunter rig aparejo guairo.

gunwale, gunnel *n.* borda, regala. | **gunwale's lid** tapa de regala. | **gunwale bar** trancanil.

gusset *n.* cartabón de unión. | **gusset plate** vagra de pantoque. | **gusset stay** estay en codo.

gust of wind *n.* racha, ráfaga.

guy *n.* osta, retenida, contra, obenque, braza.

gybe *n.* trasluchada. | *vi.* trasluchar.

gyratory *adj.* giratorio.

gyrocompass *n.* girocompás.

H

Hague Rules *n.* Reglas de La Haya.
hail *n.* granizo.
half *n. adj.* medio, mitad. | **half hitch** cote. | **half beam** falso bao, barrotín. | **half-mast high** a media asta, a media driza. | **half breath plan** plano de líneas de agua. | **half floor** genol.
hall *n.* llamada, grito, saludo. | *vt.* llamar, gritar, saludar.
halyard, halliard *n.* driza. | **throat halyard** driza de boca. | **foresail halyard** driza de foque. | **burgee halyard** driza de gallardete. | **peak halyard** driza de pico.
hammer *n.* martillo. | *vt.* martillar.
hammock *n.* coy.
hamper *n.* artículos necesarios pero que a veces entorpecen, obstaculizar. | *vt.* entorpecer. | **hampered vessel** buque estorbado.
hamping clamp *n.* galápago.
hand *n.* mano, tripulante. | **hand lead** escandallo. | **hand rail, handrail** pasamano, barandilla. | **hand-bearing compass** compás de marcaciones. | **all hands on deck!** ¡todos a cubierta! | **hand stearing gear** mecanismo de gobierno a mano.
handhole *n.* abertura de inspección.
handle *n.* mango, asa, palanca, manivela, manubrio. | *vt.* manejar, gobernar.
handy-billy *n.* aparejo pequeño, aparejillo.
hangar *n.* hangar.
hank *n.* arganeo, argolla, asa, anillo, madeja.
harbor, harbour *n.* puerto. | *vpr.* refugiarse en un puerto. | **harbor dues, harbor fees** derechos portuarios. | **harbormaster, harbor master** capitán de puerto. | **harbor mouth** bocana del puerto.
hard *adj.* duro. | **hard alee!** ¡orza todo! | **hard over** toda la caña.
harden in tr. tesar. | **harden up** *vt.* cazar a tope.
hardness *n.* dureza.
harness *n.* arnés.
harpings *npl.* vagras a proa o a popa del buque.
harpoon *n.* arpón. | *npl.* arponear.

harpooner *n.* arponero.
harsh *adj.* duro.
hasten *vt.* acelerar.
hatch, hatchway *n.* escotilla. | **hatch bar** barra de escotilla. | **hatch cover** tapa de escotilla. | **hatch batten** llantas de trincado. | **hatch beam** bao de escotilla. | **hatch coaming** brazola de escotilla. | **hatchway girder** eslora de escotilla.
hatchery *n.* vivero.
haul *vt.* tirar, arrastrar. | **haul on** halar. | **haul down** arriar, abatir, desguindar. | **haul in** cobrar. | **haul out** cazar, varar. | **haul taut** cazar, arridar.
hauling *n.* halaje, remolque.
have *vt.* tener.
haven *n.* puerto.
hawse *n.* escobén, escobén (el orificio). | **hawse hole** escobén. | **hawse pipe** bocina del escobén. | **hawse plug or block** tapón de escobén.
hawser *n.* calabrote, guindaleza.
hazard *n.* peligro, riesgo.
hazardous *adj.* peligroso, arriesgado.
haze *n.* calina, neblina. | *vi.* gastar novatadas.
head *n.* proa, puño de driza, tope. | *vi.* aproar, dirigir hacia, ir con rumbo a. | **head down** caer, arribar. | **head line** amarra de proa. | **head off** desviar, atajar. | **head sea** mar de proa. | **head to wind** proa al viento. | **head up** orzar.
header *n.* colector, cabezal. | **steam header** colector de vapor.
headfoil *n.* perfil de estay.
headland *n.* cabo, saliente.
headledge *n.* contrabrazola.
headlight *n.* luz del palo de proa.
headman *n.* contramaestre.
headsail *n.* vela de proa.
headstay *n.* estay de proa.
headway *n.* arrancada avante, salida avante.
headwind *n.* viento de proa, proa al viento.
health *n.* sanidad, salud. | **bill of health** patente de sanidad.
healthy *adj.* sano. | **healthy ship** buque sano.
heat heat exchanger *n.* calor, intercambiador de calor.
heave *n.* tirón, cabeceo. | *vt.* tirar de, tirar, lanzar, levantar, *vi.* halar, jalar, virar, cabecear, cazar. | **heave in** ponerse al pairo. | **heave to** levar. | **heave up** zarpar, caer.
heaving *n.* cabezada. | **heaving line** guía. | **heavy** *adj.* pesado. | **heavy air** viento fuerte. | **heavy roll** bandazo. | **heavy sea** mar gruesa, marejada. | **heavy weather** tiempo muy malo.
heel *n.* escora, talón, banda de buque, caja de un mástil. | *vi.* zozobrar, escorar. | **heel angle** ángulo de escora. | **hell over** desnivelar.
heeling *n.* bandazo. | **heeling arm** brazo de escora. | **heeling error** des-

vío de escora. | **heeling force** fuerza escorante.

height *n.* altura. | **height line** línea de arrufo.

helicopter *n.* helicóptero.

heliograph *n.* heliógrafo.

heliometer *n.* heliómetro.

helix *n.* hélice.

helm *n.* timón, caña del timón, rueda del timón. | *vt.* timonear, manejar el timón. | **helm port** limera.

helmsman *n.* timonel.

helmsperson *n.* timonel.

help *n.* ayuda, auxilio. | *vt.* ayudar, auxiliar.

hemisphere *n.* hemisferio.

hemp *n.* cáñamo. | **hemp rope** guindaleta.

high *adj.* alto. | **high pressure** alta presión. | **high seas** alta mar. | **high tide** marea alta, pleamar.

hike *vi.* hacer banda. | *vpr.* colgarse.

hiking stick *n.* extensión de la caña del timón.

hitch *n.* vuelta de cabo, nudo. | *vt.* atar, amarrar. | **timber hitch** vuelta de braza. | **clove hitch** ballestrinque. | **jug sling hitch** silla de bombero. | **buntline hitch** briol.

hobbyhorse *n.* cabeceo.

hogged *adj.* quebrantado.

hogging *n.* quebranto.

hogshead *n.* bocoy.

hoist *n.* izado. | *vt.* arbolar, izar, levantar.

hold *n.* bodega, cala. | *vt.* sujetar.

holding *n.* agarre. | **holding ground** fondo. | **holding power** poder de agarre. | **holding tank** tanque de retención de aguas residuales. | **holding down bolt** perno de fijación.

hole *n.* agujero, registro.

holiday *n.* dicho de la parte que se ha olvidado pintar.

hollow *adj.* hueco, alunamiento.

holystone *n.* piedra para fregar cubiertas.

homogeneous *adj.* homogéneo. | **homogeneous cargo** carga homogénea.

homologation *n.* homologación.

hood *n.* capota, tambucho, cubierta.

hook *n.* gancho, garfio, anzuelo, ancla (argot).

hoop *n.* aro, anillo, zuncho. | *vt.* enzunchar.

hooper *n.* tolva. | **hooper boat** gánguil.

horizon *n.* horizonte.

horizontal *adj.* horizontal.

horn *n.* bocina. | **fog horn** sirena de niebla.

horse *n.* marchapié.

horseshoe *n.* herradura. | **horseshoe buoy** herradura salvavidas.

horsing iron *n.* pitarrasa.

hose *n.* manguera. | **hose down** *vt.* baldear.

hot *adj.* caliente. | **hot plate** plancha caliente. | **hot press** prensado en caliente. | **hot well** cámara caliente.

hound *n.* cachola de palo.

hour *n.* hora. | **hour circle** círculo horario.

hovercraft *n.* aerodeslizador, vehículo a colchón de aire.

hoy *n.* pequeño barco costero.

hug *vt.* rodear. | **hug the land** barajar la costa.

hulk *n.* pontón.

hull *n.* casco. | *vt.* perforar el casco. | *vi.* flotar a merced del viento y del mar. | **hull speed** velocidad del casco. | **hull line** línea de agua. | **a hull** *adv.* a palo seco.

humidity *n.* humedad.

hurricane *n.* huracán.

hydraulic *adj.* hidráulico.

hydrodynamic *adj.* hidrodinámico. | **hydrodynamic force** fuerza hidrodinámica.

hydrofoil *n.* hidroala.

hydrography *n.* hidrografía.

hydrostatics *n.* hidrostática. | **hydrostatic** *adj.* hidrostático.

hypothermia *n.* hipotermia.

I

ice *n.* hielo. | *vt.* helar. | *vi.* helarse.
iceberg *n.* iceberg.
iceboat *n.* rompehielos.
icebreaker *n.* rompehielos.
idle *vi.* marchar en vacío. | **idle speed** régimen de marcha lenta.
idler *n.* marinero exento de seguir las guardias nocturnas.
ignition *n.* encendido, ignición.
illumination *n.* iluminación.
immediate *adj.* inmediato.
immersion *n.* inmersión.
imminent *adj.* inminente.
impact *n.* impacto.
impassable *adj.* infranqueable.
impeller *n.* impulsor.
import *n.* importación. | *vt.* importar. | **import duty** derechos de importación.
in en, dentro. | **in irons** orzar a fil de roda. | **in soundings** en aguas sondables.
inboard *adj.* intraborda.
inch *n.* pulgada.
inclemency *n.* inclemencia.
inclination *n.* inclinación.
inclined *adj.* inclinado. | **inclined berth** grada inclinada. | **inclined frame** cuaderna inclinada.
inclinometer inclinómetro.
incombustible *adj.* incombustible.
incoming *n.* entrante. | **incoming tide** marea entrante, marea ascendente. | **incoming course** rumbo entrante.
increase *n.* incremento, aumento. | *vt.* aumentar, acrecentar.
index *n.* índice, alidada.
indicator *n.* indicador.
individual recall llamada individual.
induction *n.* inducción. | **induction valve** válvula de admisión. | **induction wheel** rueda de inducción.
inert *adj.* inerte. | **inert gas** gas inerte.
inertia *n.* inercia.
inertial *adj.* inercial. | **inertial navigation** navegación por inercia.
infected *adj.* infectado. | **infected ship** buque infectado.
inflammable *adj.* inflamable.
inflatable *adj.* inflable, hinchable. | **inflatable dinghy** chinchorro infla-

ble. | **inflatable lifejacket** chaleco salvavidas inflable. | **inflatable life raft** balsa salvavidas inflable.

inflate *vt.* inflar, hinchar.

inflow *n.* entrada, flujo.

influx *n.* evacuación, flujo.

information *n.* información.

inhauler *n.* cargadera.

injection *n.* inyección. | **injection pump** bomba de inyección.

injure *vt.* herir, lesionar, dañar.

inland *adj.* interior, del interior. | *adv.* tierra adentro. | **inland navigation** navegación interior. | **inland waters** aguas interiores.

inlet *n.* admisión, toma, bocana. | **inlet valve** válvula de admisión.

innavigable *adj.* innavegable.

inner *adj.* interior. | **inner harbor** puerto interior. | **inner bottom** doble fondo. | **inner keel** sobrequilla. | **inner post** contracodaste. | **inner jib** fofoque.

inoperative *adj.* inoperativo.

inshore *adj.* costero. | *adv.* hacia la costa.

inside *n./adj.* interior. | *adv.* dentro.

inspection *n.* inspección. | **inspection port** registro. | **inspection hole** registro. | **marine inspection** inspección de buques.

instability *n.* inestabilidad.

instruction *n.* instrucción. | **sailing instructions** derrotero.

instrument *n.* instrumento. | **instrument panel** aparato, panel de instrumentos.

insulate *vt.* aislar.

insulating *adj.* aislante.

insurance *n.* seguro.

intake *n.* toma, admisión.

intensity *n.* intensidad.

intention *n.* intención.

interchangeable *adj.* intercambiable.

intercoastal *adj.* intercostal.

intercommunication *n.* intercomunicación.

interconnection, interconnexion *n.* interconexión.

interface *n.* interfaz.

interfere *vt./vi.* interferir.

interference *n.* interferencia.

interlocking *n.* bloqueo, enclavamiento. | **interlocking bolt** perno machiembrado.

intermittent *adj.* intermitente. | **intermittent light** luz intermitente.

international *adj.* internacional. | **international rules** leyes internacionales. | **international waterways** canales internacionales. | **international code** código internacional.

interoceanic *adj.* interoceánico.

interpolate *vt.* interpolar.

interpolation *n.* interpolación.

intersection *n.* intersección.

interval *n.* intervalo.

inverter *n.* conversor, convertidor.

ion *n.* ion.

ionosphere *n.* ionosfera.
iron *n.* hierro. | **soft iron** hierro dulce. | **cast rion** hierro fundido o colado. | **iron genny** motor auxiliar. | **iron ring** aro, aro guindola, aro salvavidas con luz y rabiza. | **in irons** orzar a fil de roda.
ironclad *n.* blindaje. | *adj.* blindado.
irradiation *n.* irradiación.
irregular *adj.* irregular.
isallobar *n.* isalóbara.
island *n.* isla.
islet *n.* islote.
isobar *n.* isobara.
isobath *n.* línea isobática, veril.
isochronous *n.* isócrono.
Isogonic, isogonal *n.* isógono. | **isogonic line** línea isogónica.
isolate *vt.* aislar.
isolation *n.* aislamiento.
isotherm *n.* isoterma.
itinerary *n.* itinerario.

J

jack *n.* marinero, torrotito, toma de corriente. | **jack line** línea de vida.

jackass *n.* saco de escobén.

jackstaff *n.* asta de la bandera.

jackstay *n.* nervio de envergadura.

jam *vt.* morder, bloquear. | **jam cleat** mordaza.

jamming *n.* interferencia.

jaw *n.* boca de cangrejo, mordaza.

jenny *n.* génova.

jerque *n.* verificación de aduanas.

jet *n.* chorro. | **jet inyection** inyección a chorro. | **jet propulsion** propulsión a reacción. | **jet ski** moto acuática.

jetsam *n.* echazón.

jettison *n.* echazón. | *vt.* echar por la borda, echar al mar.

jetty *n.* malecón, muelle, embarcadero.

jib *n.* foque. | **jib sheet** escota del foque. | **jib stay** estay del foque. | **jib topsail** foque volante. | **balloon jib** foque balón. | **flying jib** petifoque. | **inner jib** fofoque. | **storm jib** trinquetilla. | **jib-boom** *n.* botalón de foque.

jibe *n.* trasluchada. | *vt.* trasluchar, virar por redondo.

jibing angle *n.* ángulo de trasluchada.

jigger *n.* mesana. | **jigger-mast** palo de mesana. | **jigger royal** sobreperico.

join *vt.* ayustar, unir, ensamblar.

joint *n.* junta, unión. | **joint shackle** grillete de unión. | **joint butt** junta a tope. | **cardan joint** junta de cardán. | **end joint** tope.

jolly boat *n.* chinchorro.

joule *n.* julio.

journal *n.* muñón, luchadero, diario de navegación. | **journal bearing** chumacera, cojinete.

jumbo *n.* génova (argot). | **jumbo derrick** pluma principal, pluma real.

junk *n.* junco, jarcia trozada.

Jupiter *n.* Júpiter.

jurisdiction *n.* jurisdicción.

jury *n.* jurado. | de fortuna. | **regatta jury** jurado de regata. | **jury rig** aparejo de fortuna. | **jury mast** mástil de fortuna, bandola. | **jury rudder** timón de fortuna.

K

kayak *n.* kayac.

keckle *vt.* aforrar los cables.

keckling *n.* forro de cable.

kedge *n.* anclote, ancla de espía. | *vi.* espiar, atoar.

keel *n.* quilla. | *vt.* hacer zozobrar. | *vi.* zozobrar. | **keel block** picadero. | **keel bar** quilla de barra. | **false keel** zapata. | **wing keel** quilla de ala. | **fin keel** quilla de orza.

keelage *n.* derecho de atraque.

keelhaul *vt.* pasar por la quilla.

keelson *n.* sobrequilla.

keep *vi.* protección superior, sombrerete. | *vt.* mantener, guardar. | **keep her full** pintar la vela. | **keep her steady!** ¡a la vía!

keeper *n.* guardián, vigilante.

keg *n.* cuñete.

kelter *n.* a son de mar.

ken *n.* visión, radio visual.

kentledge *n.* enjunque, lastre permanente.

kerosene, kerosine *n.* queroseno.

ketch *n.* queche, quechemarín.

ketching *n.* espía.

kevel *n.* manigueta.

kevlar *n.* kevlar, aramida.

key *n.* chaveta, llave, calce, clavija, cuña, manipulador (telégrafo). | **key seat** taco, asiento de chaveta.

keyway *n.* chavetero.

killick *n.* potala.

kilogram, kilo *n.* kilogramo, kilo.

kilometre, kilometer *n.* kilómetro.

kilowatt *n.* kilovatio.

kilowattmeter *n.* kilovatímetro.

kinematics, cinematics *n.* cinemática.

kingpost *n.* montante, pendolón, poste de carga.

kink *n.* coca. | *vt./vi.* formar coca.

kit *n.* equipo. | **first-aid kit** botiquín. | **tool kit** caja de herramientas.

knee *n.* consola, curva, cartabón.

knighthead *n.* apóstol.

knock *n.* golpe brusco. | **knock down** tumbar, despiezar. | **knock up** remachar.

knot *n.* nudo (unidad de velocidad), nudo (método para atar). | *vt.* atar, anudar.

knuckle *n.* charnela.

kronometer *n.* cronómetro.

L

labor, labour *n.* trabajo, labor, faena, mano de obra. | *vi.* balancear, cabecear.

lace *vt.* amarrar, atar. | *vi.* culebrear.

lacing *n.* culebra, cabito.

ladder *n.* escala, escalera de mano. | **accomodation ladder** escala real. | **jack ladder** escala de gato. | **Jacob's ladder** escala de gato. | **companion ladder** escala de cámara.

lade *vt.* cargar, embarcar.

lading *n.* cargamento, flete. | **bill of lading** conocimiento de embarque.

lagan, ligan, lagend *n.* pecio balizado.

lagoon *n.* laguna.

lake *n.* lago, estanque.

laminate *n.* laminado. | *adj.* laminado. | *vt.* laminar. | **laminates** *npl.* productos laminados.

laminated *adj.* laminado. | **laminated angle** perfil laminado. | **laminated beam** viga laminada. | **laminated iron** hierro laminado.

lamp *n.* lámpara. | **aldis lamp** lámpara de destellos. | **lamp room** pañol de lámparas. | **daylight lamp** lámpara de señales diurnas. | **Morse lamp** luz Morse.

land *n.* tierra, país. | *vt./vi.* atracar, arribar, desembarcar. | **land breeze** *n.* brisa de tierra, terral. | **sight land** recalar.

landfall *n.* recalada, arribada, aterrada.

landing *n.* desembarco, desembarque, desembarcadero. | **landing party** destacamento de desembarco. | **landing stage** desembarcadero. | **landing craft** lancha de desembarco. | **landing ship** buque de desembarco.

landlocked *adj.* cercado de tierra.

landlubber *n.* marinero de agua dulce.

landmark *n.* marca de tierra, mojón.

landward *n.* hacia el lado de tierra.

lane *n.* ruta, línea.

lantern *n.* linterna, fanal, farol.

lanyard *n.* acollador, rabiza, piola.

lap *n.* solape. | *vt./vi.* solapar.

lapper *n.* vela de proa que solapa la mayor.

lapstrake *n.* barco de tingladillo. | *adj.* de tingladillo.

larboard *adj.* de babor. | *adv.* a babor. | *n.* babor.

large *adj.* grande, favorable. | *adv.* con viento a la cuadra, con viento largo.

lash *n.* amarra. | *vt.* amarrar, trincar, atar. | *vi.* azotar el aire. | **lash ship** buque portabarcazas.

lashing *n.* amarra, trinca, amarradura.

lask *vi.* navegar con viento largo.

latch *n.* falleba.

lateen *n.* latino. | **lateen sail** vela latina. | **lateen yard** entena.

lateral *adj.* lateral. | **lateral buoyage** balizamiento lateral. | **lateral resistance** resistencia lateral.

latitude *n.* latitud.

launch *n.* botadura, lancha. | *vt.* botar, arriar al agua. | **motor launch** lancha motora.

launching *n.* lanzamiento, botadura. | **launching way** anguila.

lavatory *n.* retrete, lavabo.

law *n.* ley. | **maritime law** legislación marítima.

lay *vt.* calmar (el viento), trazar, marcar, corchar. | *vi.* navegar hacia, dirigirse. | **lay alongside** abarloarse, barloar. | **lay by** poner en un dique seco. | **lay off** poner en los astilleros. | **lay out** tender un anclote, orden de abrirse en las vergas. | **lay up** desarmar, amarrar. | **lay the land** anegar la tierra.

layday *n.* estadía por día.

layer *n.* capa.

layout *n.* plan, proyecto, disposición.

lazarette *n.* cofre situado en la popa o en la bañera.

lazy *adj.* perezoso. | **lazy sheet** escota que no trabaja. | **lazy-painter** boza adicional. | **lazy jack** sistema de cabitos que forman una red donde se recoge la vela al arriar (en español se utiliza el término inglés). | **lazy guy** retenida simple, portuguesa.

lead *n.* dirección de un cabo, plomo, distancia horizontal entre el centro vélico y el centro de resistencia lateral, escandallo, retorno, reenvío. | *vt.* conducir, llevar. | **lead boat** embarcación guía. | **lead line** escandallo.

leadage *n.* gastos de acarreo.

leadership *n.* jefatura, mando, liderazgo.

leading *adj.* delantero, principal. | **leading block** motón guía, retorno. | **leading edge** bordo de entrada. | **leading line** enfilación. | **leading mark** marca de enfilación.

leadsman *n.* sondador.

league *n.* legua.

leak *n.* vía de agua, fuga, escape. | *vi.* hacer agua, tener fugas.

leakage *n.* escape, fuga.

leave *n.* licencia, permiso. | *vt./vi.* irse, dejar.

ledge *n.* brazola, arrecife.

lee *n.* sotavento, socaire. | *adj.* a sotavento, de sotavento. | **lee helm** tendencia a arribar. | **lee lurch** bandazo a sotavento. | **lee shore** costa de sotavento. | **in the lee, under the lee** a sotavento.

leeboard *n.* orza antideriva.

leech *n.* baluma. | **leech line** apaga penol. | **leech twist** torsión de la baluma. | **leech rope** relinga de caída.

leecloths *npl.* lonas de protección, antiescora de las literas.

leeward *n.* sotavento. | *adj.* a sotavento, de sotavento. | *adv.* a sotavento.

leeway *n.* abatimiento, deriva.

leg *n.* bordada, manga, puntal.

legislation *n.* legislación.

length *n.* eslora, longitud. | **length between perpendiculars** eslora entre perpendiculares. | **length of waterline** eslora en la línea de flotación. | **length of deck** eslora en cubierta. | **available length** eslora útil. | **bearingh length** luchadero. | **register length** eslora de registro. | **overall length** eslora total.

let *vt.* dejar, permitir. | **let fly** largar en banda. | **let go** largar.

letter *n.* letra, carta. | **letter of marque** patente de corso. | **sea letter** pasavante.

levanter *n.* viento de levante.

levee *n.* muelle de río.

level *n.* nivel. | **level gauge** manómetro de nivel.

lever *n.* palanca. | **lever up** *vt.* alzar con palanca.

leverage *n.* apalancamiento.

leviathan *n.* leviatán.

libration *n.* libración.

license *n.* licencia. | **licensed pilot** práctico oficial.

lid *n.* cierre, tapa. | **port lid** tapa ciega, portillo.

lie *vi.* estar situado, extenderse. | **lie a-hull** capear a palo seco. | **lie to** pairar, ponerse al pairo. | **lie alongside** abarloarse. | **lie aground** estar varado. | **lie aback** fachear.

lien *n.* embargo.

lieutenant *n.* teniente de navío, lugarteniente.

life *n.* vida. | **life belt** salvavidas. | **life buoy, life ring** aro salvavidas. | **lifeboat, life raft** bote salvavidas. | **life jacket, life vest** chaleco salvavidas. | **life line** línea de seguridad. | **life-saving** línea de vida, salvamento.

lift *n.* amantillo. | *vt.* levantar, izar.

light *n.* luz, faro. | *adj.* ligero, liviano. | *vt.* alumbrar, encender. | **light cruiser** crucero ligero. | **light list** libro de faros. | **light port** portilla. | **light sail** vela liviana para vientos portantes. | vela ligera. | **light wind** ventolina, brisa suave. | **light weight** desplazamiento en rosca. | **light displacement** desplazamiento en lastre, desplazamiento liviano. | **light draught** calado en lastre. | **occulting light** luz intermitente.

lighted buoy *n.* baliza luminosa.

lighten *vt.* aligerar, descargar.

lightening hole aligeramiento.

lighter *n.* gabarra, barcaza. | *vt.* alijar.

lighterage *n.* gabarraje. | alijo.

lighthouse *n.* faro.

lightning *n.* relámpago, rayo. | **lightning rod** pararrayos.

lightship, lightboat, lightvessel *n.* buque-faro.

limb *n.* limbo.

limber *n.* imbornal.

limey *n.* marinero británico.

limit *n.* límite.

limpet *n.* lapa.

line *n.* línea, cabo. | **line squall** frente. | **line stopper** mordaza. | **line up** alineación.

liner *n.* buque de línea regular.

lining *n.* recubrimiento, forro.

link *n.* eslabón, biela.

liquefied *adj.* licuado. | **liquefied natural gas carrier** metanero. | **liquefied petroleum gas carrier** butanero.

list *n.* escora, rol. | *vi.* escorar.

listen *vt.* escuchar.

listening watch permanecer a la escucha.

little *adj.* pequeño. | **little buoy** boyarín.

littoral *n. adj.* litoral.

lizard *n.* vinatera, retenida, corona del tangón.

Lloyd's Register of Shipping *n.* Sociedad de Clasificación Lloyd's.

load *n.* carga, estiba. | *vt.* cargar. | **load line** línea de carga. | **load waterline** línea de flotación en carga. | **load draught** calado a plena carga. | **load factor** factor de estiba.

locate *vt.* situar, ubicar, localizar.

location *n.* emplazamiento.

lock *n.* esclusa de un canal. | **lock gate** compuerta. | **row lock** chumacera.

locker *n.* pañol, taquilla.

lodestar, loadstar *n.* estrella guía.

lodging *n.* alojamiento. | **lodging knee** curvatón.

loft *n.* tinglado. | **mould loft** sala de gálibos. | **sail loft** velería.

log *n.* corredera.

logarithm *n.* logaritmo.

logbook *n.* diario de navegación, cuaderno de bitácora.

loggerhead *n.* bolardo de los balleneros.

logging *n.* registro.

long *adj.* largo. | **long barque** barcolongo. | **long glass** anteojo. | **long splice** ayuste largo. | **long ton** tonelada larga (1016 kilogramos).

longitude *n.* longitud.

longitudinal *adj.* longitudinal.

longshoreman *n.* estibador, obrero portuario.

longsplice *n.* matrimonio (argot).

lookout *n.* vigía, serviola.
loom *n.* guión (del remo), espejismo.
loop *n.* bucle, antena, argolla.
loophold *n.* tronera.
loose *adj.* suelto, desatado. | *vt.* desatar, soltar. | **loose footed** vela de pujamen libre. | **loose water** carena líquida.
loosen *vt.* aflojar, desatar, largar, desamarrar, desferrar.
loran (long range navigation) *n.* loran (navegación de largo alcance).
lorcha *n.* lorcha.
lose *vt.* perder.
loss *n.* pérdida.
lour, lower *vi.* encapotarse.
low *adj.* bajo. | *n.* área de baja presión, depresión. | **low frequency** baja frecuencia. | **low pressure** baja presión. | **low tide** bajamar. | **low water datum** marea menguante, plano de referencia de bajamar.
lower *vt.* arriar, bajar, echar al agua.
loxodrome *n.* derrota loxodrómica.
loxodromic *adj.* loxodrómico.
lubber *n.* marinero de agua dulce.
lubber's hole *n.* boca de lobo.
lubber's line *n.* línea de fe.
lubricant *n.* lubricante.
lubricate *vt.* lubricar.
lugsail *f.* vela áurica.
luff *n.* gratil, orza, flameo. | *vi.* orzar, flamear. | **luff sag** curvatura del gratil de las velas de proa producida por la presión del viento.
luffing *n.* orzada.
lug *n.* tojino, oreja, anillo. | **lug, lugsail** vela al tercio.
lugger *n.* lugre.
lull *n.* recalmón, calma. | *vi.* encalmar.
lumber *n.* maderos.
lumper *n.* estibador a tanto alzado.
lunar *adj.* lunar.
lunation *n.* lunación.
lurch *n.* bandazo.

M

machine *n.* máquina.
machinery *n.* maquinaria.
mackerel *n.* caballa.
madrepore *n.* madrépora.
magazine *n.* santabárbara.
magnet *n.* imán.
magnetic *adj.* magnético. | **magnetic compass** compás magnético. | **magnetic course** rumbo magnético. | **magnetic field** campo magnético. | **magnetic needle** aguja imantada. | **magnetic variation** declinación magnética. | **magnetic pole** polo magnético. | **magnetic bearing** demora magnética.
magnetism *n.* magnetismo.
magnetization *n.* imantación.
magneto *n.* magneto.
magnitude *n.* magnitud, envergadura, volumen.
mahogany *n.* caoba.
mail *n.* correo. | **mail ship** buque correo. | **mail steamer** vapor correo.
main *adj.* mayor, principal. | **main deck** cubierta principal. | **main topgallant** juanete mayor. | **main beam** bao maestro. | **main frame** cuaderna maestra. | **main tackle** aparejo real. | **main tack** puño de amura de la mayor.
mainland *n.* tierra firme.
mainmast *n.* palo mayor.
mainsail *n.* vela mayor.
mainsheet *n.* escota de mayor.
mainstay *n.* estay del palo mayor.
maintenance *n.* mantenimiento.
make *vt.* hacer, construir. | *vi.* alcanzar, llegar. | **make fast** subir (la marea), amarrar.
making-iron *n.* hierro de calafatear.
mall *n.* mandarria.
mallet *n.* mazo.
man *n.* hombre, marinero, barco. | *vt.* tripular. | **man overboard!** ¡hombre al agua! | **man-of-war** buque de guerra. | **guinea man** negrero.
manageable *adj.* manejable.
mandatory *adj.* obligatorio, preceptivo.
maneuver, manoeuvre *n.* maniobra. | *vt.* hacer maniobras, maniobrar. | *vi.* manejar, maniobrar.
maneuverability, manoeuvrabi-

lity *n.* manejo, maniobrabilidad, manejabilidad.

manhole *n.* registro, boca de acceso.

manifest *n.* manifiesto. | *vt.* registrar. | **customs manifest** manifiesto de aduana. | **inward manifest** manifiesto de entrada. | **manifest of cargo** manifiesto de la carga.

manifold *n.* colector.

manila, manilla *n.* manila, abacá. | **manila hemp** cáñamo de manila. | **manila rope** cabo de manila.

manning *n.* dotación.

manometer *n.* manómetro.

manrope *n.* andarivel, pasamano, guardamancebos.

manual *n./adj.* manual.

map *n.* carta, mapa, plano. | *vt.* trazar un mapa. | **map out** *vt.* proyectar.

Marconi rig *n.* aparejo bermudiano.

margin *n.* margen. | **margin plate** plancha de margen. | **margin line** línea marginal.

marginal *adj.* marginal.

marina *n.* puerto deportivo.

marine *n.* soldado de infantería marina, marina, infantería de marina. | *adj.* marino, naval, de marina, marítimo. | **merchant marine** marina mercante. | **marine ecosystem** ecosistema marino. | **marine glue** cola marina. | **marine railway** varadero de ferrocarril.

mariner *n.* marinero, marino.

maritime *adj.* marítimo. | **maritime administration** administración marítima. | **maritime chart** carta marítima. | **maritime district** distrito marítimo. | **maritime headquarters** capitanía marítima. | **maritime mobile service** servicio móvil marítimo. | **maritime traffic** tráfico marítimo. | **maritime law** derecho marítimo. | **maritime declaration** protesta de avería. | **maritime court** tribunal marítimo.

mark *n.* señal, marca, baliza. | *vt.* señalar, marcar.

marking bouy baliza.

marl *vt.* empalomar, relingar.

marlin, marline *n.* merlín, empalmadura, trincafía.

marling *n.* culebreado.

marlinspike, marlinespike *n.* pasador, burel.

maroon *vt.* abandonar a una persona en una isla desierta como castigo.

marry *vt.* amadrinar, ayustar.

Mars *n.* Marte.

martingale *n.* moco del bauprés.

mass *n.* masa. | **mass of air** masa de aire.

mast *n.* mástil, palo. | *vt.* arbolar. | **fore mast** palo trinquete. | **fore top mast** mastelero de velacho. | **fore topgallant mast** mastelero de juanete de proa. | **fore royal mast** mastelerillo de sobrejuanete. | **fore skysail mast** mastelerillo de sosobrejuanete. | **main mast** palo mayor. | **main topgallant mast** mastelero de juanete mayor. | **main royal mast** mastelero de sobrejuanete mayor. | **main skysail mast** mastelerillo de sosobre mayor. | **mizzen mast** palo mesana. | **mizzen topmast** mastelero de sobremesana. | **mizzen topgallant mast** mastelero de perico. | **mizzen royal mast** mastelerillo de sobreperico. | **mizzen skysail mast** mastelerillo de sosobreperico. | **topgallant mast** mastelerillo. | **mast abeam** palo de través. | **mast head** calcés. | **mast hole** fogonadura. | **mast hoops** zuncho de un palo. | **mast man** gaviero. | **mast step** carlinga. | **mast foot** coz de palo, base del palo. | **mast bend** curvatura del palo. | **mast top** flexión del palo, tope de palo. | **mast and spars** arboladura.

master *n.* capitán, patrón.

masting *n.* arboladura.

mat *n.* pallete.

match *n.* cerilla. | **sailing match** regata.

mate *n.* oficial, ayudante, compañero. | **chief mate** primer oficial.

material *n.* material.

maximum *n. adj.* máximo.

mean *adj.* medio.

measure *n.* medida, arqueo. | *vt.* medir, arquear. | **measure brief** certificado de arqueo. | **measure around** bojear. | **ton measure** tonelada de arqueo.

measurement *n.* medición, arqueo. | **gross measurement** arqueo bruto. | **net measurement** arqueo neto. | **measurement certificate** certificado de medición.

measurer *n.* medidor, arqueador.

mechanic *n.* mecánico.

medical *adj.* médico. | **medical assistance** asistencia médica.

megaphone *n.* megáfono.

melt *vt.* fundir.

melting *n.* fundición.

merchandise *n.* mercancía.

merchant *n./adj.* mercante. | **merchant marine, merchant navy** marina mercante. | **merchant vessel, merchant man, merchant ship** buque mercante.

mercury *n.* mercurio.

meridian *n.* meridiano.

mermaid *n.* sirena.

merman *n.* tritón.

mesh *n.* malla. | *vt.* engranar, coger con red.

mess *n.* rancho.

message *n.* mensaje.

messenger *n.* virador, mensajero.

metacenter *n.* metacentro.

metacentric *adj.* metacéntrico. | **metacentric height** altura metacéntrica. | **metacentric radius** radio metacéntrico.

metal *n.* metal. | **metal plate detent** chapa de retención.

metallise *vt.* metalizar.

metallurgy *n.* metalurgia.

meteor *n.* meteoro.
meteorologic, metereological *adj.* meteorológico.
meteorology *n.* meteorología.
metereologist *n.* meteorólogo.
methane *n.* metano.
method *n.* método, manera, procedimiento.
metre, meter *n.* metro.
metric , metrical *adj.* métrico. | **metric system** sistema métrico. | **metric ton** tonelada métrica.
micrometer *n.* micrómetro.
micron *n.* micra.
microphone *n.* micrófono.
midday *n.* mediodía. | *adj.* del mediodía.
middle *vt.* medio, central. | **middle line** línea de crujía.
midnight *n.* medianoche. | *adj.* de medianoche.
midship *n.* sección maestra. | **midships** en medio del barco. | **midship frame** cuaderna maestra. | **midship beam** bao maestro. | **midship gangway** crujía. | **midshipman** *n.* guardia marina.
mike *n.* micrófono.
mile *n.* milla. | **measured mile** milla medida. | **nautical mile, Admiralty mile** milla náutica. | **statute mile, land mile** milla terrestre.
mill *vt.* fresar.
millibar *n.* milibar.
millimeter, millimetre *n.* milímetro.
mine *n.* mina. | *vt.* minar.
minelayer *n.* minador.
mineral *n./adj.* mineral.
minesweeper *n.* dragaminas, barreminas.
minesweeping *n.* dragado de minas, rastreo de minas.
minimum *n. adj.* mínimo.
minor *adj.* menor.
minute *n.* minuto.
mist *n.* neblina, niebla, bruma, calina. | *vt.* aneblar.
mistral *n.* mistral.
mitre *n.* inglete.
mix *n.* mezcla. | *vt.* mezclar.
mizzen, mizen *n.* mesana, artimón. | **mizzenmast** palo mesana. | **mizzensail** mesana. | **mizzen royal** sobreperico. | **mizzen skysail** sosobreperico. | **mizzen topsail** sobremesana. | **mizzen topgallant** perico.
mizzle *n.* llovizna. | *vi.* lloviznar.
mobile *adj.* móvil.
model *n.* modelo, plantilla.
moderate *adj.* moderado, bonancible. | *vt.* moderar, apaciguar.
modulation *n.* modulación.
modulator *n.* modulador.
moist *adj.* húmedo. | **moist air** aire húmedo. | **moist steam** vapor húmedo.
molasses *n.* melaza.
mold, mould *n.* molde, gálibo, vitola, escantillón. | *vt.* galibar, moldear.
molded *adj.* moldeado. | **molded**

draft calado de trazado. | **molded line** línea de trazado. | **cold molded** laminado en frío.
mole *n.* malecón, rompeolas, muelle.
moment, momentum *n.* momento. | **momentum of flexion** momento de flexión. | **momentum of inertia** momento de inercia. | **momentum of force** momento de fuerza.
monel *n.* metal monel.
monitor *n.* monitor.
monitoring *n.* control, servicio de escucha.
monkey *n.* maza. | **monkey fist** piña de la guía. | **monkey boat** chinchorro.
monocoque *adj.* monocasco.
monohull *n./adj.* monocasco.
monorail *n.* monoriel.
monotype *n.* monotipo.
monsoon *n.* monzón.
month *n.* mes.
moon *n.* luna. | *adj.* lunar. | **full moon** luna llena, plenilunio. | **new moon** luna nueva.
moonraker, moonsail *n.* monterilla.
moor *vt.* amarrar, atracar. | *vi.* echar las amarras. | **moor by the head** fondear a barbas de gato.
moorage *n.* amarradura, amarre, amarraje, amarradero.
mooring *n.* amarradura, amarre, amarradero. | **moorings** *npl.* amarras. | **mooring bitt** bita de amarre, | **mooring buoy** boya de amarre. | muerto. | **mooring charge** amarraje. | **mooring line** amarra. | **mooring rope, mooring cable** barloa. amarra, estacha. | **moo ring ring** arganeo. | **mooring winch** chigre de maniobra. | **mooring berth** muelle de atraque.
mop *n.* lampazo. | *vt.* lampacear.
morning *n.* mañana. | *adj.* matutino. | **morning star** lucero de la mañana (Venus).
morse code *n.* código morse.
mortar *n.* mortero, argamasa. | *vt.* argamasar. | **mortar vessel** bombarda.
mortise, mortice *n.* muesca, mortaja, escopleadura. | *vt.* carlinga, escoplear.
motion *n.* movimiento.
motor *n.* motor. | **motor sailer, motoryacht** motovelero. | **motor sailing** navegación a motor.
motorboat, motorship *n.* motora, lancha motora, bote a motor.
motorboating motonáutica.
motorization *n.* motorización.
motorize *vt.* motorizar.
mount *n.* soporte, base. | *vt.* montar, estar armado con, instalar.
mounting *n.* soporte, base, montaje.
mouse *n.* barrilete.
mouth *n.* boca, entrada, desembocadura.

move *vt.* mover, trasladar. | **move away** alejar, apartar.

movement *n.* maniobra, movimiento.

mud *n.* fango, lodo. | **get stuck in the mud** embarrancarse. | **mud boat** gánguil. | **mud hole** registro de limpieza.

mudhook *n.* ancla (argot).

multihull *n. adj.* multicasco, catamarán, trimarán.

multiple *adj.* múltiple.

mushroom *n.* hongo de ventilación. | **mushroom anchor** ancla de hongo.

musketoon *n.* mosquetón.

muster *n.* rol, revista, reunión. | **muster roll** rol del barco.

mutiny *n.* motín, rebelión, sedición.

muzzle *n.* boca, hocico. | *vt.* aferrar.

muzzler *n.* viento de proa.

N

nadir *n.* nadir, punto más bajo.

nail *n.* clavo, huso, uña. | *vt.* clavar, **scupper nail** estoperol.

name *n.* nombre.

narrow *n.* estrecho, pasa. | *adj.* angosto, estrecho.

nation *n.* nación.

nationality *n.* nacionalidad.

natural *adj.* natural. | **natural gas** gas natural.

naufrage *n.* naufragio.

naulage *n.* flete.

nauropometer *n.* clinómetro.

nautical *adj.* náutico, marítimo, marino. | **nautical chart** carta náutica. | **nautical mile** milla náutica. | **nautical almanac** almanaque náutico.

naval *adj.* naval. | **naval forces** fuerzas navales. | **naval attaché** agregado naval. | **naval base** base naval. | **naval college** escuela naval. | **naval officer** oficial de marina. | **naval power** potencia marítima. | **naval station** base naval. | **naval architect** arquitecto naval. | **naval architecture** arquitectura naval. | **naval device** artefacto naval. | **naval steel** acero naval.

navigable *adj.* navegable. | **navigable waters** aguas navegables.

navigate *vt.* navegar, gobernar. | *vi.* navegar.

navigation *n.* navegación, marina, náutica. | **coastal navigation** navegación costera. | **inland navigation** de cabotaje, navegación interior. | **celestial navigation** navegación astronómica. | **navigation chart** carta náutica. | **navigation laws** código marítimo. | **river navigation** navegación fluvial. | **navigation lights** luces de navegación.

navigator *n.* navegante.

navtex *n.* navtex.

navy *n.* marina (de guerra), armada, flota. | *adj.* de marina, marino. | **navy ship** buque de combate. | **navy yard** arsenal de marina. | **merchant navy** marina mercante.

neap, neap tide *n.* marea muerta.

near *adv.* cerca.

nebula *n.* nebulosa.

neck *n.* cuello, collarín. | **swan neck** cuello de cisne. | **goose neck** cuello de ganso.
necklace *n.* collar de mástil.
need *n.* necesidad. | *vt.* necesitar.
needle *n.* aguja. | **magnetic needle** aguja magnética.
negative *adj.* negativo.
negligence *n.* negligencia.
Neptune *n.* Neptuno. | **Neptune's sheep** cabrillas.
ness *n.* promontorio.
nest *n.* grupo. | **crow's nest** cofa de vigía.
net *n.* red, malla. | *adj.* neto. | *vt.* enredar, enmallar, pescar con red. | **net tonnage** tonelaje neto. | **net deadweight** porte neto. | **net weight** peso neto. | **cast net** esparavel. | **drag net** red de arrastre. | **cargo net** red de carga.
netting *n.* batayola.
neutral *adj.* neutral.
new *adj.* nuevo, novilunio. | **new moon** luna nueva.
next *adj./adv.* siguiente, adyacente.
nick *n.* entalla, muesca. | *vt.* entallar, biselar.
nickel *n.* níquel.
niggerheads *n.* bitas de remolque.
night *n.* noche.
nimbostratus *n.* nimboestrato.
nimbus *n.* nimbo.
nip *n.* coca.
nipper *n.* baderna, mojel. | **nippers** tenazas.
nipple *n.* conexión, racor.
no *adv.* no, negativo.
nock *n.* puño de boca.
node *n.* nodo.
nog *n.* espiga, almilla, cabilla.
nonius *n.* nonius.
nonsinkable *adj.* insumergible.
nonskid, non-skid *adj.* antideslizante.
noon *n.* mediodía.
noose *n.* nudo corredizo.
normal *adj.* normal, perpendicular.
normalizing *n.* normalización.
normative *adj.* normativo.
north *n.* norte. | *adj.* del norte. norteño. | *adv.* hacia el norte, al norte. | **north by east** norte cuarta al nordeste. | **north by west** norte cuarta al noroeste. | **North Pole** Polo Norte. | **north star** estrella polar. | **north wind** tramontana.
northeast *n.* noreste, nordeste. | *adj.* del nordeste, nordeste. | *adv.* hacia el nordeste. | **northeast by east** nordeste cuarta al este. | **northeast by north** nordeste cuarta al norte. | **northeast wind** gregal.
northern *adj.* del norte, septentrional, boreal. | **northern hemisphere** hemisferio norte. | **northern lights** aurora boreal.
northwest *n.* noroeste. | *adj.* del noroeste, noroeste. | *adv.* hacia el noroeste, del noroeste. | **northwest by north** noroeste cuadra al nor-

te. | **northwest by west** noroeste cuadra al oeste. | **northwest wind** mestral, cauro.

nose *n.* nariz de proa. | **nose ender** viento de proa.

nosing *n.* verduguillo, galón.

notation *n.* notación.

notch *n.* entalladura. | *vt.* entallar.

notice *n.* aviso, boletín, notificación. | **notice to mariners** aviso a los navegantes. | **notice of race** anuncio de regata.

notify *vt.* notificar.

novilunium *n.* novilunio.

nozzle *n.* tobera, difusor.

nuclear *adj.* nuclear. | **nuclear ship** buque de propulsión nuclear.

number *n.* número.

nun *n.* boya cónica.

nut *n.* tuerca.

nylon *n.* nilón, nailon.

O

oak *n.* roble.

oakum *n.* estopa.

oar *n.* remo. | *vt.* remar, bogar.

oarlock *n.* tolete, chumacera, escálamo.

oarsman *n.* remero, bogador.

obey *vt.* obedecer, cumplir, acatar.

oblique *adj.* oblicuo. | **oblique ascent** ascensión oblicua.

observation *n.* observación.

observatory *n.* observatorio.

observer *n.* observador. | **radar observer** radarista.

obstacle *n.* obstáculo.

obstruct *vt.* obstruir, atascar, estorbar, dificultar.

obstruction *n.* obstrucción, obstáculo, oclusión, atasco.

obturator *n.* obturador.

occident *n.* occidente.

occlusion *n.* oclusión.

occultation *n.* ocultación.

ocean *n.* océano. | *adj.* oceánico.

oceangoing *n.* navegación de altura. | **oceangoing vessel** barco de altura. | **oceangoing tug** remolcador oceánico.

oceanography *n.* oceanografía.

octant *n.* octante.

off *adv.* mar adentro, lejos, a la atura de.

officer *n.* oficial, comandante. | *vt.* mandar, proveer de mandos. | **officer's mess** comedor para oficiales. | **chief officer** primer oficial. | **deck officer** oficial de cubierta. | **engineering officer** oficial de máquinas.

offing *n.* franquía. | **to be offing** estar a la vista.

offshore *adj.* costa afuera. | **offshore breeze** brisa que sopla de tierra. | **offshore fishing** pesca de bajura. | **offshore wind** viento de tierra. | **offshore racing** regata de altura.

ohm *n.* ohmio.

oil *n.* aceite. | *vt.* lubricar. | **lube oil** aceite lubrificante. | **oil carrier, oil tanker** tanquero. | **oil sump** carter, colector de aceite. | **oil bulk ore carrier (obo carrier)** *n.* petrolero-ganelero-mineralero.

oiler *n.* petrolero.

ombrometer *n.* pluviómetro.
on *adv.* en, sobre.
ón *n.* tempestad, temporal.
one design monotipo.
onshore *adj.* que sopla de mar a tierra (viento). | *adv.* en tierra, hacia tierra.
onward *n.* avante.
open *adj.* abierto, descubierto. | *vt.* abrir. | **open sea** alta mar. | **open water** mar abierto. | **open chock** gatera. | **open floor** varenga. | **open roadstead** rada abierta.
opening *n.* abertura.
operate *vt.* accionar. | *vi.* funcionar.
orbit *n.* órbita.
order *n.* orden, regla, mandamiento, mandato. | *vt.* ordenar, clasificar, mandar, pedir, encargar.
ordinance *n.* ordenanza.
ordinate *n.* ordenada.
ore *n.* mineral. | **ore carrier** mineralero.
orient *n.* oriente. | *vt.* orientar.
orientation *n.* orientación.
orifice *n.* orificio.
orlop *n.* sollado.
orthodrome *n.* ortodromia.
orthodromic *adj.* ortodrómico.
oscillate *vt.* hacer oscilar. | *vi.* oscilar, fluctuar, variar, vacilar.
oscillating *adj.* oscilante. | **oscillating breeze** brisa variable.
oscillation *n.* oscilación.
osmosis *n.* ósmosis.
osmotic blistering *n.* ampollamiento por ósmosis.
out *adv.* fuera.
outboard *adj.* fueraborda. | **outboard engine** motor fueraborda.
outer *adj.* exterior, externo. | **outer harbour, outer port** antepuerto. | **outer skin, outer planting** forro exterior.
outfit *n.* equipo. | *vt.* equipar.
outgoing *adj.* saliente, que sale. | **outgoing tide** marea saliente, marea descendiente, marea menguante.
outhaul *n.* driza de fuera.
outlet *n.* desembocadura, evacuador.
outrigger *n.* arbotante, balancín, bote con balancines, escálamo. | **outrigger boom** tangón.
outsail *vt.* salir, navegar a más velocidad que otra embarcación.
outside *n./adj.* exterior.
over *adv.* encima.
overall *adj.* global. | *npl.* traje de faena, mono.
overboard *adv.* por la borda. | **man overboard!** ¡hombre al agua!
overcast *n.* revestimiento. | *adj.* encapotado, cubierto. | *vt.* encapotar, cubrir, oscurecer.
overcloud nublar.
overflow *n.* rebose, arrastre. | *vt.* rebosar.
overhang *n.* saliente, alero. | *vt./vi.* voladizo, sobresalir.

overhaul, overhauling *n.* revisión, reparación, arreglo. | *vt.* revisar, arreglar.

overhead *n.* techo. | *adj.* de arriba. | *adv.* por encima de la cabeza, arriba.

overheat *vt./vi.* sobrecalentar.

overladen *n.* sobrecargado.

overlap *n.* solapo, compromiso, superposición, recubrimiento. | *vt./vi.* solapar, recubrir.

overlapped comprometido.

overload *n.* sobrecarga. | *vt.* sobrecargar.

overseas *adv.* en ultramar, allende el mar, ultramarino. | *adj.* de ultramar.

overtake *vt.* adelantar, pasar, alcanzar. | *vi.* adelantar, pasar.

owner *n.* propietario, armador.

oxidate *vt.* oxidar.

oxidation *n.* oxidación.

oxide *n.* óxido.

oxygen *n.* ogíxeno.

oz *abr.* onza.

ozone *n.* ozono.

P

pack *n.* fardo. | *vt.* empaquetar. | **pack-ice** masa de hielo, témpano flotante.
packet *n.* buque correo, paquebote.
packing *n.* empaquetadura, embalaje. | **hemp packing** empaquetadura de cáñamo. | **packing box** prensaestopas.
pad *n.* rodete, taco. | **pad eye** cáncamo.
paddle *n.* canalete, pagaya, zagual, paleta. | *vt./vi.* remar con pagaya, vapor de ruedas. | **paddle boat** hidropedal. | **paddle box** tambor de ruedas. | **paddle steamer** vapor de ruedas.
paddler *n.* buque de ruedas.
paint *n.* pintura. | *vt.* pintar.
painter *n.* amarra, boza.
pair *n.* par. | **pair of dividers** compás de puntas.
pallet *n.* bandeja de carga, paleta.
palletisation *n.* paletización.
palletise *vt.* paletizar.
palm *n.* uña (de ancla), rempujo.
pampero *n.* pampero.
panel *n.* cuarterón, panel.
pant *vi.* vibrar.
panting *n.* pantocazo, machetazo. | **panting beam** bao de los raseles.
paper *n.* papel. | **ship's papers** documentos del buque.
parachute *n.* paracaídas. | **parachute flare** bengala con paracaídas.
paraffin *n.* parafina.
parallactic *adj.* paraláctico.
parallax *n.* paralaje. | **parallax error** error de paralaje.
parallel *n.* paralelo. | **parallel rules** reglas paralelas.
paraselene *n.* paraselene.
parbuckle *n.* tiravira.
parcel *n.* paquete, parcela. | *vt.* precintar, empaquetar. | **parcel up** envolver. | **parcel a rope** aforrar un cabo.
parcelling, parceling *n.* precinta.
parer *n.* escofina.
parhelio *n.* parhelio.
parrel *n.* racamento.
part *n.* parte, pieza.
partner *n.* fogonadura.

pass *n.* paso, pasaje, puerto. | *vt.* pasar, cruzar, atravesar.

passage *n.* pasaje, paso, travesía.

passaree, pazaree *n.* pajaril.

passenger *n.* pasajero, viajero. | **passenger ship, passenger vessel** buque de pasajeros.

passport *n.* pasaporte. | **ship's passport** pasavante.

patch *n.* parche.

patent *n.* patente. | *vt.* patentar. | **patent anchor** ancla de patente.

path *n.* trayectoria, derrota.

patrol *n.* patrulla, ronda. | *vt.* vigilar, patrullar. | **patrol boat** patrullero.

pattern *n.* gálibo, plantilla, modelo.

paunch *n.* pallete.

pawl *n.* trinquete, linguete. | *vt.* colocar los trinquetes.

pay *n.* paga. | *vt.* embrear. | **pay out, pay away** arriar, largar.

payload *n.* capacidad de carga.

pea *n.* pico, pico de loro.

peak *n.* racel, puño, penol, uña (de ancla). | *vt.* embicar.

peat *n.* turba.

pebble *n.* guijarro.

pedestal *n.* pedestal.

peeling *n.* descascarillado.

peg *n.* clavija, espiga.

pegging-awl *n.* punzón de velero.

pelagic *adj.* pelágico.

pelican *n.* pelícano. | **pelican hook** gancho pelícano, gancho de gavilán.

pelorus taxímetro.

pendant *n.* grímpola, gallardete, banderín, amante.

peninsula *n.* península.

penknife *n.* navaja.

pennant *n.* gallardete, grímpola, banderín.

performance *n.* rendimiento, ejecución, cumplimiento, realización, marca, resultado.

perigee *n.* perigeo.

peril *n.* peligro.

period *n.* período.

periodic *adj.* periódico.

periscope *n.* periscopio.

perishable *adj.* perecedero. | **perishable goods** mercancías perecederas.

permanent *adj.* permanente.

permeability *n.* permeabilidad.

permit *n.* permiso. | **customs permit** permiso de aduanas. | **shipping permit** permiso de embarque.

perpendicular *n./adj.* perpendicular.

persistent *adj.* persistente, continuo, constante, perseverante.

petrol *n.* gasolina. | **petrol pump** surtidor de gasolina. | **petrol can** bidón de gasolina. | **petrol engine** motor de gasolina.

pharos *n.* faro.

phase *n.* fase. | *vt.* poner en fase.

phenomenon *n.* fenómeno.

phosphorescence *n.* fosforescencia.

picaroon *n.* pirata, barco pirata.
pick *n.* piqueta. | **pick up** enganchar, rearmar.
pickle *n.* decapado. | *vt.* decapar.
piece *n.* pieza. | **shelf piece** durmiente. | **fashion piece** aleta. | **bosson piece** casquillo. | **shoe piece** zapata.
pier *n.* malecón, rompeolas, espigón, muelle, embarcadero. | **shipping pier** muelle de carga. | **outfitting pier** muelle de armamento.
pierman *n.* obrero portuario.
pike *n.* lucio.
pile *n.* pila, batería, estaca, pilote. | *vt.* sostener con pilotes, amontonar, apilar. | **pile up** encallar, embarrancar. | **pile driver** martinete.
pilferage *n.* pillaje.
pillar *n.* soporte, puntal.
pillow *n.* cojinete, almohada.
pilot *n.* piloto, práctico, timonel. | *vt.* pilotar. | **pilot boat** barco del práctico. | **pilot fish** pez piloto. | **pilot lamp, pilot light** lámpara indicadora. | **pilot ladder** piloto, escala de prácticos.
pilotage *n.* pilotaje, practicaje, derechos de practicaje.
pilothouse *n.* timonera, cabina del piloto.
pin *n.* insignia, macho, rodillo, perno. | *vt.* sujetar, enchavetar, enclavijar. | **belaying pin** cabilla. | **pin rail** cabillero de regala. | **pin rack** cabillero.
pincer *n.* pinzas, tenazas.
pinch *vt.* pinchar. | *vi.* arrastrar el remo.
pine *n.* pino.
pinion *n.* piñón.
pink *n.* pingue.
pinnace *n.* pinaza.
pintle *n.* macho del timón, pivote.
pipe *n.* pito, manguito, tubo, caño. | *vt.* pitar.
pipeline *n.* tubería, gaseoducto, oleoducto.
piracy *n.* piratería.
piragua, pirogue *n.* piragua.
pirate *n.* pirata. | *vi.* piratear.
piston *n.* émbolo, pistón. | **piston displacement** cilindrada.
pit *n.* foso, agujero, picadura. | *vt.* picar.
pitch *n.* ángulo de ataque, brea, pez, resina, cabezada, paso. | *vt.* embrear. | *vi.* cabecear, arfar. | **pitch gauge** clinómetro.
pitching *n.* cabeceo, arfada.
pitchpole *vt./vi.* volcar en el sentido longitudinal.
pivot *n.* pivote, eje, base, *adj.* giratorio. | *vt./vi.* pivotar.
place *n.* lugar, sitio. | *vt.* situar.
plaiting, platting *n.* cabo trenzado como cajeta.
plan *n.* plano. | *vt.* planificar.
plane *n.* plano, cepillo. | *vt.* planear, cepillar, igualar. | **jack plane** garlopa.

planet *n.* planeta.
planetarium *n.* planetario.
planimeter *n.* planímetro.
plank *n./vt.* tablón, forro de madera, forrar, embonar, entablar.
planking *n.* tablazón, forro.
plankton *n.* placton.
planning *n.* planificación, planeo. | **planning hull** casco planeador. | **planning speed** velocidad de planeo.
plate *n.* chapa, plancha, placa. | *tv.* revestir, forrar con chapa. | **base plate** bancada. | **grounding plate, earth plate** placa de tierra. | **center girder plate** quilla vertical. | **flat keel plate** quilla horizontal. | **stringer plate** trancanil. | **strainer plate** rejilla perforada. | **tin plate** hojalata. | **web plate** alma.
platform *n.* plataforma.
plating *n.* enchapado, chapado, capa metálica, blindaje.
play *n.* holgura, juego. | *vi.* moverse con holgura, tener juego.
pleasure boat, pleasure craft *n.* barco de recreo.
pledget *n.* cordón de estopa.
Pleiades *pln* Pléyades.
pliers *n.* alicates.
Plimsoll mark, Plimsoll line *n.* disco Plimsoll.
plot *n.* derrota, situación. | *vt.* trazar.
plotter *n.* trazador.
plug *n.* tapón, espiche, enchufe, bujía. | *vt./vi.* taponar, tapar, enchufar.
plumb *n.* plomo, plomada, sonda. | *adj.* vertical, a plomo. | *adv.* verticalmente, a plomo. | *vt.* sondar.
plummet *n.* plomada, escandallo.
plunge *n.* zambullida. | *vt.* zambullir, sumergir, cabecear, arfar.
plunger *n.* émbolo, buzo.
Pluto *n.* Plutón.
pluviometer *n.* pluviómetro.
ply *vi.* barloventear, hacer una ruta regular entre dos puertos.
plywood *n.* contrachapado, madera contrachapada.
pneumatic *adj.* neumático.
pod *n.* ranura, manada (de ballenas).
point *n.* punto, cuarta, punta, promontorio. | *vt.* señalar, indicar. | **point a rope** hacer un rabo de rata. | **way point, calling-in point, reporting point** punto de situación. | **reef point** rizo.
pointer *n.* indicador, aguja.
poisonous *adj.* venenoso, tóxico.
polacre *n.* polacra.
polar *adj.* polar. | **polar circle** círculo polar. | **polar coordinates** coordenadas polares. | **polar climate** clima polar. | **polar lights** aurora boreal.
Polaris *n.* estrella polar.
polarity *n.* polaridad.
polder *n.* pólder.
pole *n.* polo, mástil, asta, pértiga, pala. | **pole head** galope. | **flag pole** asta de bandera. | **pole star** estre-

lla polar. | **North Pole** Polo Norte. | **South Pole** Polo Sur. | **spinnaker pole** tangón.

policy *n.* póliza.

polish *vt.* pulir.

pollution *n.* contaminación. | **noise pollution** contaminación acústica. | **river pollution** contaminación de los ríos. | **air pollution** contaminación del aire.

polyamide *n.* poliamida.

polyester *n.* poliéster.

polyethilene *n.* polietileno.

polypropylene *n.* polipropileno.

polyvinyl *n.* polivinilo. | **polyvinyl chloride** cloruro polivinílico.

pontoon *n.* pontón. | **pontoon crane** grúa flotante.

poop *n.* popa, toldilla. | *vt.* espaldear. | **poop deck** toldilla.

poppet *n.* tolete.

port *n.* puerto, babor, porta, portilla. | *adj.* portuario. | **sea port** puerto marítimo. | **fishing port** puerto pesquero. | **port of entry** puerto de entrada. | **commercial port** puerto comercial. | **trading port** puerto comercial. | **free port** puerto franco, puerto libre. | **outer port** antepuerto. | **port of call** puerto de escala, puerto de arribada. | **port of registry** puerto de matrícula. | **home port** puerto de amarre. | **come into port, put into port** tomar puerto, arribar. | **get safely into port** llegar a buen puerto. | **port duties** derechos portuarios. | **port the helm** poner el timón a babor, virar a babor. | **light port, port hole** limera. | **helm port** portilla. | **port rudder** timón de babor. | **port tack** amurado a babor.

portable *adj.* portátil.

portage *n.* transporte terrestre de barcos y sus mercancías, coste de transporte.

Poseidon *n.* Poseidón.

position *n.* posición, situación. | *vt.* situar, localizar. | **position line, line of position** línea de posición. | **position lights** luces de navegación.

post *n.* codaste, pilar, poste, noray, correo.

pound *n.* libra.

powder *n.* pólvora.

power *n.* poder, potencia. | *vt.* propulsar.

practique *n.* práctico.

pratique *n.* plática.

prediction *n.* predicción, pronóstico.

present presente. | *adj.* actual. | *vt.* presentar, exponer.

press *n.* prensa. | *vt.* prensar, pulsar.

pressure *n.* presión. | **pressure-gauge** manómetro. | **pressure gradient** gradiente de presión.

prevail *vt.* prevalecer, predominar, reinar.

prevailing *adj.* predominante, imperante, reinante. | **prevailing wind** viento predominante.

preventer *n.* contra, patarráez.
prick *vt.* puntear.
pricker *n.* punzón.
primage *n.* prima.
prime *adj.* fundamental, principal. | *vt.* cebar, aprestar. | **prime meridian** meridiano de Greenwich.
priority *n.* prioridad.
prismatic *adj.* prismático.
privateer *n.* corsario, buque corsario.
privateering *n.* corso, expedición.
prize *n.* presa. | *vt.* apresar. | **prize court** tribunal de presas marítimas.
procedure *n.* procedimiento.
proceed *vi.* seguir, continuar, ir, actuar, proceder, avanzar.
proceedings *npl.* proceso, procedimiento, método.
procuration *n.* adquisición, obtención, procuración, poder.
profile *n.* perfil, plano, contorno. | *vt.* perfilar.
prohibit *vt.* prohibir, impedir, imposibilitar.
project *n.* proyecto. | *vt.* proyectar.
projection *n.* proyección, saliente.
promontory *n.* promontorio.
proof *n.* prueba.
prop *n.* escora, puntal. | *vt.* escorar.
propane *n.* propano.
propel *vt.* propulsar, impeler, impulsar.
propeller *n.* hélice. | **propeller shaft** eje de la hélice. | **controllable pitch propeller** hélice de paso variable. | **conventional propeller** hélice convencional. | **propeller boss** cubo de la hélice. | **propeller keeper** guardahélice. | **propeller strut** arbotante del eje. | **jury propeller** hélice de fortuna.
proper *adj.* apropiado, adecuado, exacto, correcto, verdadero. | **proper course** rumbo debido.
propulsion *n.* propulsión.
protest *n.* protesta, queja. | *vt./vi.* protestar. | **sea protest** protesta de mar. | **protest flag** bandera de protesta. | **protest comittee** comité de protestas.
prototype *n.* prototipo.
protractor *n.* transportador de ángulos.
provide *vt.* suministrar, proveer.
provision *n.* provisión, suministro. | *npl.* víveres, vituallas.
prow *n.* proa.
proximity *n.* proximidad.
puff *n.* racha, ráfaga, soplo. | *vi.* soplar.
pull *n.* tracción, arrastre, cuerda, cadena. | *vt.* halar, jalar, remar. | **pull out** remar hacia alta mar, irse, marchar. **pull away!** ¡avante!
pulley *n.* motón, polea, roldana.
pulpit *n.* púlpito.
pump *n.* bomba. | *vt.* bombear, achicar. | **pump out** achicar.

pumping *n.* bombeo, achique.
punch *n.* punzón, troquel.
punt *n.* batea. | *vt.* llevar en batea, impulsar con percha. | *vi.* ir en batea.
purchase *n.* aparejo, compra.
purge *n.* purga. | *vt.* purgar.
purify *vt.* depurar.
purser *n.* contador, sobrecargo.
push *vt.* empujar.
put *vt.* poner, colocar. | **put in to a port** entrar en puerto, hacer escala en un puerto. | **put to sea** zarpar, hacerse a la mar. | **put down** fondear. | **put back** regresar al puerto. | **put forth** zarpar. | **put off, put out** hacerse a la mar, echar al mar, botar. | **put up** izar. | **put about** virar.
putty *n.* masilla. | *vt.* enmasillar.
pyrometer *n.* pirómetro.
pyrothecnics *pln.* pirotecnia.

Q

quadrant *n.* cuadrante.
quadrature *n.* cuadratura.
qualification *n.* título, aptitud.
qualify *vt.* clasificar, capacitar. | *vi.* clasificarse, capacitarse, sacarse el título de.
quality *n.* calidad.
quantity *n.* cantidad.
quarantine *n.* cuarentena. | **put in quarantine** poner en cuarentena. | **quarantine flag (q flag)** bandera de cuarentena. | **quarantine wing** lazareto.
quarter *n.* cuarta (del compás), aleta, cuadra de popa, puesto de combate. | *vt.* cuartear. | **quartermaster** cabo de la marina. | **quarter deck** toldilla. | **quarter boat** bote de los pescantes. | **quarter rails** pasamanos de popa. | **quarter spring** esprín de popa. | **on the quarter** por la aleta. | **quarters** alojamiento, camarotes.
quartering *adj.* por la aleta. | **quartering sea** mar de aleta. | **quartering wind** viento de aleta.
quay *n.* muelle.
quayage *n.* longitud del muelle, muellaje, conjunto de muelles.
question *n.* pregunta, cuestión. | *vt.* preguntar, interrogar.
quick *adj.* rápido.
quicksand *n.* arenas movedizas.
quickwork *n.* obra viva.
quoin *n.* esquina, ángulo, dovela, cuña.

R

rabbet *n.* ranura, rebajo, renvalso, alefriz. | *vt.* hacer un rebajo, ensamblar, renvalsar.

race *n.* regata. | *vt.* competir, acelerar. | **race commitee** comité de regatas.

racer *n.* regatista, embarcación de regatas.

racing *adj.* de regatas. | **racing boat** barco de regatas. | **racing yacht** yate de regatas.

rack *npl.* nubes, armero, cabillero, bastidor. | *vt.* sacudir, abarbetar.

racking *n.* pandeo.

radar *n.* radar. | **radar beacon** baliza radar. | **radar operator** operador de radar. | **radar scanner** antena giratoria de radar. | **radar reflector** reflector de radar. | **radar screen, rader scope** pantalla de radar. | **radar tracking** dirección por radar.

radiaton radiación, irradiación.

radio *n.* radio, aparato de radio. | *adj.* radiofónico. | *vt.* radiar, transmitir por radio, mandar un mensaje por radio. | **radio beacon** radiofaro. | **radio compass** radiocompás, receptor radiodireccional. | **radio navigation** radionavegación. | **radio operator** radiotelegrafista, radiotelefonista. | **radio station** emisora. | **radio set** aparato o receptor de radio. | **radio transmission** radiotransmisión. | **radio communication** radiocomunicación. | **radio notice** aviso radiado.

radiogoniometer *n.* radiogoniómetro.

radiogoniometry *n.* radiogoniometría.

radiolaria *n.* radiolarios.

radiotelegraphy *n.* radiotelegrafía.

radiotelephone *n.* radioteléfono.

radiotelephony *n.* radiotelefonía.

radius *n.* radio.

radome *n.* radomo, tapa de protección del radar.

raft *n.* balsa. | *vt.* transportar en balsa, construir una balsa. | *vi.* ir en balsa.

raider *n.* buque corsario.

rail *n.* barandilla, batayola, borda.

rain *n.* lluvia. | *vt./vi.* llover. | **drizzling**

rain llovizna. | **rain belt** zona de lluvias. | **rain chart** mapa pluviométrico. | **rain cloud** nubarrón.

rainbow *n.* arco iris.

raise *vt.* avistar, levantar, levar, guindar, izar, poner a flote.

rake *n.* inclinación. | *vt.* inclinar.

ram *n.* espolón. | *vt.* embestir con el espolón.

ramark *n.* radiobaliza de radar.

ramp *n.* rampa, elevador. | *vi.* inclinarse.

range *n.* línea, hilera, zona, alcance, distancia, extensión, radio de acción. | *vt.* costear, bordear. | **range finder** telémetro. | **range of chain** bitadura.

rank *n.* graduación, grado, categoría, clase. | *vt.* alinear, situar, colocar.

rapid *n.* rápido, rabión.

ratch, ratchet *n.* rueda de trinquete.

rate *n.* proporción, índice, velocidad, ritmo, tarifa. | *vt.* estimar, clasificar.

rating *n.* arqueo, handicap, marinero, clasificación, clase.

ratio *n.* relación, proporción.

ratline *n.* flechaste.

rattle *n.* traqueteo, ruido. | *vt.* hacer sonar. | **rattle down** fijar flechastes a los obenques.

ray *n.* rayo.

reach *n.* bordada, bordo, alcance, extensión, recto, distancia. | *vt.* llegar, alcanzar, acercar, comunicar. | *vi.* navegar con el viento de costado. | **beam reach** través. | **broad reach** largo. | **close reach** descuartelar.

reaching *adv.* a un largo. | **reaching leg** largo.

reaction *n.* reacción.

reactor *n.* reactor.

reading *n.* lectura, medición.

ready *adj.* listo, dispuesto. | **ready about!** ¡listo para virar!

ream *vt.* escariar, abocardar.

rear *n.* retaguardia, parte trasera. | *adj.* posterior.

rebate *n.* ranura, rebaja. | *vt.* rebajar.

recast *vt.* refundir.

recasting *n.* refundición.

receive *vt.* recibir.

receiver *n.* receptor.

reception *n.* recepción.

reciprocal *adj.* recíproco, mutuo.

reckon *vt.* calcular, estimar.

reckoning *n.* cálculo, estima.

recognise *vt.* reconocer.

recognition *n.* reconocimiento.

recoil *n.* retroceso.

record *n.* registro, archivo. | *vt.* registrar, grabar.

recorder *n.* grabador, registrador.

recover *vt.* recuperar, rescatar, ganar (tierra al mar).

recreational *adj.* recreativo. | **recreational craft** embarcación de recreo.

reduce *vt.* reducir, degradar, aminorar, disminuir.
reduction *n.* reducción. | **reduction gear** engranaje desmultiplicador, engranaje reductor.
reef *n.* arrecife, escollo, rizo. | *vt.* tomar rizos, arrizar. | **coral reef** arrecife de coral. | **reef cringles** garrucho. | **reef knot** nudo llano. | **reef lines** cajeta de rizos. | **reef points** refuerzos de los tomadores de rizos. | **reef-band** faja de rizos. | **reef-hank** tomador de rizos. | **reefer** *n.* buque frigorífico, guardiamarina.
reel *n.* carrete, bobina, carretel.
reem *vt.* calafatear.
reemer *n.* pitarrasa.
reeve *vt.* asegurar (con cabo), pasar por una polea, pasar por un ojal. | *vi.* laborear.
refinery *n.* refinería.
refit *n.* recorrido, reparación, carenadura. | *vt.* recorrer, reparar, carenar, volver a equipar.
reflection, reflexion *n.* reflexión, reflejo.
reflector *n.* reflector, catafaro.
refloat *vt.* desencallar, desvarar, reflotar.
reflux *n.* reflujo, descenso de la marea.
refraction *n.* refracción.
refrigerant *n.* refrigerante.
refrigerate *vt.* refrigerar.
refrigeration *n.* refrigeración.
refuel *vt.* reabastecer de combustible, repostar.
refurbish *vt.* restaurar, renovar.
regal *adj.* regio, real. | **regal sailing boat** buque real.
regatta *n.* regata. | **regatta jury** jurado de regata.
region *n.* región, zona.
register *n.* registro, matrícula, indicador, lista. | *vt.* registrar, matricular, abanderar.
registering *n.* abanderamiento.
registration office oficina de registro.
registry *n.* registro.
regular *adj.* regular.
regulation *n.* reglaje, regulación, reglamentación, reglamento. | *npl.* reglas. | *adj.* reglamentario. | **radio regulations** reglamento de radiocomunicación. | **collision regulations** reglamento de abordajes. | **regulation lights** luces reglamentarias de situación.
regulator *n.* regulador.
reinforce *vt.* reforzar.
reinforcement *n.* refuerzo.
relative *adj.* relativo. | **relative bearing** *n.* marcación relativa.
relay *n.* relé, repetidor. | *vt.* retransmitir.
release *n.* evacuación, descarga. | *vt.* desenganchar, soltar.
reliable *adj.* de funcionamiento seguro.
relief *n.* relevo, alivio, descarga.

relieve *vt.* relevar, reemplazar, descargar.

remanent *n.* remanente.

remote *adj.* remoto. | **remote control** lejano, control remoto.

removal *n.* supresión, desmontaje.

remove *vt.* quitar, suprimir, desmontar.

rent *n.* fenda, hendidura.

repair *n.* reparación, reforma. | *vt.* reparar, componer.

repeat *n.* repetición, retransmisión. | *vt./vi.* repetir.

repel *vt.* rechazar, repeler.

repetition *n.* repetición.

replace *vt.* sustituir, reemplazar.

report *n.* informe, relato, boletín. | *vt.* relatar, redactar, declarar, dar parte. | **damage report** parte de avería. | **weather report** parte meteorológico.

repulsion *n.* repulsión.

request *n.* petición, demanda. | *vt.* pedir, solicitar.

require *vt.* necesitar, exigir, requerir.

requirement *n.* requisito.

rescue *n.* rescate, salvamento. | *vt.* salvar. | **rescue operations** operaciones de salvamento. | **rescue boat** bote de salvamento.

rescuer *n.* rescatador, salvador.

reserve *n.* reserva. | **reserve of buoyancy** flotabilidad de reserva.

residual *adj.* residual.

residue *n.* residuo.

resilient *adj.* elástico, flexible, resistente.

resin *n.* resina.

resist *vt.* resistir, soportar.

resistant *adj.* resistente.

resistence *n.* resistencia.

resolution *n.* resolución.

resource *n.* recurso, medio.

rest *n.* soporte, descansar, apoyar.

restrain *vt.* contener, retardar.

restricted *adj.* restringido, limitado. | **restricted offshore** costa restringida.

result *n.* resultado.

resultant *adj.* resultante.

resume *vt.* reanudar.

retain *vt.* retener, conservar.

retard *n.* retraso. | **retard of tide** retraso de la marea.

retention *n.* retención.

retract *vt.* replegar, retraer.

return *n.* regreso. | *vi.* regresar.

reverse *n.* contramarcha, inversión. | *adj.* inverso. | *vt.* invertir.

reversible *adj.* reversible.

reversing *adj.* reversible.

revision *n.* revisión, corrección, modificación.

revolution *n.* revolución, rotación, giro. | **revolution counter** cuentarrevoluciones. | **revolutions per minute** revoluciones por minuto.

revolving *adj.* giratorio. | **revolving**

light luz giratoria. | **revolving storm** ciclón.

rheostat *n.* reóstato.

rhumb *n.* línea loxodrómica, cuarta.

rib *n.* cuaderna, costilla. | *vt.* poner cuadernas.

ribband *n.* verduguillo, galón.

ricker *n.* puntal.

ride *n.* trayecto, viaje. | *vt.* recorrer. | *vi.* estar fondeado. | **ride out the storm** capear el temporal.

rider *n.* bulárcama, sobreplán.

ridge *n.* cumbre de toldo, cresta de una ola.

rig *n.* aparejo, arboladura, jarcia. | *vt.* aparejar, enjarciar, armar.

rigging *n.* aparejo, jarcia, arboladura, obencadura. | **standing rigging** jarcia firme. | **running rigging** jarcia de labor.

right *n.* bien, derecha. | *npl.* derechos. | *adj.* bien, correcto, exacto. | *adv.* adecuado, exactamente. | *vt.* enderezar, adrizar. | **right ascension** ascensión recta. | **right of way** prioridad de paso.

righting *n.* adrizamiento.

rigid *adj.* rígido.

rim *n.* corona, llanta, reborde.

ring *n.* anilla, aro, arandela. | **anchor ring** arganeo (del ancla). | **ring bolt** cáncamo.

riot *n.* motín.

rip *n.* cabrilleo, rifadura. | *vt.* rifar.

ripple *n.* cabrilleo, onda, ola pequeña. | *vt.* cabrillear, rizar.

rise *n.* flujo, subida, crecida. | *vi.* subir, ascender, crecer.

rising *adj.* creciente. | **rising tide** marea creciente.

risk *n.* riesgo, peligro. | *vt.* arriesgar.

river *n.* río, *adj.* fluvial.

rivet *n.* remache, roblón. | *vt.* remachar, roblonar, fijar.

riveting, rivetting *n.* remache, remachado.

rivulet *n.* riachuelo.

roach *n.* alunamiento. | *vt.* alunar.

road, roadstead *n.* rada.

robband *n.* envergue.

rock *n.* roca, escollo, piedra. | *adj.* rocoso.

rocket *n.* cohete, bengala.

rocking *adj.* oscilante, basculante, rod. | *n.* vástago, varilla, biela.

roll *n.* oleaje, balanceo. | *vt.* balancear, enrollar, laminar. | **roll up** balancearse, enrollarse.

roller *n.* rolete, rodillo. | **roller furling, roller reefing** enrollador de vela.

rolling *n.* balanceo, agitado, encrespado. | *adj.* oscilante.

room *n.* sala, espacio, camarote, cámara.

rope *n.* maroma, cable, cabo, lazo, cabuyería. | *vt.* relingar. | **rope-band** envergue. | **stout esparto rope** estrenque.

ro-ro, roll-on roll-off *n.* ro-ro, sistema de carga horizontal.

rorqual *n.* rorcual.

rose *n.* rosa del compás.
rot *n.* podredumbre. | *vt.* pudrir (la madera).
rotary *adj.* giratorio, rotativo.
rotate *vt.* girar, alternar. | *vi.* dar vueltas, girar.
rotation *n.* rotación, giro.
rotator *n.* hélice (de la corredera).
rotor *n.* rotor.
rough *adj.* crudo, accidentado, duro, agitado, aproximado.
round *adj.* redondo, arqueado. | *adv.* alrededor, aproximadamente. | *prep.* alrededor, en torno a. | *vt.* doblar, torcer. | **round to** orzar, **round beam** brusca del bao.
roundabout *n.* rodeo. | *adj.* indirecto.
rounded *adj.* redondeado, esférico.
roundhouse *n.* chupeta.
roundtop *n.* gavia, cofa.
rouse *vt.* halar.
route *n.* ruta, itinerario. | **trade route** ruta comercial. | **customary route** ruta convencional.
rover *n.* pirata, corsario.
row *n.* hilera, boga. | *vt./vi.* remar, bogar. | **row boat** bote de remos.
rower *n.* remero.
rowlock *n.* escálamo, tolete, chumacera.
royal *n.* sobrejuanete. | *adj.* de sobrejuanete, real. | **royal mast** mastelero de sobrejuanete. | **royal stay** estay de mastelero de sobrejuanete.
rubber *n.* caucho, goma.
rubbing *n.* frotamiento, roce.
rudder *n.* timón. | *npl.* timonería. | **rudder bar** caña del timón, brazo del timón. | **rudder arm** codaste. | **rudder post** codaste. | **rudder angle indicator** indicador del ángulo del timón. | **rudder hole** limera. | **rudder stop** tope del timón. | **balanced rudder** timón compensado. | **spade rudder** timón suspendido. | **rudder plate** pala del timón. | **rudder stock** mecha del timón. | **rudder line** cable del timón. | **rudder main pieze** eje del timón. **rule** *n.* regla, norma. | *vt.* mandar, gobernar. | **rule book** reglamento. | **class rules** reglas de clases. | **the racing rules of sailing** reglamento de regatas a vela.
ruler *n.* gobernante, regla.
rummage *vi.* registrar, hurgar.
run *n.* singladura, travesía. | *vt.* gobernar, dirigir. | *vi.* navegar con viento en popa. | **run before the wind** navegar con viento en popa. | **run aground, run ashore** encallar, varar, embarrancarse. | **run along** recorrer, deslizar, costear. | **run down** abordar. | **run into port** entrar en el puerto. | **run out** desenrollarse, bajar. | **run up** izar.
rung *n.* escalón, peldaño.
runner *n.* amante.
running *n.* funcionamiento, mar-

cha. | *adj.* en marcha, móvil, empopado. | **running gear** engranaje de marcha. | **running light** luz de posición. | **running backstay** burda. | **running rigging** jarcia de labor, jarcia viva.

rust *n.* óxido, herrumbre.

rustproof *adj.* inoxidable.

S

sack *n.* saco.

safe *adj.* seguro, caja fuerte.

safety *n.* seguridad.

sag *n.* arrufo, pandeo, flecha. | *vi.* combar, arribar.

sagging *n.* arrufo.

sail *n.* velamen, vela, velero, barco de vela, viaje, travesía, manga de ventilación. | *vt.* navegar. | **sail ho!** ¡barco a la vista! | **to get under sail, to set sail** hacerse a la vela, zarpar. | **to set sail, to strike sail** arriar las velas, apocar las velas. | **to take in sail** recoger velas. | **under full sail** a toda vela. | **to sail the seas** surcar los mares. | **to sail against the wind** hurtar el viento, arranchar. | **sail area** superficie vélica. | **sail close to the wind** navegar de bolina. | **sail close-hauled** ceñir. | **sail in convoy** navegar en conserva. | **sail plan** plano vélico. | **sail track** puño de amura. | **sail head** puño de driza. | **sail clew** puño de escota. | **sail foot** pujamen. | **sail trim** trimado de las velas. | **sail off the wind** navegar con el viento portante. | **sail on the wind** navegar contra el viento. | **sail free** navegar a un largo.

sailboard *n.* tabla a vela.

sailboat *n.* velero, barco de vela.

sailcloth *n.* lona.

sailer *n.* velero, buque velero.

sailing *n.* navegación, travesía. | **plane sailing** navegación loxodrómica. | **great circle sailing** navegación ortodrómica. | **sailing boat, sailing ship** velero, barco de vela. | **sailing conditions** condiciones de navegación. | **sailing directions** derroteros. | **sailing school** escuela de vela. | **sailing instructions** instrucciones de regata.

sailmaker *n.* velero.

sailor *n.* marinero, marino. | **fresh water sailor** marinero de agua dulce.

sailoring *n.* marinería.

saline *n.* salina. | *adj.* salino.

salinity *n.* salinidad.

salinometer *n.* salinómetro.

salon, saloon *n.* salón, cámara.

salt *n.* sal. | *adj.* salado. | *vt.* salar. | **old salt** lobo de mar.

salting *n.* salazón.
saltpeter, saltpetre *n.* salitre.
saltwater *n.* agua salada. | *adj.* de agua salada.
salute *n.* salva.
salvage *n.* salvamento, pago por salvamento. | *vt.* salvar, recuperar. | **salvage operation** operación de salvamento.
samson post bita.
sand *n.* arena, playa, banco de arena. | *vt.* enarenar.
sandblast *n.* chorro de arena, chorrear con arena.
sandblasting *n.* chorreado de arena.
sanding *n.* lijado.
sandwich *adj.* sándwich. | **sandwich block** bloque sándwich.
sanitary *adj.* sanitario.
sargasso *n.* sargazo.
satellite *n.* satélite. | **satellite navigation** navegación por satélite.
saturate *vt.* saturar.
saturation *n.* saturación.
Saturn *n.* Saturno.
save *vt.* salvar. | **save-all** recogedor de goteo.
saw *n.* sierra. | *vt./vi.* serrar.
say vt. decir. | **say again** repetir.
scale *n.* escala. | **scale factor** factor de escala. | **Beaufort scale** escala de Beaufort. | **Douglas scale** escala de Douglas.
scanner *n.* detector, antena de radar.
scanning *n.* barrido, exploración.
scantling *n.* escantillón.
scaphander *n.* escafandra.
scarf *n.* canal, empalme. | *vt.* empalmar, ensamblar.
school *n.* banco de peces, escuela. | **school ship** buque escuela.
schooner *n.* goleta.
scoop *n.* achicador.
scope *n.* ámbito, campo de acción, alcance.
scorbute, scurvy *n.* escorbuto.
scotchman *n.* defensa de la jarcia.
scow *n.* chalana, gabarra.
scrape *vt.* rascar.
scraper *n.* rasqueta.
screen *n.* pantalla.
screw *n.* hélice, tornillo. | *vt.* atornillar. | **to screw out** destornillar.
screwdriver *n.* destornillador.
scrimshaw *n.* talla en barba de ballena.
scroll *n.* espiral, voluta.
scuba *n.* escafandra. | **scuba diving** buceo.
scud *n.* nubes ligeras, chaparrón. | *vi.* navegar de empopada.
scull *n.* remo, espadilla, barco de remo. | *vt.* impulsar con la espadilla, cinglar.
scupper *n.* imbornal.
scurvy *n.* escorbuto.
scutcheon *n.* espejo de popa.
scuttle *n.* portillo, carbonera. | *vt.* barrenar, dar barreno a una embarcación. | **scuttle butt** barril de agua fresca.

sea *n.* mar. | *adj.* marino, marítimo. | **rough sea** mar agitado. | **angry sea** mar enfurecido. | **raging sea** mar enfurecido. | **stormy sea** mar enfurecido. | **choppy sea** mar picada. | **hollow sea** mar corta. | **at sea** en el mar. | **by the sea** a orillas del mar. | **out at sea** en alta mar. | **to travel by sea** viajar por mar. | **to put to sea** hacerse a la mar. | **to send by sea** enviar por vía marítima. | **beyond the sea, beyond the seas** allende los mares. | **heavy sea** marejada, mar gruesa. | **inland-sea** mar interior. | **high seas** alta mar. | **open sea** alta mar. | **out to sea** mar adentro. | **strong sea** marejada. | **to follow the sea** ser marinero. | **to go to sea** hacerse marinero. | **to ship a sea** ser cubierto por una ola grande. | **to stand out to sea** irse mar adentro, hacerse mar adentro. | **sea transport** transporte marítimo. | **sea battle** batalla naval. | **sea chart** carta náutica. | **sea current** corriente marina. | **sea voyage** viaje por mar. | **sea anchor** ancla flotante. | **sea bag** saco de marinero. | **sea bed** fondo del mar. | **sea bird** ave marina. | **sea bream** besugo. | **sea breeze** brisa marina. | **sea buoy** boya más exterior. | **sea captain** capitán de velero de altura. | **sea clutter** ecos en el radar producidos por el oleaje. | **sea dog** lobo de mar, pirata, foca, becerro marino, cazón. | **sea fan** abanico de mar (coral). | **sea flush deck** cubierta corrida. | **sea level** nivel del mar. | **sea mark** señal marítima. | **sea mile** milla marina. | **sea pass** pasavante. | **sea risk** riesgo del mar. | **sea room** resguardo, espacio de maniobra. | **sea shanty** saloma. | **sea state** estado de la mar. | **sea trial** prueba de comprobación marítima. | **sea trout** trucha de mar. | **sea urchin** erizo de mar. | **sea wall** dique, rompeolas. | **sea farer** mavegante.

seaboard *n.* costa, litoral. | *adj.* costanero.

seaborne *adj.* transportado por mar, marítimo.

seacoast *n.* litoral, costa.

seacock desaguadero, tapón de achique.

sea-ear *n.* oreja marina.

seafarer *n.* marinero, marino, navegante.

seafaring *n.* oficio de marinero, marinería. | *adj.* marinero. | **seafaring people** pueblo marinero. | **seafaring yarn** historias de marineros.

seafood *n.* marisco.

seafowl *n.* ave marina.

seafront *n.* paseo marítimo.

seagirt *adj.* rodeado por el mar.

seagoing *adj.* de alta mar, marinero, marítimo.

seagull *n.* gaviota.

seal *n.* foca, sello, precinto. | *vt.* sellar, lacrar, precintar, cerrar, im-

permeabilizar. | *vi.* cazar focas.
sealer *n.* buque para la caza de focas, imprimación.
seam *n.* junta, costura, grieta. | *vt.* coser, juntar.
seaman *n.* marino, marinero.
seamanship *n.* náutica, marinería.
seaplane *n.* hidroavión.
seaport *n.* puerto marítimo.
seaquake *n.* maremoto.
search *n.* fondeo, búsqueda, registro. | *vt.* fondear, buscar. | **right of search** registrar, derecho de visita. | **search and rescue** búsqueda y rescate.
searcher *n.* funcionario de aduanas.
seascape *n.* marina, vista marina.
seashore *n.* playa, orilla del mar, costa, litoral.
seasickness *n.* mareo.
seaside *n.* playa, costa, litoral. | *adj.* costero.
season *n.* temporada, estación. | *vt.* curar (madera).
seat *n.* asiento.
seaward *adj.* que da al mar, del lado del mar. | *adv.* hacia el mar. | **seaward, seawards** mar adentro.
seaware *n.* alga.
seawater *n.* agua de mar.
seaway *n.* ruta marítima, vía marítima, canal, marcha, mar gruesa.
seaweed *n.* alga.
seaworthy *adj.* en buen estado para navegar, marinero.
second *n.* segundo. | *adj.* segundo. | **second mate** segundo de a bordo.
secondary *adj.* secundario.
section *n.* sección, trozo, tramo.
sector *n.* sector, compás de proporciones, zona.
secure *adj.* seguro, firme, sólido. | *vt.* trincar, afianzar.
security *n.* seguridad.
seesaw *n.* vaivén. | *adj.* oscilante. | *vi.* oscilar.
segment *n.* segmento. | *vt.* segmentar.
seine jábega. | *vt./vi.* pescar con jábega. | **seine fishing** *n.* bou.
seiner *n.* jabeguero.
seize *vt.* trincar, capturar.
seizing *n.* trinca, ligada.
select *vt.* elegir, clasificar.
selective *adj.* selectivo.
selector *n.* selector.
selvage, selvedge *n.* orillo.
semaphore *n.* semáforo. | *vt.* comunicar por semáforo.
semicircumference *n.* semicircunferencia.
semirigid *adj.* semirrígido.
send *vt.* mandar, enviar, transmitir. | *vi.* emitir. | **send down** desaparejar.
sender *n.* emisor.
sennit *n.* cajeta.
sentry *n.* centinela.
separation *n.* separación, clasificación.

septentrional *adj.* septentrional.
sequence *n.* secuencia.
serachlight *n.* proyector.
serein *n.* sereno.
serene *adj.* bonancible.
serve *vt.* forrar (un cabo), aforrar.
service *n.* funda, aforro.
serving *n.* funda, aforro. | **serving mallet** maceta de aforrar. | **serving board** paleta de aforrar.
servomotor *n.* servomotor.
set *n.* dirección, juego. | *vt.* desplegar (las velas), reglar. | *vi.* soplar (el viento). | **set course** arrumbar.
settee, settie *n.* místico.
setting *n.* reglaje, ocaso.
settle *vt.* establecer, instalar, estabilizar, colocar, resolver, arreglar. | *vi.* posarse, estabilizarse, localizarse, calmarse, arreglarse, hundirse poco a poco, asentar, sedimentar.
sew *vt./vi.* coser, remendar, varar.
sewage *n.* aguas residuales.
sextant *n.* sextante.
shackle *n.* argolla, grillete. | *vt.* engrilletar.
shade *n.* cristal de color, cristal modificador.
shaft *n.* eje, mango.
shake *n.* fenda, sacudida.| *vt.* temblor, movimiento, flamear. | **shake out** zarandear, desplegar (bandera, vela).
shallop *n.* chalupa.
shallow *n.* bajo. | *adj.* poco profundo.
shank *n.* caña. | **anchor shank** caña (de ancla).
shanty *n.* saloma.
shape *n.* forma, perfil. | *vt.* conformar.
shaper *n.* limadora.
shark *n.* tiburón.
sharp *adj.* afilado, puntiagudo.
sharpen *vt.* afilar.
shear *n.* cizalla.
sheathe *vt.* forrar, cubrir, enfundar.
sheathing *n.* enfundadura, revestimiento, forro.
sheave *n.* roldana. | **sheave hole** escotera. | **sheave channel** cajera.
shed *n.* tinglado.
sheepshank *n.* nudo margarita.
sheer *n.* arrufadura, arrufo, desviación (de un rumbo). | *vi.* desviarse, caer a pico. | **sheer off** desviarse. | **sheer legs** cabria. | **sheer line** línea de arrufo. | **sheer plan** plano de perfil. | **sheer strake** cinta, traca de cinta.
sheet *n.* escota, lámina. | *vt.* cubrir. | **sheet anchor** ancla de la esperanza. | **sheet bend** vuelta de escota.
shelf *n.* durmiente, arrecife.
shell *n.* forro exterior, casco, yola.
shellback *n.* marinero viejo y experimentado.
shelter *n.* abrigo, refugio. | *vt.* proteger, resguardar.
shelterdeck *n.* cubierta de abrigo.
shelvy *adj.* lleno de escollos.
sheet escota.
shield *n.* coraza.

shift *n.* salto (del viento), cambio, turno. | *vt.* cambiar, rolar, trasladar, rotar.

shifting *n.* corrimiento.

ship *n.* navío, barco, buque. | *vt.* embarcar, armar, montar, desarmar, enrolar, transportar. | **capital ship** acorazado. | **hospital ship** buque hospital. | **merchant ship** buque mercante. | **mother ship** buque nodriza. | **on board ship** a bordo. | **passenger ship** buque de pasajeros. | **ship of the line** buque de línea. | **ship's boat** lancha (que permite bajar a tierra), bote salvavidas. | **ship's company** tripulación. | **to take ship** embarcarse. | **ship canal** canal navegable. | **ship chandler** abastecedor de buques. | **shipbroker** agente marítimo. | **ship manager** gestor naval. | **ship's articles** rol de la tripulación. | **ship's log** diario de a bordo.

shipboard *n./adj.* a bordo.

shipbreaking *n.* desguace de buques.

shipbuilder *n.* constructor de buques.

shipbuilding *n.* construcción naval.

shipmaster *n.* capitán de un buque mercante, patrón.

shipmate *n.* compañero de a bordo, compañero de tripulación.

shipment *n.* carga, fletamento, envío.

shipowner *n.* armador, naviero.

shipper *n.* expedidor, cargador.

shipping *n.* embarque, flota, navegación, buques. | **shipping port** puerto de embarque. | **shipping agent** agente marítimo, consignatario de buques, expedidor. | **shipping company** compañía naviera. | **shipping lane** ruta marítima. | **shipping line** línea marítima.

shipside *n.* dársena.

shipway *n.* grada, canal navegable.

shipworm *n.* broma, teredo.

shipwreck *n.* naufragio, restos de un naufragio. | **to be shipwrecked** naufragar, zozobrar.

shipwright *n.* carpintero de ribera, constructor naval.

shipyard *n.* astillero, varadero, rampa.

shiver *vi.* flamear.

shoal *n.* banco de arena, bajío, banco (de peces), cardumen. | *adj.* poco profundo. | *vi.* disminuir en profundidad, desplazarse, ir en bancos (peces).

shoaly *adj.* lleno de bajos.

shock *n.* sacudida, descarga.

shoe *n.* zapata (de ancla).

shoot *n.* intervalo entre las paladas de remo. | *vt.* disparar, tomar la altura (con el sextante). | **shoot ahead** tomar la delantera.

shop *n.* tienda, taller.

shore *n.* escora, puntal, orilla, costa, tierra. | *vt.* desembarcar, escorar. | **shore up** apuntalar, escorar. | **shore leave** permiso para bajar a tierra. | **shore patrol** patrulla guardacostas.

shoreline *n.* orilla, litoral.

shoreward, shorewards *adv.* hacia la costa.

shoring *n.* apuntalamiento.

short *adj.* corto. | **short-circuit** cortocircuito. | **short lashing rope** rabiza. | **short sea shipping** tráfico marítimo de corta distancia. | **short ton** tonelada corta. | **short wave** onda corta.

shortage *n.* escasez.

shorten *vt.* acortar, disminuir, menguar.

shot *n.* grillete, proyectil, tiro. | **shot garland, shot locker** chillera.

shotblasting *n.* chorreado.

shoulder *n.* cachola.

shove off *vi.* desatracar. | **shove off the bow** abrir la proa. | **shove off!** ¡abre!

shovel *n.* pala, espátula.

shower *n.* ducha, chubasco, aguacero.

shrink *vt.* encoger.

shroud *n.* obenque.

shut *vt.* cerrado, cerrar.

sickness *n.* enfermedad.

side *n.* costado, lado. | *adj.* banda, lateral, portilla.

sidelight luz de costado.

sideral *adj.* sidéreo.

sight *n.* vista, visión, mira. | *vt.* avistar, divisar, ver.

sighting *n.* observación.

sign signo. | *vt.* enrolar. | **sign on, sign up** enrolarse. | **sign call** distintivo de llamada del buque.

signal *n.* señal. | **alarm signal** señal de alarma. | **signal code** código de señales. | **signals flag** bandera de señales.

signpost *vt.* señalizar.

signposting *n.* señalización.

silence *n.* silencio. | *vt.* silenciar, amortiguar (el sonido).

silencer *n.* silenciador.

silicone *n.* silicona.

sill *n.* brazola.

silt *n.* lodo, fango. | *vi.* embarrarse.

simmetry *n.* simetría.

simoom, simoon *n.* simún.

simultaneous *adj.* simultáneo.

single *adj.* único, solo, simple. | **single sideband** de banda única. | **single-handed** sin ayuda, que se emplea con una sola mano. | **single block** motón.

sink *vt.* hundir, naufragar. | *vi.* hundirse, irse a pique.

sinkage *n.* hundimiento.

sinker *n.* plomo.

sinking *n.* hundimiento.

siren *n.* sirena.

sirocco *n.* siroco.

sisal *n.* sisal.

sister *n.* barco gemelo. | **sister ships** barcos gemelos.

situate *vt.* situar.

sixteen bells *n.* ocho campanadas dobles que suenan a media noche en el barco para indicar el principio de un nuevo año.

size *n.* tamaño, mena.

skeg *n.* talón de quilla, alerón.

skeleton *n.* esqueleto, armadura.

sketch *n.* croquis.

skid *n.* varadera.

skiff *n.* esquife.

skin *n.* forro, revestimiento.

skipper *n.* patrón. | *vt.* patronear.

sky *n.* cielo.

skylight *n.* lumbrera.

skysail *n.* sosobre.

skyscraper *n.* monterilla.

slack *n.* seno. | *adj.* flojo, holgado. | *vt.* lascar, arriar. | **slack tide, slack water** repunte de la marea. | **take in the slack** cobrar.

slacken *vt.* lascar, arriar, aflojar, disminuir, amollar.

slam *n.* golpe. | *vt.* golpear.

slamming *n.* pantocazo, impacto de carena.

slat *vt.* gualdrapear.

slatch *n.* intervalo de calma.

slatting *n.* gualdrapeo, gualdrapazo.

slave *n.* esclavo. | **slave ship, slaver** buque negrero.

sleeper *n.* durmiente.

sleet *n.* aguanieve.

sleeve *n.* manguito.

slice *n.* cuña de grada.

slick *vt.* mancha oleosa.

slide *n.* patín, corredera. | *vt.* deslizar, resbalar.

sliding *adj.* corredizo, deslizamiento | **sliding-gunter sail** vela guaira.

sling *n.* eslinga. | *vt.* eslingar.

slip *n.* grada, resbalamiento. | *vt.* pasar, deslizar.

slippery *adj.* resbaladizo.

slipstream *n.* estela de la hélice.

slipway *n.* grada de botadura.

sloop *n.* balandra.

slop *n.* derrame, vertido, lodo. | *vt.* derramar, verter. | **slop chest** tienda a bordo de los mercantes donde los marineros pueden realizar sus compras.

slope *n.* rampa.

slot *n.* ranura, muesca. | *vt.* ranurar.

slow *adj.* lento. | *adv.* despacio. | *vt./vi.* retrasar, reducir la marcha, reducir la velocidad, disminuir.

sludge *n.* lodo.

sluice *n.* compuerta.

slush *n.* grasa de la cocina, grasa sólida. | *vt.* baldear.

smack *n.* barco de pesca.

small *adj.* pequeño, reducido. | **small (rocky) island** islote. | **small indian boat** *n.* cayuco. | **small saw** serreta. | **small waves** escarceo. | **small craft warning** aviso para embarcaciones pequeñas de viento inminente de hasta 28 nudos.

smelling the ground se dice de un barco que casi toca el fondo.

smith *n.* herrero.

smithery *n.* herrería.
smoke *n.* humo. | *vt.* fumar, ahumar. | *vi.* humear.
smokestack *n.* chimenea.
smooth *adj.* tranquilo, liso, suave. | *vt.* alisar, aparar. | **smooth sea** marejadilla.
smoother *vt.* sofocar un fuego.
smuggle *vt.* pasar de contrabando. | *vi.* hacer contrabando.
snab shackle mosquetón.
snake *vi.* culebrear.
snatch block *n.* pasteca.
snib *n.* trinca.
snorkel *n.* tubo de respiración. | *vt.* bucear con tubo de respiración.
snotter *n.* retenida.
snow *n.* bergantín de esnón, nieve. | *vi.* nevar.
snub *n.* nudo de la madera. | *vt.* detener un cabo dándole una vuelta a un punto fijo de amarre.
snubber *n.* estopor.
snug *adj.* marinero, arranchar un barco para un temporal.
society *n.* sociedad. | **classification society** sociedad de clasificación.
sock *n.* manga, catavientos.
socket *n.* enchufe, toma de corriente, casquillo.
soft *adj.* blando, suave.
solano *n.* solano.
solar *adj.* solar.
solder *n.* soldadura. | *vt.* soldar.
soldering *n.* soldadura. | **soldering iron** electrodo.
sole *n.* solera, lenguado. | *adj.* único, solo.
solitaire *n.* solitario.
solitary *adj.* solitario.
solstice *n.* solsticio.
solubility *n.* solubilidad.
soluble *adj.* soluble.
solve *vt.* disolver.
solvent *n.* disolvente.
sonar *n.* sónar.
sonic *adj.* sónico.
soot *n.* hollín.
sound *n.* sonido, ruido. | *adj.* en buena condición. | *vt.* sondar. | **sound signal** señal acústica.
sounder *n.* sondador.
sounding *n.* sondeo. | **in sounding** en aguas sondables.
south *n.* sur, mediodía. | *adj.* del sur. meridional. | *adv.* al sur, hacia el sur. | **south by east** sur cuarta al sudeste. | **south by west** sur cuarta al sudoeste. | **south-south-east** sudsudeste. | **south-south-west** sudsudoeste.
southeast south *n.* sudeste (o sureste). | *adj.* del sudeste, hacia el sudeste. | **southeast by east** sudeste cuarta al este. | **southeast by** sudeste cuarta al sur.
southerly *adj.* sur, del sur. | **southerly wind** viento del sur.
southern *adj.* del sur, meridional, austral.
southing *n.* diferencia de latitud como resultado de movimiento hacia el sur.

southward, southwards *adv.* hacia el sudoeste.

southwest *n.* sudoeste (o suroeste). | *adj.* del sudoeste. | *adv.* hacia el sudoeste. | **southwest wind** viento del sudoeste, garbino. | **southwest by south** sudoeste cuarta al sur. | **southwest by west** sudoeste cuarta al oeste.

southwester *n.* sudoeste, garbino.

spanker *n.* cangreja.

spanner *n.* llave para tuercas.

spar *n.* palo, verga, percha. | **spar buoy** boya de espeque.

spare *n.* respeto, repuesto. | *adj.* de respeto.

spark *n.* chispa. | **spark plug** bujía.

sparks operador de radio.

specification *n.* especificación.

speed *n.* velocidad, rapidez. | **at speed** a gran velocidad. | **at full speed** a toda velocidad, a gran velocidad. | **to gather speed** acelerar, cobrar velocidad. | **speed up** acelerar. | **cruising speed** velocidad de crucero. | **speed over ground** velocidad sobre el fondo. | **full speed ahead** avante toda. | **speed through water, surface speed** velocidad sobre el agua.

speedometer *n.* corredera mecánica.

spell *n.* racha, turno. | *vt.* deletrear, relevar. | **warm spell** ola de calor.

spencer *n.* vela mayor de capa.

spend *vt.* gastar, pasar. | **spend the-mast** rendir el mástil.

sperm whale *n.* cachalote.

sphere *n.* esfera.

spherical *n.* esférico.

spheroid *n.* esferoide.

spider *n.* pata de gallo.

spike *n.* espiga, clavo, burel.

spile *n.* espiche.

spill *n.* vertido. | *vt.* desventar, derramar, verter.

spilling line *n.* trapa.

spindle *n.* husillo, vástago.

spindrift *n.* rocíón.

spinnaker *n.* vela balón.

spiral *n. adj.* espiral.

spit *n.* lengua de tierra.

spitfire jib *n.* tormentín.

splash *n.* chapoteo, salpicadura. | *vt.* salpicar.

splashboard alero.

splice *n.* ayuste, junta, costura. | *vt.* ayustar, empalmar, juntar.

split *n.* fenda, hendidura. | *adj.* hendido. | *vt.* degollar (una vela). | *vi.* rifarse (una vela).

spoke *n.* cabilla, rayo, radio. | **king spoke** cabilla indicadora de la vía.

sponsor *n.* patrocinador. | *vt.* patrocinar, financiar.

spool *n.* bobina, carrete. | *vt.* arrollar.

sport *n.* deporte.

spotlight *n.* foco, reflector.

spray *n.* rociada, espuma. | *vt.* rociar.

spread *n.* envergadura, extensión. | *vt.* desplegar (las velas).
spreader *n.* cruceta.
spring *n.* primavera, fuente manantial, codera, esprín. | **spring a leak** abrirse una vía de agua. | **spring tide** marea viva. | **spring line** esprín.
sprit *n.* botalón, percha.
spritsail *n.* tarquina.
spur *n.* arbotante.
spurling-pipe gatera.
spy *n.* espía. | *vt.* divisar, espiar. | **spy glass** anteojo, catalejo. | **spy ship** buque espía.
squadron *n.* escuadra.
squall *n.* ráfaga, chubasco.
square *n.* cuadrado, cuadro, escuadra. | *adj.* cuadrado, en escuadra. | *vt.* cuadrar, escuadrar. | **squae knot** nudo llano, lasca. | **square rig** aparejo cuadrado. | **square sail** vela cuadra.
squawk box *n.* interfono.
stabber *n.* punzón de velero.
stability *n.* estabilidad.
stabilizer *n.* estabilizador.
stable *adj.* estable, equilibrado.
stack *n.* chimenea. | *vt.* apilar.
staff *n.* asta.
stage *n.* fase, guindola, andamio.
stair *n.* escalón, peldaño, escalera.
stairway escalera.
stall *vt.* parar. | *vi.* pararse, perder velocidad.
stanch, staunch *adj.* estanco.
stanchion *n.* candelero.
stanchness *n.* estanquidad.
stand *n.* soporte, lugar. | *vi.* mantener un rumbo. | **stand compass** bitácora. | **stand off, stand out** mantener un rumbo alejándose de la costa.
standard *n.* estandarte, bandera, patrón, norma, estándar. | **standard time** hora legal, hora oficial. | **standard displacement** desplazamiento normal.
standing *adj.* derecho, vertical. | **standing rigging** jarcia firme.
star *n.* estrella.
starboard *n.* estribor. | *adj.* de estribor. | **starboard tack** amurado por estribor.
stargazer *n.* astrónomo.
start *n.* arranque, salida. | *vt.* salir, arrancar.
starter *n.* botón de arranque, motor de arranque, juez de salida.
starting *n.* arranque. | **starting line** línea de salida. | **starting pole** botador.
state *n.* estado, condición. | *vt.* decir, declarar.
state of the sea estado de la mar.
statement *n.* declaración. | **average statement** declaración de avería.
stateroom *n.* camarote.
static *adj.* estático.
statics *n.* estática.
station *n.* puesto, estación, emisora.
statutory *adj.* reglamentario, establecido por ley.

stave *n.* duela, peldaño.

stay *n.* estay, tirante, obenque, estancia. | *vi.* virar, quedarse, permanecer. | **stay in port** estadía. | **triatic stay** estay triático. | **to miss stays** fallar la virada.

stay-hole *n.* ollao.

staysail *n.* vela de estay.

steady *adj.* estable, regular. constante.

steam *n.* vapor. | *vi.* navegar a vapor. | **steam boat, steam vessel** buque de vapor.

steamer *n.* buque de vapor.

steaming light *n.* proyector de cubierta.

steel *n.* acero. | **stainless steel** acero inoxidable.

steer *vt.* gobernar, tripular.

steerage *n.* gobierno, entrepuente.

steerageway *n.* velocidad de gobierno.

steering *n.* gobierno. | **steering wheel** rueda del timón.

steersman *n.* timonel.

steeve *n.* estiba. | *vt.* estibar.

steer tripular, timonear.

stem *n.* roda, tajamar, proa. | *vt.* navegar contra corriente.

stempost *n.* roda.

step *n.* carlinga, peldaño.

stern *n.* popa. | **stern post** *n.* codaste, roda de popa. | **stern bracket** casquillo del arbotante. | **stern chaser** guardatimón. | **stern line** estacha de popa. | **stern rail** cairel de popa. | **stern seat** bancaza. | **stern tube** bocina de codaste. | **to trim by stern** apopar. | **stern trawler** pesquero de arrastre por popa.

sternway *n.* marcha atrás, retroceso.

stevedore *n.* estibador.

stevedoring *n.* estiba.

stick *n.* palo, mástil.

stiff *n.* rígido, duro, fuerte.

stiffen *vt.* reforzar.

stiffness *n.* rigidez, dureza.

still *n.* alambique. | *adj.* tranquilo, quieto.

stirrup *n.* estribo.

stock *n.* cepo, picadero, grada de construcción, provisión. | *vt.* encepar, proveer.

stokehold, stokehole *n.* cámara de calderas.

stoker *n.* fogonero.

stool *n.* taburete, banqueta.

stop *n.* parada, escala, tope, retén. | *vt.* parar, detener.

stopper *n.* boza, estopor, mordaza, tapón, taco, tarugo. | *vt.* abozar, taponar. | **stopper knot** nudo de boza.

storage *n.* almacenaje, almacenamiento, depósito. | **storage heater** acumulador.

store *n.* provisiones, existencias. | *vt.* almacenar.

storehouse *n.* almacén.

storeroom *n.* pañol.

storm *n.* temporal, borrasca. | **storm**

cloud nubarrón. | **storm jib** foque de capa, tormentín. | **storm trysail** mayor de capa. | **revolving storm** ciclón. | **storm warning** aviso de temporal.
stormy *adj.* tormentoso, borrascoso.
stow *vt.* arrumar, estibar. | **stow away** viajar de polizón.
stowage *n.* estiba, arrumaje, gastos de estiba.
stowaway *n.* polizón.
stower *n.* estibador.
stowing *n.* estiba.
straight *adj.* recto, derecho.
straighten *vt.* enderezar.
strain *n.* esfuerzo, tensión, alargamiento. | *vt.* deformar, fatigar, alargar.
strainer *n.* filtro, coladero.
strait *n.* estrecho.
strake *n.* hilada, traca.
strand *n.* playa, ribera, ramal. | *vt./vi.* varar, encallar, zabordar.
stranding *n.* varada, zaborda.
strap *n.* tira, banda, fleje, cincha. | *vt.* engazar, afianzar.
strategy *n.* estrategia.
stratified *adj.* estratificado.
stratocumulus *n.* estratocúmulo.
stratosphere *n.* estratosfera.
stratus *n.* estrato.
stream *n.* corriente.
streamline *n.* afinamiento.
strength *n.* fuerza, resistencia.
strengthen *vt.* reforzar.
stress *n.* esfuerzo, carga.
stretch *n.* bordada, alargamiento, elasticidad. | *vt.* estirar, extender, alargar.
stretch out forzar la boga.
strike *vt.* arriar, golpear, chocar contra.
stringer *n.* trancanil, vagra. | **side stringer** palmejar.
strip *n.* tira, banda, fleje. | *vt.* desarbolar, desmantelar.
stroke *n.* brazada, palada de remo, carrera.
strong *adj.* fuerte.
strop *n.* gaza. | *vt.* engazar.
strow *vt.* lastrar.
structural *adj.* estructural.
structure *n.* estructura.
strut *n.* arbotante, puntal, riostra.
stud *n.* espárrago, contrete, mallete.
studsail, studding sail ala.
stuff *n.* materia, sustancia. | *vt.* llenar.
stuffing *n.* relleno. | **stuffing box** prensaestopas.
submarine *n.* submarino.
submerge *vt.* sumergir.
submersible *adj.* sumergible.
submersion *n.* sumersión, inmersión.
subside *vi.* sumergirse, amainar.
subsoil *n.* subsuelo.
substitute *vt.* sustituir.
substitution *n.* sustitución.

suck *vt.* aspirar.
suction *n.* succión.
sulphating *n.* sulfatación.
sulphur, sulfur *n.* azufre.
summer *n.* verano.
sump *n.* cárter, colector.
sun *n.* sol.
sunrise *n.* amanecer.
sunset *n.* ocaso.
sunshade *n.* toldo, sombrilla.
supercargo *n.* sobrecargo.
superheat *vt.* recalentar.
superheater *n.* recalentador.
superior *adj.* superior.
superstructure *n.* superestructura.
supertanker *n.* superpetrolero.
supplier *n.* abastecedor.
supply *n.* abastecimiento, suministro. | *vt.* abastecer.
support *n.* soporte, apoyo. | *vt.* soportar, apoyar.
surf *n.* olas. | *vt.* surfear. | **surf rudder** timón de planeo.
surface *n.* superficie.
surfboard *n.* tabla de surf, plancha de surf.
surfing *n.* surf, planeo de las olas.
surge *n.* oleaje. | *vt.* lascar.
surplus *n.* excedente.
surveillance *n.* vigilancia.
survey *n.* inspección, reconocimiento. | *vt.* reconocer, inspeccionar.
surveying ship *n.* buque hidrográfico.
survival *n.* supervivencia. | **survival craft** embarcación de salvamento. | **survival kit** equipo de emergencia.
suspend *vt.* suspender, retirar, excluir, aplazar, posponer.
suspension *n.* suspensión.
swab *n.* lampazo. | *vt.* lampacear.
swag *n.* botín.
swage *n.* estampa. | *vt.* forjar con estampa.
swallow *n.* garganta de un motón. | *vt.* tragar. | **swallow the anchor** retirarse de la vida en el mar y establecerse en tierra. | **swallow up** tragarse.
swamp *n.* pantano, ciénaga, marisma. | *vt.* inundar, hundir.
sway *n.* vaivén.
sweat *n.* condensación, exudación.
sweep *n.* rastra, curvatura, remo largo. | *vt.* dragar, barrer, azotar.
swell *n.* mar de fondo, oleaje. | *vt.* hinchar, abultar.
swerve *n.* desvío. | *vi.* desviarse.
swig *vt.* aballestar.
swim *vi.* nadar.
swing *n.* borneo, movimiento, oscilación. | *vt.* columpiar, balancear. | *vi.* bornear, oscilar, balancearse. | **swing keel** quilla oscilante. | **swing round the anchor** bornear.
swinging *n.* borneo. | **swinging circle, swinging room** espacio para bornear. | **swinging ship** ajuste del compás magnético.
swirl *n.* remolino, torbellino. | *vt.* for-

mar remolinos, formar torbellinos.

switch *n.* interruptor, conmutador. | *vt.* conmutar. | **switch off** apagar. | **switch on** encender. | **switchboard** *n.* cuadro eléctrico.

swivel *n.* eslabón giratorio, pivote. | *adj.* giratorio. | *vt.* girar.

swordfish *n.* pez espada.

symbol *n.* símbolo.

synchronisation, synchronization *n.* sincronización.

synchronize *vt.* sincronizar.

system *n.* sistema.

syzygy *n.* sicigia.

T

tabernacle *n.* cajera del palo.
table *n.* tabla, mesa.
tabling *n.* vaina.
tabulate *vt.* clasificar.
tachometer *n.* tacómetro.
tack *n.* bordada, amura, virada, puño de amura. | *vi.* virar. | **tack about** virar por avante, cambiar de bordada.
tacking *n.* virada por avante, virada.
tackle *n.* aparejo. | **cat tackle** aparejo de gata. | **fishig tackle** aparejos de pesca. | **gun tackle** aparejo real.
tactic *n.* táctica, maniobra, **tactics** táctica.
tactical *adj.* táctico, estratégico.
tactician *n.* táctico.
taffrail *n.* coronamiento.
tail *n.* rabiza, cola.
take *vt.* tomar, agarrar, asir, ocupar, llevar. | **take a bearing** tomar una marcación. | **take in** cargar, aferrar (las velas), tomar (un rizo), recoger trapo. | **take in tow** remolcar. | **take down** arriar. | **take the ground** abarrancar. | **take course** arrumbar.
tally *n.* cuenta. | *vt.* contar la carga. | **tally book** libro de registro de la carga.
tangent *n.* tangente.
tank *n.* depósito, tanque.
tanker *n.* petrolero, buque aljibe.
tape *n.* cinta. | *vt.* encintar.
taper *n.* conicidad. | *vt.* ahusar, afilar.
tapering *adj.* afilado, conificado.
tar *n.* brea, alquitrán. | *vt.* alquitranar, embrear. | **tar, jack-tar** lobo de mar.
tare *n.* tara.
tariff *n.* tarifa.
tarpaulin *n.* encerado, sueste.
taut *adj.* tieso, tenso, tirante.
tauten *vt.* tesar, tensar.
tax *n.* impuesto, tributo, tasa.
teak *n.* teca.
tear *n.* rifadura, desgarro.
technical *adj.* técnico.
technology *n.* tecnología, técnica.
tecnique *n.* técnica.
telecommunication *n.* telecomunicación.
telegraph *n.* telégrafo.

telegraphy *n.* telegrafía.
telephone *n.* teléfono.
telephony *n.* telefonía.
telescope *n.* telescopio, catalejo.
telltale *n.* axiómetro, cataviento.
temper *vt.* templar, revenir.
temperate *adj.* templado, moderado. | **temperate waters** aguas templadas.
temperature *n.* temperatura.
tempering *n.* temple.
template, templet *n.* gálibo, plantilla.
temporary *adj.* temporal, provisional.
tendency *n.* tendencia.
tender *n.* buque nodriza, gabarra. | *adj.* embarcación auxiliar, blando.
tenon *n.* espiga, almilla, macho, barbilla, calcés. | *vt.* espigar.
tensile *adj.* de tracción, de tensión. | **tensile stress** carga de tracción. | **tensile strengh** resistencia a la tracción. | **tensile strain** alargamiento a la tracción.
tension *n.* tensión, voltaje.
tensioner *n.* tensor.
tent *n.* toldo.
teredo *n.* broma, teredo.
terminal *n.* terminal, borne.
terrestrial *adj.* terrestre.
territorial *adj.* territorial. | **territorial waters** aguas jurisdiccionales, aguas territoriales.
test *n.* prueba, ensayo. | *vt.* probar, ensayar.
tester *n.* verificador.
tew *n.* remolque.
thermal *adj.* termal, térmico. | **thermal current** corriente térmica. | **thermal wind** viento térmico.
thermograph *n.* termógrafo.
thermometer *n.* termómetro.
thermostat *n.* termostato.
thick *n./adj.* grueso.
thimble *n.* guardacabo.
thole, tholepin *n.* escálamo, tolete.
thread *n.* hilo, rosca.
throat *n.* cruz del ancla, garganta, driza de boca.
throttle *n.* regulador, estrangulador. | *vt.* estrangular.
throughput *n.* rendimiento, productividad.
throw *vt.* tirar, arrojar, lanzar. | **throw into gear** embragar. | **throw out of gear** desembragar.
thrust *n.* empuje, fuerza de impulso.
thumbstall *n.* dedil.
thunder *n.* trueno.
thunderbolt *n.* rayo.
thunderstorm *n.* tormenta.
thwart *n.* bancada.
tidal *adj.* de marea. | **tidal atlas** atlas de mareas. | **tidal basin** dique de marea. | **tidal current** corriente de la marea. | **tidal range** amplitud de la marea. | **tidal wave** maremoto, ola de marea.
tide *n.* marea, corriente. | *vi.* navegar

con la marea. | **tide in** entrar con la marea. | **tide out** salir con la marea. | **tide rip** remolino de la marea. | **tide table** anuario de mareas. | **high tide** pleamar. | **low tide** bajamar.

tie *vt.* atar. | **tie in** amarrar al muelle.

tight *adj.* estanco, tenso.

tighten *vt.* azocar, apretar, tensar.

tightness *n.* estanquidad.

tiller *n.* caña del timón. | **tiller extension** prolongador. | **tiller hole** limera. | **tiller rope** guardín.

tilt *n.* inclinación, ladeo. | *vt.* inclinar, ladear.

timber *n.* cuaderna, madera de construcción.

time tiempo, hora. | **apparent time** tiempo aparente o solar. | **astronomical time** tiempo astronómico. | **civil time** hora civil. | **Greenwich civil time** hora civil de Greenwich. | **Greenwich mean time** hora media de Greenwich. | **local time** hora local. | **legal time** hora legal. | **oficial time** hora oficial. | **sideral time** tiempo sidéreo. | **time signal** señal horaria. | **time zone** huso. | **time allowances** compensación de tiempo.

timetable *n.* horario.

timing *n.* cronometraje.

tip *n.* punta, extremidad. | *vt.* inclinar, ladear, volcar.

toe *n.* leva, varilla, borde.

ton *n.* tonelada. | **displacement ton** tonelada de desplazamiento. | **register ton** tonelada de arqueo.

tonnage *n.* tonelaje, arqueo. | **gross tonnage** tonelaje bruto. | **net tonnage** tonelaje neto. | **register tonnage** tonelaje registrado.

tonne *n.* tonelada métrica.

tool *n.* utensilio, herramienta.

top *n.* tapa, cofa. | *adj.* superior, cimero. | *vt.* coronar, rematar, embicar. | **top cruising speed** velocidad máxima de crucero. | **top speed** velocidad máxima. | **top rail** regala.

topgallant *n.* juanete. | **topgallant mast** mastelerillo de juanete.

top-lining *n.* batidero.

topman *n.* gaviero.

topmast *n.* mastelero. | **topmast stay** estay de tope.

topography *n.* topografía.

topple, topple over *vt.* derrocar, derribar, volcar.

topsail *n.* gavia.

topside, topsides *n.* obra muerta, *adj.* de cubierta, *adv.* en cubierta.

tornado *n.* tornado.

torpedo *n.* torpedo, torpedero. | **torpedo boat** lancha torpedera.

torque *n.* par de torsión.

torrid *adj.* tórrido.

torsion *n.* torsión. | **torsiometer, torsion meter** *n.* torsiómetro.

total *n.* total. | *adj.* total.

touch *n.* toque, contacto. | *vt.* tocar. | *vi.* flamear. | **touch at** hacer escala en. | **touch the wind** ceñir a rabiar.

| **touch and go** rozar el fondo. | **to touch** abordar.
touchdown *n.* amerizaje, amaraje.
tow *n.* remolque, estopa. | *vt.* atoar, toar, remolcar.
towage remolque, derechos de remolque.
towboat *n.* remolcador.
towing *n.* remolque.
towline, towrope *n.* sirga.
track *n.* rumbo, estela. | *vt.* sirgar.
trade *n.* comercio, negocio. | *vi.* comerciar. | **trade winds** vientos alisios. | **trade union** sindicato.
traffic *n.* tráfico, circulación, comercio, trata.
trail *n.* estela.
trailing edge borde de salida.
training *n.* formación, instrucción. | **training ship** buque escuela.
trajectory *n.* trayectoria.
tramontana, tramontane *n.* tramontana.
tramp *n.* tramp. | **tramp shipping** navegación de tramp, navegación irregular.
transatlantic *adj.* transatlántico.
transducer *n.* transductor.
transfer *n.* transferencia, traslado, transbordo, trasvase. | *vt.* trasladar, transbordar, trasvasar.
transformer *n.* transformador.
tranship *vt.* transbordar.
transhipment *n.* transbordo.
transire *n.* permiso de aduanas.
transit *n.* tránsito, paso, transporte. | *vt./vi.* pasar, transitar. | **in transit** de paso, de tránsito.
transmission *n.* transmisión.
transmitter *n.* transmisor, emisor.
transoceanic *adj.* transoceánico. | **transoceanic ship** buque transoceánico.
transom *n.* yugo.
transport *n.* transporte. | *vt.* transportar, llevar, acarrear.
transverse *adj.* transverso, transversal.
trapeze trapecio.
travel *n.* carrera, recorrido. | *vt.* viajar, desplazarse. | **travels** viajes.
traveller, traveler *n.* viajero, racamento, racamenta, carro de escota.
travelling *adj.* corredero, corredizo, de viaje. | **travelling crane** grúa rodante.
traverse *n.* bordadas, derrota compuesta. | **traverse board** tabla de rumbos. | **traverse sailing** dar bordadas. | **traverse table** tabla de estima. | **to work a traverse, to solve a traverse** dar la derrota.
trawl *n.* barredera, rastreo, red barredera, red de arrastre. | *vt.* rastrear, dragar, pescar con red de arrastre.
trawler *n.* arrastrero, trainera, bou.
trawling *n.* pesca de arrastre.
tread *n.* longitud de la quilla, peldaño.
tree *n.* árbol, palo.

treenail *n.* cabilla.
trestle *n.* caballete, bao.
trestletree *n.* bao.
trial *n.* prueba, ensayo.
triangle *n.* triángulo.
triangular *adj.* triangular.
trice, trice up *vt.* izar, levantar.
trick *n.* turno de timón de dos horas.
trim *n.* asiento, trimado, estiba. | *vt.* trimar, asentar, estibar. | **trim by the aft** apopar. | **trim by the head** aproar.
trimaran *n.* trimarán.
trimmer *n.* estibador, encargado de la maniobra de una vela.
trimming *n.* estiba, trimado.
trip *n.* viaje. | *vt.* levar, izar.
troll *n.* cebo de cuchara, pesca al curricán. | *vt.* pescar al curricán.
trolling *n.* pesca al curricán.
troopship, trooper *n.* buque de transporte de tropas.
trophy *n.* trofeo.
tropic *n.* trópico. | **tropic of Cancer** trópico de Cáncer. | **tropic of Capricorn** trópico de Capricornio.
tropical *adj.* tropical. | **tropical storm** tormenta tropical.
tropopause *n.* tropopausa.
troposphere *n.* troposfera.
trough *n.* seno, depresión, zona de bajas presiones.
truck *n.* galleta, batea, vagoneta, vertello.
true *adj.* verdadero, real. | **true course** rumbo verdadero. | **true wind** viento real. | **true altitude** altura verdadera. | **true azimuth** azimut verdadero. | **true bearing** demora verdadera. | **true Sun** Sol verdadero.
trunk *n.* tronco, fuste, cámara de un pozo, cofre.
trunnion *n.* muñón, perno.
truss *n.* troza.
try *vt.* capear, temporejar, probar, ensayar.
trysail *n.* mayor de capa.
tube *n.* tubo, caño.
tuck *n.* llenos de popa.
tug *n.* remolcador. | *vt.* remolcar.
tugboat *n.* remolcador.
tumblehome *n.* inclinación hacia dentro de la obra muerta.
tuna *n.* atún.
tune *n.* tono. | **tune in** *vi.* sintonizar, ajustar, reglar.
tuning *n.* sintonización, reglaje.
tunnel *n.* túnel, galería.
turbine *n.* turbina.
turbo turbo.
turbocharge turboalimentación.
turbocooling turborrefrigeración.
turboprop turbohélice, turbopropulsor.
turborefrigeration turborrefrigeración.
turbulence *n.* turbulencia.
turk's head *n.* barrilete.
turn *n.* vuelta, revolución, viraje, ciaboga. | *vt.* repuntar, girar, torcer. | *vi.*

volver, virar, repuntar (la marea). | **turn off** cerrar, apagar, desconectar. | **turn on** encender, conectar, prender. | **turn over** voltear, **turn to** empezar. | **turn up** subir, aumentar.
turnbuckle *n.* tensor.
turntable *n.* plataforma giratoria.
turret *n.* torreta.
turtle *n.* tortuga marina. | *vi.* zozobrar, volcar. | **turtle back deck** cubierta alomada.
tween *prep.* entre. | **tween deck** entrepuente.
twilight *n.* crepúsculo. | *adj.* crepuscular.
twine *n.* hilo de vela, bramante, guita, meandro. | *vt.* trenzar, serpentear.
twist *n.* torsión de las velas, nudo. | *vt.* retorcer, trenzar.
tye *n.* ostaga.
type *n.* tipo, clase, género.
typhoon *n.* tifón.

U

udometer *n.* udómetro.
ullage *n.* merma.
ultramarine *adj.* ultramarino.
ultrasonic *adj.* ultrasónico.
ultrasound *n.* ultrasonido.
umbrella *n.* tapa de la chimenea.
unballast *vt.* deslastrar.
unbend *vt.* desenvergar, largar un rizo, soltar, zafar, enderezar.
unbending *adj.* rígido, inflexible.
unberth *vt.* desatracar.
unbitt *vt.* quitar bitadura.
uncoil *vt.* desenrollar.
uncover *vt.* descubrir, destapar.
undecked *adj.* sin cubierta.
under *prep.* bajo. | *adv.* abajo, debajo. | **under bare pole** a palo seco. | **under full sail** a toda vela. | **under the lee** a sotavento, al socaire. | **under the weather** a barlovento.
underbody carena.
undercoat *n.* capa de fondo de pintura.
undercurrent *n.* corriente submarina.
underfoot *adv.* ancla a pique.
undermanned *adj.* con tripulación insuficiente.
undersea *adj.* submarino.
understand *vt.* entender, comprender.
undertow *n.* resaca.
underwater *adj.* submarino, bajo la línea de flotación.
underway *adj.* en marcha.
undock *vt.* sacar de la dársena.
unfasten *vt.* desamarrar.
unfold *vt.* desenrollar.
unfurl *vt.* desenrollar, desplegar.
uniform *n.* uniforme. | *adj.* uniforme, constante.
union jack *n.* pabellón inglés.
unit *n.* unidad.
unite *vt.* unir, juntar.
unity *n.* unidad, unión.
universal time *n.* tiempo medio de Greenwich.
unlash *vt.* desamarrar.
unlay *vt.* descolchar.
unlit *adj.* sin luz, no iluminado.
unload *vt.* descargar.
unloading *n.* descarga.
unmoor *vt.* levar un ancla y quedar con otra.

unnavigable *adj.* innavegable.
unplug *vt.* desenchufar, desconectar.
unreef *vi.* largar rizos.
unreeve *vt.* despasar.
unrig *vt.* desaparejar, desarbolar.
unseaworthy *adj.* innavegable.
unshackle *vt.* desamarrar.
unship *vt.* desembarcar, descargar, desestibar, desmontar (el timón), quitar (el mástil), desarmar (los remos).
unsinkable *adj.* insumergible.
unstable *adj.* inestable. | **unstable equilibrium** equilibrio inestable.
unsteady *adj.* inestable.
unstow *vt.* desatorar.
untie *vt.* desatar.
unwind *vt.* desenrollar, desbobinar.
up *adv.* arriba, hacia arriba. | **up anchor** levar el ancla. | **up and down** a pique.
uphaul *n.* amantillo.
upholstery *n.* tapicería.
upper *adj.* superior. | **upper deck** cubierta superior. | **upper stern** espejo de popa. | **upper works** acastillaje, obra muerta.
upset *vt./vi.* volcar, poner la quilla al sol.
upstream *n.* contracorriente, corriente arriba.
uptake *n.* conducto de humo.
upturn *vt./vi.* poner la quilla al sol.
upwind *adj./adv.* contra el viento.
uranography *n.* uranografía.
Uranus *n.* Urano.
urgency *n.* urgencia.
urgent *adj.* urgente.
Ursa Major *n.* Osa Mayor.
Ursa Minor *n.* Osa Menor.
use *n.* uso. | *vt.* usar, utilizar.
user *n.* usuario.
utensil *n.* utensilio.
utmost *adj.* mayor, máximo.

V

vacuum *n.* vacío.
valuation valoración, tasación.
value *n.* valor. | *vt.* valorar, tasar.
valve *n.* válvula.
van *n.* vanguardia, buque cabeza.
vane *n.* pala, álabe, cataviento, pínula, grímpola.
vang *n.* osta.
vapour, vapor *n.* vapor.
variable *adj.* variable. | **variable pitch propeller** hélice de paso variable.
variation *n.* variación, declinación, desviación. | **magnetic variation** declinación magnética.
varnish *n.* barniz.
vector *n.* vector.
veer *vt.* arribar, arriar, filar. | *vi.* alargarse (el viento). | **veer and haul** halar a estrepadas. | **veer away, veer out** filar.
vehicle *n.* vehículo, base de pintura.
velocity *n.* velocidad.
veneer *n.* chapado de madera.
vent *n.* lumbrera, respiradero. | *vt.* ventilar.
ventilate *vt.* ventilar.
ventilation *n.* ventilación, aireación.
ventilator *n.* ventilador.
venture *n.* aventura, empresa arriesgada. | *vt.* aventurar. | *vi.* arriesgarse, osar.
Venus *n.* Venus.
verification *n.* comprobación, verificación.
vernier *n.* nonio.
vertex *n.* vértice.
vertical *n./adj.* vertical.
verticality *n.* verticalidad.
very *adv.* muy. | **very rough sea** mar muy gruesa.
vessel *n.* bajel, nave, navío, buque, barco, recipiente.
vibrate *vt.* vibrar.
vibration *n.* vibración.
vice *n.* torno de banco. | **vice clamp** mordaza.
vice-admiral *n.* vicealmirante.
victual *vt.* abastecer, avituallar.
victuals *npl.* provisiones, víveres.
victualler *n.* buque avituallador.
victualling *n.* avituallamiento.

view *n.* vista, visión. | **side view** perfil.
vigia *n.* aviso en la carta de navegación de un posible peligro cuya posición exacta se desconoce.
vigilance *n.* vigilancia.
vintage *adj.* clásico. | **vintage boat** barco clásico, barco de época.
violent *adj.* violento. | **violent storm** temporal muy duro.
virazon, birazon *n.* sudoeste muy fuerte de las costas andinas, brisa marina en la costa occidental de la Península Ibérica.
visa *n.* visado.
viscometer *n.* viscosímetro.
viscosity *n.* viscosidad.
visibility *n.* visibilidad.
visible *adj.* visible.
visual *adj.* visual. | **visual signal** señal visual.
voe *n.* ensenada.
void *n.* cámara vacía. | *adj.* vacío, nulo. | *vt.* invalidar.
volcanic *adj.* volcánico.
volcano *n.* volcán.
volt *n.* voltio.
voltage *n.* voltaje.
voltmeter *n.* voltímetro.
volume *n.* volumen. | **volume of displacement** desplazamiento en unidades cúbicas.
vortex *n.* vórtice.
voyage *n.* viaje, travesía. | *vi.* viajar, navegar.
voyal, voyol *n.* virador grueso.
vulgar establishment *n.* establecimiento de puerto.

W

wadable *adj.* vadeable.
wade *vt.* vadear.
waders *n.* botas de pescador.
waft, waif, wheft *n.* bandera amorronada.
waist *n.* combés.
wait *n.* espera. | *vt./vi.* esperar.
wake *n.* estela.
wale *n.* cinta.
wall *n.* costado, muro. | **wall knot** piña.
walnut *n.* nogal.
walrus *n.* morsa.
wane *vt.* decrecer, menguar.
wardrobe *n.* ropero.
wardroom *n.* cámara de oficiales.
warehouse *n.* almacén, depósito.
warm *adj.* cálido, caliente. | *vt./vi.* calentar. | **warm front** frente cálido. | **warm up (the engines)** calentar (motores).
warning *n.* aviso, advertencia.
warp *n.* espía, urdimbre, alabeo. | *vt.* espiar, urdir, albear.
warrant *n.* certificado, garantía.
warship *n.* buque de guerra.
wash *n.* remolino, baldeo. | *vt.* bañar, barrer (el agua). | **wash out, wash down** baldear.
washboards *n.* tapa de regala, falca.
washer *n.* arandela.
wastage *n.* deterioro, desgaste.
waste *n.* desperdicio, desecho. | *vt.* desperdiciar, perder.
watch *n.* guardia, vigía. | *vt.* vigilar. | **watch and watch** sistema de guardia por turnos.
water *n.* agua. | **distilled water** agua destilada. | **drinking water, potable water** agua potable. | **water ballast** lastre de agua. | **water skiing** esquí acuático. | **water store** tanque de agua. | **water sail** arrastradera. | **water-tank** aljibe. | **water line** *n.* línea de flotación. | **water line length** eslora de flotación.
waterborne *adj.* a flote.
watercourse *n.* imbornal.
watercraft *n.* barco, embarcación, buque.
waterfowl *pln.* aves acuáticas.
waterfront *n.* muelles, dársenas.

waterlogged *adj.* inundado, anegado.
watermaker *n.* potabilizadora, desalinizadora.
waterman *n.* barquero.
waterproof *adj.* impermeable.
watershed *n.* cuenca.
waterside *n.* orilla, ribera. | *adj.* ribereño.
waterspout *n.* tromba marina.
watertight *adj.* estanco.
watertightness *adj.* estanqueidad.
waterway *n.* vía navegable, vía fluvial, trancanil.
watt *n.* vatio.
wattage *n.* vataje.
wattmeter *n.* vatímetro.
wave *n.* ola, onda. | *vi.* ondear.
waveson *n.* pecio.
way *n.* marcha, grada de construcción.
waybill *n.* hoja de ruta.
weak *adj.* flojo, débil.
weaken *vt.* debilitar, reducir, atenuar.
wear *n.* uso, desgaste, deterioro. | *vt./vi.* desgastar.
weardown *n.* desgaste.
weather *n.* tiempo. | *adj.* de barlovento. | *vt.* doblar (un cabo), pasar a barlovento. | **weather broadcast** boletín meteorológico. | **weather deck** cubierta a la intemperie. | **weather forecast** previsión meteorológica. | **weather helm** barco ardiente. | **weather side** costado de barlovento.
weatherboard *n.* falca.
weatherly *adj.* bolinero.
weatherproof *adj.* que resiste a la intemperie.
weathership *n.* barco del servicio meteorológico.
weathertight *adj.* estanco.
web *n.* alma, membrana. | **web frame** bulárcama.
webbing *n.* cinta de nailon.
wedge *n.* cuña, tojino. | *vt.* acuñar.
weft *n.* trama.
weigh *vt.* pesar. | **weigh anchor** levar anclas.
weight *n.* peso. | *vt.* cargar, ponderar. | **balance weight** contrapeso. | **weight certificate** certificado de peso.
weir *n.* presa pesquera.
weld *vt.* soldar.
welding *n.* soldadura.
well *n.* pozo, pozo de sentina.
west *n.* oeste, poniente. | *adj.* del oeste. | *adv.* occidental, hacia el oeste. | **west by north** oeste cuarta al noroeste. | **west by south** oeste cuarta al sudoeste. | **west-north** oesnorueste. | **west-south** oessudueste.
westerlies *n.* vientos de componente oeste.
western *adj.* del oeste.
wet *n.* humedad, lluvia. | *adj.* húmedo, mojado.

wetness *n.* humedad.
wetsuit *n.* traje isotérmico.
whale *n.* ballena. | **whale boat** ballenera. | **whale calf** ballenato.
whaler *n.* ballenero.
whaling caza de ballenas. | **whaling ship** ballenero.
whaleback *n.* con forma de lomo de ballena.
whaleman ballenero.
wharf *n.* muelle. | *vt.* atracar en el muelle, descargar en el muelle.
wharfage *n.* muellaje, muelles.
wharfinger *n.* propietario o encargado del muelle.
wheel *n.* rueda, timón.
wheeler *n.* buque de ruedas.
wheelhouse *n.* timonera, cámara del timonel.
wheelman *n.* timonel.
wherry *n.* esquife, barcaza, chalana.
whiffing *n.* pesca al curricán.
whip *n.* tecle. | *vt.* falcacear.
whipstaff *n.* extensión de la caña del timón, extensión vertical que transmite el movimiento de la caña al timón.
whirl *n.* giro, rotación, remolino. | *vi.* arremolinarse.
whirlpool *n.* remolino, torbellino, vorágine.
whirlwind *n.* torbellino, remolino, manga de viento.
whisker, whisker pole *n.* separador de braza.
whistle *n.* silbato. | *vi.* silbar.
white horses *n.* cabrillas.
wholesome *adj.* marinero.
wick *n.* mecha.
wide *adj.* ancho. | **wide berth** resguardo.
widow maker *n.* bauprés (argot).
width *n.* manga, anchura.
wildcat *n.* barbotén.
williwaw *n.* chubasco violento en el estrecho de Magallanes.
willow *n.* sauce.
willy willy *n.* ciclón tropical (en Australia).
winch *n.* chigre, maquinilla, cabrestante, winche.
winchman *n.* maquinillero.
wind *n.* viento. | *vt.* bobinar. | **wind gradient** gradiente de viento. | **wind rose** rosa de los vientos. | **head wind** viento de proa. | **wind ahead** viento a fil de roda. | **astern wind, aft wind** viento en popa. | **wind abeam** viento de través. | **in the wind** a barlovento. | **under the wind** a sotavento. | **wind's eye** dirección de donde sopla el viento. | **wind vane** veleta. | **wind indicator** cataviento.
windage *n.* resistencia aerodinámica.
windbound *adj.* inmovilizado por el viento.
windflaw *n.* ráfaga de viento.
winding *n.* bobinado. | **winding gear** cabestrante.
windjammer *n.* buque velero.

windlass *n.* molinete, chigre, maquinilla.
window *n.* ventana.
windsail *n.* manguera, manga de ventilación.
windsock *n.* manga de viento, cataviento̱s.
windsurf *n.* tabla a vela.
windsurfing *n.* navegación con tabla a vela.
windward *n.* barlovento. | *adj.* de barlovento. *adv.* a barlovento, hacia barlovento.
windy *adj.* ventoso.
wing *n.* ala, costado, banda. | **wing and wing** a orejas de mulo. | **wing out** estibar a los costados.
winter *n.* invierno. | *vi.* invernar.
wintering *n.* hibernación.
wire *n.* alambre, cable. | *vt.* cablear.
wireless *n.* radiotelegrafía, radio. | *adj.* inalámbrico.
wiring *n.* cableado, instalación eléctrica.
wishbone *n.* vela de pico vacío.
withe, wythe *n.* zuncho.
within *prep.* al alcance de.
wobbling *n.* oscilación.
wood *n.* madera. | **rising wood** contraquilla.
woof *n.* trama.
wool *n.* lana.
woold *vt.* reatar.
woolding *n.* reata.
work *n.* trabajo, funcionamiento. | *vi.* trabajar, funcionar. | **work boat** barco de trabajo. | **workshop** taller. | **dead work, upper works** obra muerta. | **quick work** obra viva.
worker *n.* trabajador, obrero.
working *adv.* de servicio. | **working load** carga de trabajo.
workshop *n.* taller.
world *n.* mundo.
worm *n.* rosca, broma. | *vt.* aforrar, embutir.
worming *n.* embutidura.
wound *n.* herida. | *vt./vi.* herir.
wrack *n.* naufragio, pecio.
wrap *n.* capa, envoltura. | *vt.* envolver.
wreck *n.* naufragio. | *vt.* hundir, echar a pique. | *vi.* naufragar.
wreckage *n.* pecio.
wrecker *n.* raquero.
wrench *n.* llave inglesa.
wriggle *n.* visera de portillo.
wrinkle *n.* arruga.
wrist *n.* uña del ancla.
wrong *adj./adv.* mal, incorrecto.

X, Y, Z

xebec *n.* jabeque.

yacht *n.* yate. | *vi.* navegar en yate, regatear. | **yacht racer** regatista, barco de regata. | **yacht racing** regata.

yachting *n.* navegación de recreo, navegación a vela.

yankee jib topsail *n.* foque de balón.

yard *n.* yarda, verga, astillero.

yardarm *n.* penol.

yarn *n.* hilo, hilado. | **spun yarn** meollar.

yaw *n.* guiñada. | *vi.* guiñar, dar guiñadas.

yawl *n.* yola.

year *n.* año.

yellow *adj.* amarillo. | **yellow jack** fiebre amarilla.

yeoman *n.* pañolero.

yoke *n.* cruceta del timón.

zebec, zebeck *n.* jabeque.

zenith *n.* cenit. | **zenith angle** ángulo cenital. | **zenith distance** distancia cenital.

zenithal *adj.* cenital.

zephyr *n.* céfiro.

zigzag *n.* zigzag. | *vi.* zigzaguear.

zinc *n.* zinc. | *vt.* galvanizar.

zone *n.* zona. | **time zone** huso horario. | **freeboard zones** zonas de francobordo. | **free zone** zona franca.